빅토스
토익스피킹 Lv.6

초판 5쇄 발행 2018년 12월 20일
개정 1쇄 발행 2019년 9월 20일

펴낸이 양홍걸, 이시원
펴낸곳 ㈜에스제이더블유인터내셔널

저자 조앤박(Joanne Park)
　　　시원스쿨어학연구소
　　　신승호, 박상신, 윤서연, 홍지영, 유준석, 김태성, David Smith, 유정은, 신숙원, 문나라, 안소현, 김아영, 서가은
기획총괄 신승호
편집총괄 홍지영, 안소현
검토총괄 박상신
검수 홍지영, 문나라, 안소현
시험영어마케팅 우제환, 김진아, 전주영, 김재식, 신주희, 최보미, 구선주, 임진규, 최효진, 정재연, 오한솔

출판총괄 조순정
편집디자인 김현철, 강민정, 차혜린, 김보경, 신미옥, 이상현
출판마케팅 장혜원, 이윤재, 이성원, 위가을
제작/지원 김석성, 양수지

임프린트 시원스쿨
홈페이지 lab.siwonschool.com
주소 서울 영등포구 국회대로74길 12 남중빌딩 시원스쿨
등록번호 2010년 10월 21일 제 321-2010-0000219
도서구입문의 전화 02)2014-8151 **팩스** 02)783-5528

빅토스

TOEIC Lv.6
SPEAKING

기출 빅데이터로 만든 토익스피킹 Lv.6 만능 답변 전략

Preface

Hello, everyone!

조앤박 토익스피킹 훈련소, Joanne Park 입니다.

이제, 「스피킹의 시대」입니다.

요즘은, 지금까지의 듣기, 쓰기, 독해를 통한 간접적인 영어 학습에서 나아가 학습자들이 실용 회화, 비즈니스 영어와 같이 국제적 환경에서 종합적인 의사소통 능력을 요구하는 추세로 바뀌고 있습니다.

국제 평가 개발 전문 기관인 ETS(Educational Testing Service)에서 개발한 비즈니스 환경 속 의사소통 능력을 측정하는 토익스피킹(TOEIC Speaking) 시험은 영어권 비즈니스 환경을 대비하고 국제적인 '소통'을 지향하는 1,600개 이상의 국내 기업에서 신입 선발, 직원 평가 및 인사 고과의 기준으로 적극적으로 활용하고 있으며, 대학교 학업 능력 측정 등 다양한 선발 기준의 잣대가 되고 있어 토익스피킹 점수는 이제 학생, 구직자, 이직자 및 인사 고과 대상자에게는 필수 조건이 되었습니다.

이 책을 펴는 순간, 여러분은 토익스피킹 목표 레벨을 가장 효율적이고 쉬운 방법으로 달성하게 해줄 지름길을 찾게 됩니다. 이 책은 수년간의 시험 출제 경향과 최신 기출 문제들의 분석 자료를 토대로 학습자의 말하기 패턴을 조사하여 고득점 달성에 가장 적합한 노하우와 표현법을 4-step speaking training system을 통해 체계적으로 훈련하도록 설계되어 있습니다. 쉽든 어렵든 어떤 문제에도 척척 들어맞는 고효율 아이디어 팁과 만사가 형통해지는 만사형통 답변틀은 어디에서도 본 적 없는 문장 늘리기 특수 패턴들로써 제가 직접 고안했고 이 책에 비밀스럽게 담아놓았습니다. 학습자는 이 책에 실은 전략과 노하우를 표현들로 연결해서 말하면 할수록 영어 기본기는 물론 비즈니스 회화까지 유창해지는 놀라운 결과를 직접 말하고 경험하게 될 것입니다.

그럼, 이 책의 효과를 극대화하려면 어떻게 해야 할까요?
조앤박과 아래 3가지 약속을 지켜주세요.

❶ 이미 아는 표현이라도, 원어민의 발음을 듣고 입으로 직접 소리내어
　 정확한 발음과 억양으로 암기하세요.

❷ 반복 훈련이 토익스피킹 목표 달성 속도를 좌우합니다.
　 툭 치면 줄줄 나올 때까지 입으로 소리내어 연습, 또 연습하세요.

❸ 외운 표현들을 문제에 엮어 쓰려고 작정하고 계속 상기시켜 활용하세요.
　 늘 통하는 조앤박 만사형통팁, 답변틀, 만능 패턴은 시험장에서 어떻게든 쓰입니다.

그럼, 지금부터 가장 짧고 굵게 토익스피킹을 끝내줄 토스훈련소에 입소합니다. 마음을 독하게 먹고 단시간 최고의 집중력으로 끝내리라는 목표와 각오를 부탁드립니다. 마지막으로, 늘 제 삶 속에 있는 속담 한 마디로 짧은 서문을 마무리할까 합니다.

Practice makes perfect.
훈련은 완벽을 만든다.

고득점 달성 신화로 검증된 조앤박 토스훈련소의 필승 전략으로 가장 쉽게 토익스피킹의 마침표를 찍기를 기대하겠습니다.

가장 쉽고 빠른 조앤박 토스훈련소

Joanne Park

Structures & Features

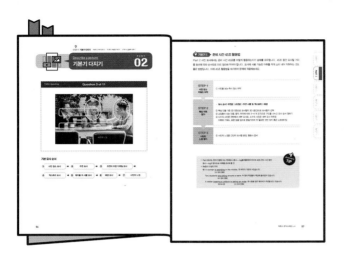

┃ Step 1 기본기 다지기

토익스피킹 6개 파트 중 해당 파트의 문제 유형, 출제 스타일, 염두에 두고 학습해야 할 점 등을 요약한 후 개념 정리를 통해 학습자 스스로 해당 파트에 대한 해결 방향 및 이해도를 높이도록 합니다.

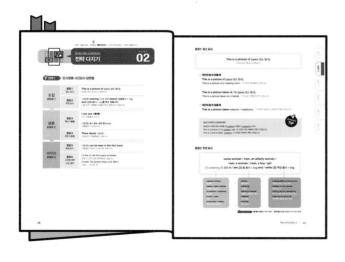

┃ Step 2 전략 다지기

토익스피킹 시험에서 자주 출제되는 문제들을 기준으로 언제나 활용 가능한 만사형통 답변틀과 답변 패턴을 담았습니다. 반복적으로 암기하면 다양한 문제에 답변으로 응용하여 문장을 확장할 수 있어 실제 시험에서 높은 활용도를 체감할 수 있습니다. 토익스피킹 시험에 사용하기에 최적화된 표현 및 어구를 패턴화하여 시간 내 답해야 하는 시험 상황 속 돌발 문제에도 유연하고 자신감 있게 대처할 수 있도록 해주는 동시에 영어 말하기 기본기를 한층 향상할 수 있습니다.

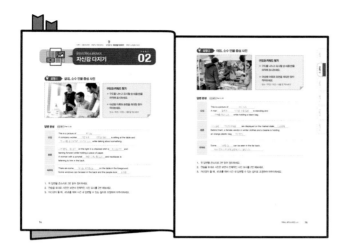

Step 3 자신감 다지기

토익스피킹 기출 변형 문제로 말하기 훈련을 해봄으로써 실제 유형에 쉽게 익숙해지도록 하였습니다.

문제들에 쓰이는 어휘, 표현, 구문들은 모두 토익스피킹 실제 시험에서 자주 출제되는 스타일로만 구성하였습니다.

Step 4 순발력 다지기

파트별로 토익스피킹과 동일한 환경 속에서 사전 연습을 해볼 수 있습니다. 앞서 학습한 토익스피킹 답변틀과 답변 패턴, 아이디어 팁 등을 다양하게 이용하여 실제 문제에서 어떻게 적용되는지를 확인할 수 있도록 구성하였습니다. 실전 감각과 순발력을 올려주는 확실한 마무리를 통해 학습자의 성취감과 자신감을 높일 수 있습니다.

토익스피킹 시험 분석

TOEIC Speaking 이란?

영어권 원어민이나 영어에 능통한 비원어민과 일상생활 또는 업무상 필요한 대화를 적절하게 필요한 말을 선택하여 사용할 수 있는지를 측정하는 테스트로써 일반적인 업무 상황에서 있어 지시하거나 받거나, 정보나 설명을 주고받거나, 본인의 의견을 말하는 등 이해하기 쉬운 말로 지속적인 대화가 가능한지를 점수와 레벨로 측정합니다.

1. 시험 구성

토익스피킹 시험은 6개 파트로 나누어져 있으며 총 11문제로 구성되어 있습니다.

Part	문항 수	문제 유형	준비 시간	답변 시간	배점
1	Questions 1-2	지문 읽기	45초	45초	**3점**
2	Question 3	사진 묘사하기	45초	45초	**3점**
3	Questions 4-6	듣고 질문에 답하기	문항별 3초	15/15/30초	**3점**
4	Questions 7-9	제공된 정보를 사용하여 질문에 답하기	표 읽는 시간 45초 문항별 3초	15/15/30초	**3점**
5	Question 10	해결책 제안하기	45초	60초	**5점**
6	Question 11	의견 제시하기	30초	60초	**5점**

2. 평가 기준

답변은 ETS On-Line Scoring Network로 보내지며 수험자의 답안은 전문 채점자가 아래와 같은 기준으로 평가합니다.

문제번호	평가 기준
1-2	발음 / 억양과 강세
3	발음 / 억양과 강세 / 문법 / 어휘 / 일관성
4-6	발음 / 억양과 강세 / 문법 / 어휘 / 내용의 일관성 / 내용의 완성도
7-11	발음 / 억양과 강세 / 문법 / 어휘 / 내용의 일관성 / 내용의 완성도

3. 레벨과 점수

채점 결과는 0~200점(10점 단위로 표시)의 점수와 Level 1~8로 표시됩니다.

등급	점수
8	190 – 200
7	160 – 180
6	130 – 150
5	110 – 120
0-4	100점 이하

4. 시험 진행 방식

시험 시작과 함께 오리엔테이션에 20분, 실제 시험에 20분, 본인 답변 확인 후 제출까지 전체 시험 시간은
입실부터 퇴실까지 총 40~45분 정도로 정도 소요됩니다.

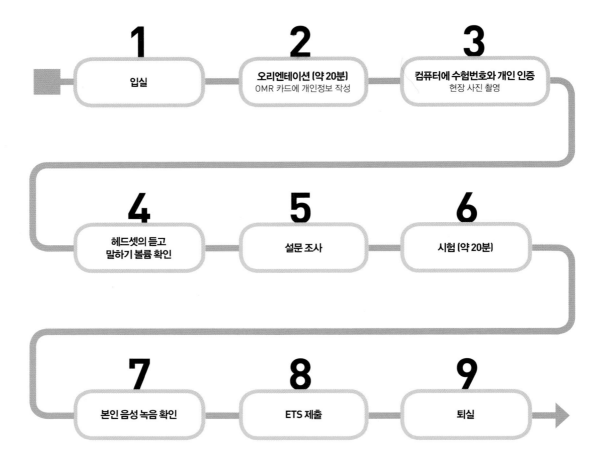

1 입실

2 오리엔테이션 (약 20분)
OMR 카드에 개인정보 작성

3 컴퓨터에 수험번호와 개인 인증
현장 사진 촬영

4 헤드셋의 듣고
말하기 볼륨 확인

5 설문 조사

6 시험 (약 20분)

7 본인 음성 녹음 확인

8 ETS 제출

9 퇴실

5. 토익스피킹 활용 기관

삼성, LG, 현대, SK, POSCO, 두산, CJ, 아시아나 항공, SPC 외 국내 기업 및 주요 공기업과 언론사 등 1,700여개의 기업체에서 활용하고 있습니다.

6. 시험 접수 및 관련사항

시험 접수	www.toeicspeaking.co.kr 에서 온라인으로 접수 스마트폰 앱을 통해서도 접수 가능
응시료	77,000원 (부가세 10% 포함)
시험 일정	www.toeicspeaking.co.kr에서 시험 센터와 함께 선택
시험 장소	ETS 인증 CBT 시험 센터 (전국 150여 개)
성적 발표	응시 일로부터 약 3~5일 후 오후 12시 또는 3시에 일괄 발표 (온라인 접수 시 시험 일자와 함께 확인 가능)
성적표 수령	온라인 또는 우편
성적 유효기간	2년
유의사항	토익스피킹 시험은 시험 아래 규정 신분증을 반드시 지참해야 하며 신분증 미소지 시 시험 응시가 불가합니다. 대학생의 경우 학생증은 신분증으로 절대 인정하지 않습니다. · 주민등록증 · 운전면허증(경찰청 발행) · 기간 만료 전의 여권 · 공무원증 · 장애인 복지카드 · 군인: 군무원증, 사병(TOEIC Speaking 정기시험 신분확인증명서)

7. 스피킹 훈련시 주의 사항

❶ 자신감 있는 목소리

좋은 소리에 좋은 점수가 있습니다. 속삭이듯 작은 목소리나 옹알거리듯 연습하면 실제 시험장에서도 같은 성량과 톤으로 녹음될 수밖에 없습니다. 실제로 너무 작고 힘없는 목소리는 녹음 헤드폰의 상태에 따라 심한 경우 답변이 아예 녹음되지 않거나 점수를 제대로 받지 못하는 경우도 있으므로 발음, 강세, 억양과 리듬감을 적절히 타면서 자신감 있는 목소리로 또박또박 말하는 것이 득점을 좌우하는 큰 요소이니 명심하세요.

❷ 충분한 구두 연습 및 음원 활용

시험 준비 기간은 표현들을 암기할 때 충분히 입을 열고 소리 내 반복하는 습관이 생활 속에 배어있게 해주세요. MP3로 접할 수 있는 원어민 성우의 목소리를 최대한 자주 듣고 따라 하면서 정확한 발음, 억양과 연음을 체득하는 것이 토익스피킹의 첫 번째 미션입니다.

❸ 다각도 확장 훈련

스피킹 훈련 중 여러모로 문장을 확장해보는 연습을 스스로 해주세요. 문제가 조금만 바뀌어도 뜸들이게 되는 것이 바로 수, 인칭, 시제 때문입니다. 주어와 동사들의 수, 인칭, 시제를 다양하게 바꿔가며 입에 붙여 두세요. 암기한 문장을 빠르고 다양하게 활용, 확장하는 연습이 고득점의 열쇠입니다.

❹ 셀프 녹음과 피드백

자신감 다지기 단계에 돌입하면 학습자는 본인 스스로 현재 얼마만큼 어떻게 말하고 있는지 녹음하여 분석해 보세요. 본인의 약점이 들리면 약점 노트에 메모해두고 잘될 때까지 소리 내서 반복 연습해 주세요. 스스로 본인의 목소리를 자주 녹음해 들어봐야, 성량, 억양, 발음 외 다양한 문제점을 채점관보다 먼저 파악할 수 있고 실제 시험에 더욱 완벽히 대비할 수 있습니다. 이때, 한국식 filler [어…음..] 대신 영어식 filler [Ah..um..well..OK..hum..Let me think]가 자연스럽게 나올 수 있게 함께 연습해 두세요.

8. 토익스피킹 FAQ

Q 시험 응시 후 답변이 잘 녹음 되었는지 확인할 수 있나요?

가능합니다. 시험을 마친 후 녹음 상태를 확인할 수 있는 시간이 따로 주어집니다.

Q TOEIC Speaking의 시험 문제와 정답이 공개되나요?

공개하지 않습니다. 시험 문제는 저작권법에 의해 보호되기 때문에 공개하지 않습니다.

Q 시험 중 노트테이킹은 모든 파트에 하는 것이 좋을까요?

모든 파트에 노트테이킹을 할 필요는 없습니다. 파트 2, 3, 4는 노트테이킹에 집중한 나머지 준비 시간에 정작 중요한 부분을 놓칠 수 있습니다. 파트 5, 6은 시간을 재며 문제를 풀어보며, 준비 시간에 노트테이킹하는 연습을 한다면 실제 시험장에서 유용하게 사용할 수 있습니다.

Q 점수 채점은 어떤 방식으로 진행되나요?

수험자가 녹음한 11개의 답변을 파트별로 다른 채점관이 나온 점수를 평균으로 내서 점수가 책정됩니다. 다시 말해 채점자는 한 수험자의 답변 중 한 문항만을 담당하게 됩니다. 또한 이미 여러 명이 채점했던 답변을 다른 채점위원에게 들려주고 앞서 채점했던 점수와 얼마나 다른지 보게 됩니다. 이때 앞선 채점자들과 다르게 평가를 했다면 이 채점자는 평가에서 제외됩니다.

Q TOEIC Speaking 레벨 6, 레벨 7, 레벨 8의 수준 차이는 어느 정도인가요?

수험자들이 보편적으로 취득하는 등급은 레벨 5와 레벨 6 입니다. 두 급수 모두 복잡한 요구에 대한 답변을 제대로 할 수 있는 정도의 레벨입니다. 하지만 토스 등급 5 단계의 취약점은 부정확하며, 반복적인 언어사용, 제한된 표현력과 제한된 어휘력을 구사한다는 것입니다. 하지만 토스 등급 6은 웬만한 영어회화는 가능한 단계라고 측정됩니다. 토스 등급 7은 비즈니스적으로도 적용이 가능한 영어 수준으로, 직장이나 일상생활에서 원활하게 쓸 수 있는 정도입니다. 하지만 발음, 억양이 조금 서툴거나 할 말을 생각하느라 약간 뜸을 들이는 정도의 멈춤이 있으며, 복잡한 문법 구조를 사용할 때 문법상 오류, 잘못된 어휘를 사용할 수 있습니다. 레벨 8은 수험자의 말을 채점자가 모두 잘 이해할 수 있으며 문법적 오류나 어휘의 사용에 있어서도 원어민과 의사소통함에 있어 문제가 없는 정도의 수준입니다.

시험 규정 변경 안내

시험 규정 변경 안내 특강 ▶

일부 문항 답변 준비 시간 연장

2019년 6월 1일부터 토익스피킹 시험 규정이 변경되었습니다. 일부 문항들의 답변 준비 시간이 연장되었으며, 답변 시간은 이전과 동일합니다.

Part	문항 수	문제 유형	준비 시간	답변 시간	배점
1	Questions 1-2	지문 읽기	45초	45초	**3점**
2	Question 3	사진 묘사하기	30초 → **45초**	45초	**3점**
3	Questions 4-6	듣고 질문에 답하기	0초 → **문항별 3초**	15/15/30초	**3점**
4	Questions 7-9	제공된 정보를 사용하여 질문에 답하기	**표 읽는 시간** 30초 → **45초** **답변 준비 시간** 0초 → **문항별 3초**	15/15/30초	**3점**
5	Question 10	해결책 제안하기	30초 → **45초**	60초	**5점**
6	Question 11	의견 제시하기	15초 → **30초**	60초	**5점**

시험 중 노트테이킹(필기) 허용

시험장에 입실해서 개인 정보 및 기밀유지서약서를 작성하는데 이 OMR 카드 뒷면에 컴퓨터용 사인펜으로 시험 중 자유로운 필기가 가능합니다. OMR 카드와 컴퓨터용 사인펜은 시험이 끝난 후 제출해야 합니다.

Scratch Paper

....

....

....

....

노트테이킹 Do's / Don'ts

 노트테이킹 전략 특강 ▶

파트별 노트테이킹 전략

노트테이킹은 개인의 학습량과 실력에 따라 선택적으로 진행합니다. 배점이 높으면서 난이도가 있는 Part 5, Part 6 에서 노트테이킹을 적극 활용한다면 고득점을 받을 수 있습니다.

Part	Do's	Don'ts
Part 2 (Q3)	• 문제 자체에 집중 • 한글 발음으로 적어도 됨	필기는 가급적 하지 않는 것이 좋음 암기 내용을 최대한 많이 적는 것은 지양
Part 3 (Q4, 5, 6)	• Direction 페이지 나오면 만사형통팁, 온앤오프 설정 암기 내용 상기	
Part 4 (Q7, 8, 9)	• 문제 자체에 집중	

Part 5 (Q10)	• 듣기가 시작되면 반복되는 핵심 키워드만 필기
	  요청 사항: 요청이 반복되는 동사, 명사 필기
	  문제점: 문제점 키워드 동사, 명사 필기
	• 한글 발음으로 적어도 됨
	• 긴 내용은 심플한 동의어, 유의어로 교체, 요약해 필기
		절대 긴 문장(어구)을 모두 적지 말 것

Part 6 (Q11)	• 선택한 옵션으로 설정, 구도 정리하기
	  ① 난 누구, 여긴 어디
	  ② 질문자 의도에 맞춰 설정
	  ③ 만사형통팁 연결
	  ④ 결과
	• 빠른 필기, 본인만 볼 수 있게 암호화
		필기하느라 생각을 정리 못하고 조급하게
		답변 시작

토익스피킹 훈련 전략

질문 주제와 빈출 경향

문제 유형	질문 주제와 빈출 경향
Part 1 **Read a text aloud** 지문 읽기	광고 / 뉴스 / 안내방송 / 소개 / 자동응답 메시지 등 • 유창하게 말하기 어려운 제품 이름, 지역명과 같은 고유명사 빈출 • 끊고 묶어 읽을 부분이 애매한 문제
Part 2 **Describe a picture** 사진 묘사	직장 내부 / 상점 / 실내, 실외 마켓 / 길거리 / 공원 / 음식점 / 공공장소 / 해변 등 • 소수 사람들의 특이 행동, 어려운 사물명 등 어휘력을 요구하는 문제 • 다수 사람들부터 배경까지 전반적 묘사를 빠른 답변으로 요구하는 문제
Part 3 **Respond to questions** 듣고 질문에 답하기	제품 / 서비스 / 정보 관련 / 의식주 / 취미 / 사는 곳, 자주 가는 곳 / 인터넷 / 고향 등 • WH 질문과 과거형 질문을 교차하여 출제 • If 조건, 장/단점, 선호도, 가장 중요한 점 (the most important) 빈출
Part 4 **Respond to questions using information provided** 제공된 정보를 사용하여 질문에 답하기	미팅, 세미나, 행사 일정표 / 출장 일정표 / 프로그램 시간표 / 이력서 / 주문서 등 • WH, 미래, 과거 사실을 확인해줄 것을 요구하는 질문 • 스케줄의 유무 또는 정확한 정보를 확인해줄 것을 요구하는 질문 • 표 안에 공통점을 2~3개를 모두 확인해줄 것을 요구하는 질문
Part 5 **Propose a solution** 해결책 제안하기	광고, 홍보 / 공간, 시간, 제품, 자금, 인력, 서비스 문제 / 업무 미숙 / 보상 관련 자문 등 • 유형 1: 녹음된 메시지를 듣고 자동응답 메시지로 답하는 문제 • 유형 2: 회의 참여 후 자동응답 메시지로 답하는 문제 • 홍보, 행사, 광고 게재, 사과, 개선책 등 무형의 해결책을 요구하는 질문 • 증정품 기획, 인터넷 강의 제작, 매뉴얼 구비, 직원 보상 등 유형의 해결책을 요구하는 질문
Part 6 **Express an opinion** 의견 제시하기	회사 내 성공의 자질 / 특정 정책의 효과 / 온라인 시대 / 교육 / 정보 / 개인 선호 등 • 회사 혹은 일상생활 질문이 빈출, 교육 관련 질문이 돌발 문제로 출제 • 배경 지식이 없어 근거와 이유를 들기 애매한 문제 또는 경험이 없으면 쉽게 답변하기 힘든 질문이 빈출

토익스피킹 출제 비율

Part 1 Read a text aloud 지문 읽기

· 유형별

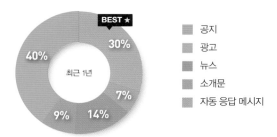

최근 1년
30%
40%
7%
9%
14%
BEST ★

- 공지
- 광고
- 뉴스
- 소개문
- 자동 응답 메시지

Part 2 Describe a picture 사진 묘사하기

· 유형별

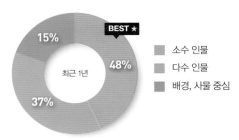

최근 1년
15%
48%
37%
BEST ★

- 소수 인물
- 다수 인물
- 배경, 사물 중심

· 주제별

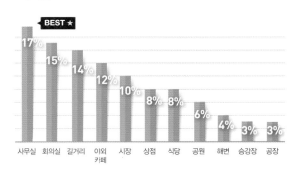

BEST ★

사무실	회의실	길거리	야외 카페	시장	상점	식당	공원	해변	승강장	공장
17%	15%	14%	12%	10%	8%	8%	6%	4%	3%	3%

Part 3 Respond to questions 듣고 질문에 답하기

· 유형별

최근 1년
40%
60%
BEST ★

- 설문 조사 유형
- 지인 통화 유형

· 주제별

BEST ★

옷/잡화	식사	생활반경 장소	여가 활동/ 휴가	인터넷/ 기기	교통
7%	21%	26%	25%	17%	4%

Part 4 Respond to questions using information provided
제공된 정보를 사용하여 질문에 답하기

· 유형별

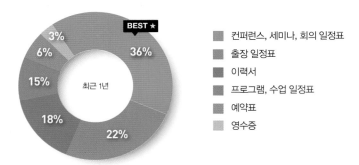

- 컨퍼런스, 세미나, 회의 일정표
- 출장 일정표
- 이력서
- 프로그램, 수업 일정표
- 예약표
- 영수증

Part 5 Propose a solution 해결책 제안하기

· 유형별

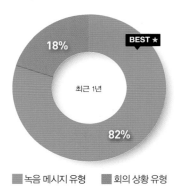

녹음 메시지 유형 | 회의 상황 유형

· 주제별

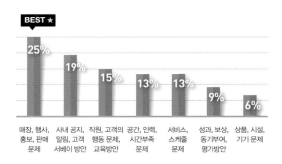

매장, 행사 홍보, 판매 문제 | 사내 공지, 알림, 고객 서베이 방안 | 직원, 고객의 행동 문제, 교육방안 | 공간, 인력, 시간부족 문제 | 서비스, 스케줄 문제 | 성과, 보상, 동기부여, 평가방안 | 상품, 시설, 기기 문제

Part 6 Express an opinion 의견 제시하기

· 유형별

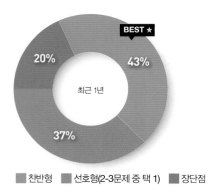

찬반형 | 선호형(2-3문제 중 택 1) | 장단점

· 주제별

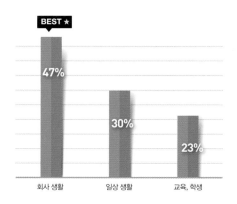

회사 생활 | 일상 생활 | 교육, 학생

토익스피킹 파트별 학습량

그럼, 어떤 파트를 얼마만큼 공부해야 할까요?

이 교재로 학습하는 수험생 여러분은 아래 학습량 (% 기준)을 참고하여 한정된 시험 준비 기간에도 시간 대비 효율을 극대화할 수 있습니다. 본인이 약한 파트는 훈련 시간을 늘리고 잘되는 파트는 줄이면서 훈련 시간표를 탄력적으로 관리해 보세요.

Part	준비 사항	학습량 (%)	조앤박 토스 전략 적용범위
1	만사형통 읽기 공식 암기	5	**기본 공식 적용 파트**
2	만사형통 답변틀, 어휘 암기	15	**답변틀 적용 파트**
3	만사형통팁, 빈출 패턴 & 아이디어, 어휘 암기	20	**답변팁 적용 파트**
4	만사형통 답변틀, 어휘 암기	10	**기본 공식 적용 파트**
5	만사형통 답변틀, 해결팁, 아이디어, 어휘 암기	20	**답변틀 적용 파트**
6	만사형통 답변틀, 만사형통팁, 빈출 패턴 & 아이디어, 어휘 암기	30	**답변팁 적용 파트**

파트별 학습량 분포도(%)

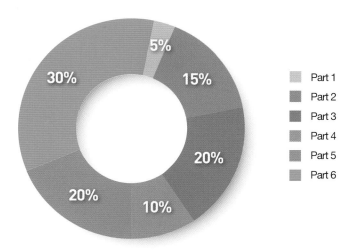

⏰🕐 학습 플랜

8일 완성

Day 1	Day 2	Day 3	Day 4
Part 1 지문읽기	**Part 2 사진 묘사하기**	**Part 3 질문에 답하기**	**Part 6 의견 제시하기**
기본기 다지기 전략 다지기 자신감 다지기 순발력 다지기	기본기 다지기 전략 다지기 자신감 다지기 순발력 다지기	기본기 다지기 전략 다지기 자신감 다지기 순발력 다지기	기본기 다지기 전략 다지기 자신감 다지기 순발력 다지기
Day 5	Day 6	Day 7	Day 8
Part 5 해결책 제안하기	**Part 4 제공된 정보를 사용하여 질문에 답하기**	**Actual Test 1-3회 Actual Test 1-3회 복습**	**Part 1~Part 6 전략 다지기 / 자신감 다지기 복습**
기본기 다지기 전략 다지기 자신감 다지기 순발력 다지기	기본기 다지기 전략 다지기 자신감 다지기 순발력 다지기		

8일 완성 학습 플랜 활용 방법

❶ 단기간 완성 목표로 학습하는 만큼 암기해야 하는 부분이 많은 '전략 다지기'에 강의 시간 외 학습 시간을 많이 할애하여 정확하게 반복 암기하세요.

❷ 할당된 학습량이 밀리지 않게 꼭 매일매일 정해진 만큼 학습하세요.

❸ 실전 연습량이 많을수록 좋으므로 마지막 이틀(Day7~8)은 최대한 많은 시간을 연습과 훈련으로 사용하세요. 파트별, 세트별 문제 풀이 시 모두 초시계를 이용해 실전 감각을 극대화해주세요.

책의 특장점

1. 4 Step 훈련 프로그램

반복적인 4단계 학습 프로그램을 통해 영어를 순발력 있게 말하는 법을 배우게 됩니다. 단기적 암기에 그치지 않고 장기적으로 기억할 수 있어서 시험이 끝난 후에도 문장 패턴을 지속해서 활용할 수 있습니다.

- 기본기 다지기: 파트별 필수 기본기 학습
- 전략 다지기: 언제나 먹히는 꼼수 답변팁, '만사형통팁'과 전략 암기
- 자신감 다지기: 유형별 전략 활용법과 답변 노하우로 자신감 상승
- 순발력 다지기: 최신 모의고사로 실제 시험에 완벽 적응, 실전 순발력 장착

2. 저자 직강 온라인 강의

4단계 훈련 프로그램을 기반으로 조앤박 선생님의 다양한 전략 활용 기법을 반복 학습하면서 개인별 맞춤 훈련을 통해 토익스피킹 목표 점수를 빠르게 달성할 수 있습니다.

3. 정확하고 간결한 어휘와 답변팁

어려우면 끝까지 훈련을 마칠 수 없다! 정확하고 간결한 어휘와 답변팁 통해 쉽고 빠르게 암기해 활용할 수 있는 표현들만으로 다룬 교재입니다. 또한 조앤박 선생님이 다년간 경험한 비즈니스 실무 경험을 바탕으로 교재 내 다양한 비즈니스 표현을 배울 수 있습니다.

4. 언제, 어디서나 만사형통팁! (MP3 무료)

조앤박 선생님이 8년 넘게 연구한 가장 쉽고 빠른 꼼수 답변 기술을 활용해 어려운 돌발 문제에도 신속하고 풍성한 고득점 답변을 할 수 있습니다.

- 언제나 먹히는 꼼수, '만사형통팁' & 확장법
- 100% 쓰는 답변틀 & 해결팁
- 뼝 설정 & 아이디어 루트
- 시작 문장틀 & 만능 패턴

5. QR 코드로 모범 답변 바로바로 확인!

실전 감각을 극대화 시켜줄 최신 문제들과 음원을 통해 자신감과 순발력을 강화시켜 시험장에서 떨지 않고 수험자의 기량을 최대한 발휘하여 목표 레벨에 빠르게 도달할 수 있습니다. MP3를 다운로드 할 필요 없이 QR코드로 바로 확인하세요!

6. 실전 모의고사 3회 무료 제공

모의고사 문제 및 해설강의를 통해 순발력을 더욱 강화해 시험장에서 떨지 않고 수험자의 기량을 최대한 발휘하여 목표 레벨에 빠르게 도달할 수 있습니다.

Contents

PART
01

Read a text aloud

지문 읽기

TOEIC SPEAKING

Lv.6

Questions 1-2

Read a text aloud
미리 보기

문제 유형

Part 1은 화면에 제시되는 지문을 화자의 뉘앙스에 맞춰 정확하게 읽는 문제입니다. 각 지문 당 5문장 내외의 공지문, 안내문, 광고문, 뉴스, 소개문 및 자동 응답 메시지 등 다양한 주제로 출제됩니다.

구성

문항 수	2문제
문제 번호	Question 1, 2
준비 시간	45초
답변 시간	45초

출제 비율

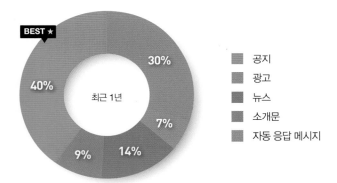

- 공지
- 광고
- 뉴스
- 소개문
- 자동 응답 메시지

평가 기준

- 발음
- 억양, 강세, 목소리의 볼륨과 톤

평가 점수

- 문제당 각 3점

PART

01

PART 1

PART 2

PART 3

PART 4

PART 5

PART 6

ETS 채점 포인트

- 발음과 강세가 얼마나 모국어의 영향을 덜 받고 정확한가?
- 억양과 리듬감을 얼마나 지문의 유형에 맞춰 화자처럼 표현하는가?
- 얼마나 유창하고 자연스럽게 지문을 전달하는가?

PART 1 고득점 전략

1. 고유명사처럼 처음 보는 단어는 강세, 억양 공식을 최대한 활용하여 스펠링대로 읽어주면 실점하지 않습니다.

2. 두 단어가 연결된 2음절 단어가 A, B and/or C 와 같은 나열식 구조로 출제되는 경향입니다. 억양 연습을 충분히 해두세요.

3. 어려운 단어들을 빨리 발음하다 보면 혀가 꼬입니다. 연음에 실수가 일어나지 않게 차라리 천천히 또박또박 읽어 정확히 녹음하는 것이 득점에 유리합니다.

4. 줄 바꿈 시, 묶어 읽어야 할 어구라면 눈을 한 박자 먼저 옮겨 자연스럽게, 끊어지지 않게 읽어야 합니다.

5. 실수할 경우, 그 부분만 다시 정확히 읽고 자연스럽게 이어 읽어 내려가면 실점하지 않습니다.

훈련생 주의 사항

1. 전략 다지기의 발음, 억양 공식을 소리 내 반복 암기하세요.

2. 자신감 다지기에서 지문을 읽을 때 빨리 읽는 것보다 정확히 읽는 훈련을 하세요.

3. 45초 준비 시간 동안 고유명사, 어려운 단어의 발음, 억양, 강세와 연음, 나열식 구조의 억양 및 묶어 읽을 단위를 미리 소리 내 연습해두고, 45초 답변 시간 동안 연습해둔 대로 차분하고 자신감 있는 목소리로 지문의 뉘앙스를 살려 답변하는 훈련을 하세요.

4. 교재 연습이 끝나면 수시로 외국 사이트의 영어 기사나 글을 읽어보세요. 발음이 어려운 단어를 소리 내 보면서 순발력을 높일 수 있습니다.

❶ 디렉션

준비: TOEIC Speaking

Questions 1~2 : Read a text aloud

Directions: In this part of the test, you will read aloud the text on your screen. You will have 45 seconds to prepare. Then you will have 45 seconds to read the text aloud.

Part 1 시험 진행 방식을 설명하는 안내문을 화면에 보여준 뒤 이를 음성으로 들려줍니다.

❷ Question 1 – 준비 시간

TOEIC Speaking | **Question 1 of 11**

Looking for the best way to travel San Diego? Search our restaurants for the cuisine you're craving, or find a neighborhood gem. Once you've decided, make a reservation for the evening at www.sandiego.com, Today!

PREPARATION TIME
00:00:45

화면에 1번 문제가 나타나며 "Begin preparing now."라는 음성 및 삐 소리가 난 뒤에 45초의 준비 시간이 주어집니다.

❸ Question 1 – 답변 시간

TOEIC Speaking | **Question 1 of 11**

Looking for the best way to travel San Diego? Search our restaurants for the cuisine you're craving, or find a neighborhood gem. Once you've decided, make a reservation for the evening at www.sandiego.com, Today!

RESPONSE TIME
00:00:45

준비 시간이 끝나면 "Begin reading aloud now."라는 음성 및 삐 소리가 난 뒤에 45초의 답변 시간이 주어집니다.

❹ Question 2 – 준비 시간

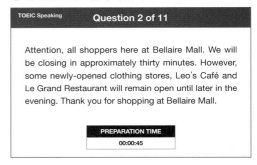

TOEIC Speaking | **Question 2 of 11**

Attention, all shoppers here at Bellaire Mall. We will be closing in approximately thirty minutes. However, some newly-opened clothing stores, Leo's Café and Le Grand Restaurant will remain open until later in the evening. Thank you for shopping at Bellaire Mall.

PREPARATION TIME
00:00:45

화면에 두 번째 지문이 등장하며 45초의 준비 시간이 주어집니다.

❺ Question 2 – 답변 시간

TOEIC Speaking | **Question 2 of 11**

Attention, all shoppers here at Bellaire Mall. We will be closing in approximately thirty minutes. However, some newly-opened clothing stores, Leo's Café and Le Grand Restaurant will remain open until later in the evening. Thank you for shopping at Bellaire Mall.

RESPONSE TIME
00:00:45

준비 시간이 끝나면 45초의 답변 시간이 주어집니다. 큰 소리로 자신 있게 지문을 읽어주세요.

발음 기호표 🔊 MP3 Part 1_01

원어민의 발음을 듣고 다양한 영어의 기본 발음들을 연습해 보세요.

자음	모음
가볍게 혀, 입술, 목젖 등을 치는 소리	[ai] 아이 island, kind, sky, buy
[p] 프 appear, piano, stamp	[au] 아우 out, brown, ground, how
[b] 브 about, black	[auər] 아우어r our, hour, power, sour
[t] 트 bottle, table, pit, star	[ɑ|ɔ] 아/오 possible, hobby, ox, cotton
[d] 드 bed, desk, kind	[ɑ:] 아: father, giraffe, calm, almond
[k] 크 key, book, school	[ɑ:r] 아:r large, start, yard, park
[g] 그 game, big, beggar	[æ:] 애: apple, pass, palace, laugh
입을 앞으로 내밀고 강하게 뱉는 소리	[æ|ɑ:] 애/아: ask, branch
[tʃ] 취 teach, question, match	[ʌ] 어 cut, one, color, couple
[dʒ] 쥐 jeans, bridge, age	[ə] 어 collect, unless, ability
바람과 성대를 이용한 마찰소리	[ər] 어r teacher, visitor, surprise
[f] f으 fine, enough, telephone	[ə:r] 어:r learn, bird, work, burn
[v] v으 victory, vase, believe	[e] 에 bed, heavy, bury, many
[s] 스 sing, cent, kiss	[ei] 에이 plane, plain, famous, great
[z] z으 zoo, rose, busy	[ɛər] 에어 parent, hair, wear, pear
[ʃ] 쉬 shine, attention, special	[ou|əu] 오우 open, most, show, boat
[ʒ] 쥬 usually, treasure, television	[ɔ] 어 soft, long, often
[θ] 뜨 think, birthday, thank	[ɔ:] 어우 almost, water, bought, caught
[ð] 드 that, brother, mother	[ɔ|ɔ:] 오/오: dog, orange
[h] 흐 house, hot, hello	[ɔ:r] 오:r war, warm, sword, wore, short
콧소리	[ɔi] 오이 oil, coin, oink, boy, toy
[m] 음 man, woman, summer	[u] 우 push, cook, good, wood, wool
[n] 은 nurse, dinner, sun, nose	[u:] 우우 use, group, pool, fool, food
[ŋ] 응 finger, ink, sing, long	[uər] 우어r poor, tour, sure, pure
혓소리	[i] 이 decide, ink, busy, foreign
[l] 르 light, color, lace	[i:] 이이 deep, mean, believe, people
[r] r으 radio, road, sorry	[iər] 이어r here, hear, near, sincerely

PART

01

Read a text aloud

기본기 다지기

🖋️ 기본기1 ▶ 준비 시간 활용법

Part 1 지문 읽기 파트에서는 준비 시간 45초 동안 최대한 꼼꼼히 읽어 연습해 놓는 것이 가장 중요합니다.
아래 45초 준비 시간 활용법을 숙지하여 문제들에 적용해 읽어보세요.

지문 속 3종 폭탄 찾기

- **복수급 s**　　　복수급 단어 뒤 s 찾고 그 위치를 기억해 둡니다.
- **더 vs. 디**　　　정관사 the 다음 모음의 소리가 오면, '디'로 읽고, 자음의 소리가 오면 '더'로 읽고
　　　　　　　　그 위치를 기억해 둡니다.
- **나열 구조**　　　쉼표 (,) 를 찾아 나열식 문장의 억양을 연습해 놓고 그 위치를 기억해 둡니다.

전반적 읽기 포인트 찾기

- **지문 유형 파악**　공지문, 안내문, 광고문, 뉴스, 소개문, 자동 응답 메세지의 뉘앙스를 파악해 둡니다.
- **연습 & 기억**　　버벅거리지 않게 단어별 발음, 강세, 억양, 묶어 읽기를 최대한 살려 연습해 두고
　　　　　　　　위치를 기억해 둡니다.
- **자신감**　　　　사실, 제일 중요한 것은 전달력과 자신감입니다. 크고 또박또박하게 경쾌하게 감정을 전
　　　　　　　　달해 읽어주세요.

PART 1

PART 2

PART 3

PART 4

PART 5

PART 6

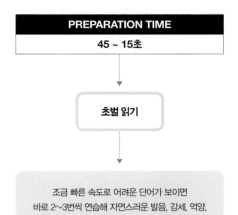

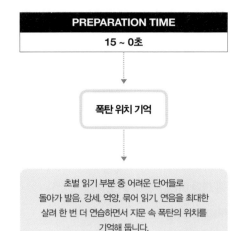

PREPARATION TIME
45 ~ 15초

↓

초벌 읽기

↓

조금 빠른 속도로 어려운 단어가 보이면
바로 2~3번씩 연습해 자연스러운 발음, 강세, 억양,
묶어 읽기와 연음을 만들면서 끝까지 읽습니다.

PREPARATION TIME
15 ~ 0초

↓

폭탄 위치 기억

↓

초벌 읽기 부분 중 어려운 단어들로
돌아가 발음, 강세, 억양, 묶어 읽기, 연음을 최대한
살려 한 번 더 연습하면서 지문 속 폭탄의 위치를
기억해 둡니다.

🖋 기본기 2 ▶ 답변 시간 활용법

45초는 지문 읽기에 충분한 시간입니다. 너무 조급한 마음에 빨리 읽다 보면 실수를 연발합니다.
차분히 연습하고 기억해둔 부분을 손가락으로 짚어가며 정확하고 경쾌하게 읽으세요.

답변 시간 분배법

1. "Begin reading aloud now." 삐 소리가 나면 1초 쉬고 44초부터 문장을 읽기 시작합니다.
2. 연습해 둔 강조 키워드 (고유명사, 중요한 의미의 동사, 비교급, 최상급, 부사, 부정어, 숫자)의 철자를
   정확하고 자연스럽게 읽어주면서, 사이사이에 끼어있는 3종 폭탄을 차분하게 처리해가며 읽어주세요.
3. 묶을 때 묶고, 쉴 때 쉬면서 목소리에 자신감을 실어 읽습니다.
4. 지문의 유형에 따라 억양을 약간 올리거나 내려 과장해 주어도 좋습니다.
5. 지문을 모두 읽고 난 후 몇 초 남는 시간은 상관없습니다. 조용히 다음 질문을 기다려주세요.

Read a text aloud
전략 다지기

PART
01

전략 1 ▶ 조앤박 만사형통 발음 공식

한국인에게 제일 어려운 발음 기호 🔊 MP3 Part 1_02

● **혀의 위치 [l] vs. [r]**

[l] 혀가 입천장에 붙는 소리 '라아~'
혀를 말지 않고 곧게 세워 입 천장을 가볍게 터치하는 소리

light	low	lily	law
[라잇]	[로-우]	[릴리]	[러-어]

[r] 혀가 입천장에 붙지 않는 소리 '뤄아~'
혀는 위로 말아 올려 입천장에 닿지 않게 굴려주고 목젖을 진동시키는 소리

right	row	really	raw
[롸잇]	[뤄-우]	[뤼-얼리]	[뤄-어]

● **혀의 강약 [θ] vs. [ð]**

[θ] 강한 무성음 'ㄸ~'
혀를 위, 아래 치아들 사이로 넣었다 입안으로 당기면서 내는 소리

thank you	think	north	thesis
[th엥-뀨우]	[th잉ㅋ]	[노-올th]	[th이:씨ㅆ]

[ð] 약한 유성음 '드으~'
[θ]보다 약하게 성대를 울리며 부드럽게 내는 소리

the	this	that	those	these
[th어]	[th이]	[th엣]	[th오-즈]	[th이-즈]

🔖 Secret Code **:** 짧은 강세 – 긴 강세

● **입술, 무성음 [p] vs. [f]**

[p] 입술 바람 소리 '프으~'
위, 아랫입술이 붙었다가 떨어지며 가볍게 나오는 바람 소리

pool	pine	paint	pill
[푸-우어]	[파-인]	[페-인ㅌ]	[피열]

PART 1

PART 2

PART 3

PART 4

PART 5

PART 6

[f] 윗니 바람 소리 'f으~'

아랫입술을 윗 대문니 아래로 붙이고 가볍게 사이로 새는 바람 소리

fool	fine	faint	fill
[f우-우어]	[f아-인]	[f에-인ㅌ]	[f이열]

● 입술, 유성음 [b] vs. [v]

[b] 입술 목젖 소리 '브으~'

위, 아랫입술이 붙었다가 떨어지며 가볍게 목젖을 울리는 소리

base	belly	boys	bend
[베이쓰]	[벨리]	[보이즈]	[베-엔ㄷ]

[v] 윗니 목젖 소리 'v으~'

아랫입술을 윗대문니 아래로 붙이고 가볍게 목젖을 울리는 소리

vase	valley	voice	vend
[v에이쓰]	[v엘리]	[v오이즈]	[v에-엔ㄷ]

● 입 안 공간 [Kw] '퀴워~'

입 안에 동그란 공간을 만들고 목 뒤쪽의 울림을 이용한 깊이 있는 소리

quit	question	quality	quiet	quick	require
[퀴-잇]	[퀘-에쓰쳔]	[퀴-우얼러리]	[퀴-와이엇]	[퀴-익]	[뤼콰-이얼]

● [ɔ:] 입 안 공간 '으어어~'

law	small	because	fall	awful	cause
[러-어]	[스머-어]	[비커-어ㅈ]	[f어-어]	[어-어워]	[커-어ㅈ]

> **Secret Code** : 짧은 강세 - 긴 강세

숫자와 특수 문자 읽기 🔊 MP3 Part 1_03

● 가격

$6.80	six eighty, six dollars eighty cents
15%	fifteen percent

가격 단수복수
- 하나 이상이면 dollars, cents로 복수 처리
- percent는 복수 처리하지 않는다

● 번호, 편명

Room 207   Room two O seven

Flight GT320   Flight GT three two O, Flight GT three twenty

Bus 7232   Bus seventy two thirty two

숫자 읽기
- 숫자 사이에 00이 껴있으면 '오우' 라고 읽는다.
- 백 단위 숫자는 십 단위씩 끊어 읽을 수 있다. 예) 460 ⇨ four sixty, 1460 ⇨ fourteen sixty

● 전화 번호

280-0305   two eight O, O three, O five

1800-719-2860   one eight hundred, seven one nine, two eight six O

Ext.34   extension thirty four

Press # or *   press pound or star

● 메일, 웹사이트 주소

www.google.com

⇨ double u double u double u dot google dot com

H/D_heather@Kmail.org

⇨ H slash D underscore (underbar) heather at Kmail dot org

인터넷 주소 발음 하기
- www '더브이유, 더브이유, 더브이유'
- org '올그' gov '거브' edu '에듀'
- '점' 말고 '닷 (dot)' 으로 발음

● 주소

#120, 1130 Jefferson St. Boston, Massachusetts

⇨ room number one twenty, eleven thirty Jefferson Street, Boston, Massachusetts

● 연도 익히기

2017년   two thousand seventeen

1985년   nineteen eighty five

연도 읽기
- 2000년 전: 두 자리씩 나눠서 읽기
- 2000년 이후: 통으로 읽기

전략2 ▶ 만사형통 강세 공식

영어는 일정한 규칙에 따라 늘 정해져 있는 강세 공식이 있습니다. 음절에 따른 강세 법칙만 잘 알아도 영어의 반 이상은 끝난 것이나 다름없습니다. 지금까지 몰랐던 원어민들의 영어 강세 공식을 암기하면 처음 보는 단어도 완벽하게 읽을 수 있습니다.

모음 강세

모음(a, e, i, o, u)에 강세를 줍니다. 강세를 받는 음절은 상대적으로 약간 크고 올려 말합니다. 강세를 받지 않는 음절은 약하게 '어~'(schwa: 중성 모음)로 편하게 발음하세요.

opera	banana	application	prepare	between	fantasy
오페라	바나나	지원서	준비하다	~사이에	판타지

품사에 따른 강세

대부분의 2음절 단어는 명사, 형용사, 부사일 땐 첫 음절, 동사일 땐 두 번째 음절에 강세를 줍니다

명사	동사
record [뤠:커드]	record [뤼커·얼드]
address [애:듀러스]	address [어드뤠:스]
present [프레·슨트]	present [펄젠:트]

영어의 음절이란

발음상 모음을 기준으로 자르며, 모음의 소리가 한 개면 1음절, 두 개면 2음절로 구분한다.
예) cáp [캡] 1음절 / párty [파티] 2음절 / muséum [뮤지엄] 3음절

접두사 강세

접두사는 어근이 아니기 대부분 강세를 주지 않습니다.
접두사 – un, dis, pre, pro, re, il, non의 강세는 바로 뒷음절에 줍니다.

unfortunately	reaction	discourage	overall	unlock	prepare
유감스럽게도	반응	용기를 잃게 하다	전체의	열다	준비하다

- 접두사에 강세를 주는 예외 단어 prefer, preview, preparation

접미사 강세

● 단어 끝 접미사가 –tion, –sion, –ic 으로 끝날 때 접미사 바로 앞 음절에 강세를 줍니다.

reaction	condition	discussion	electronic	specific	historic
반응	상태	논의	전자의	구체적인	역사적인

● 단어 끝 접미사가 –ate, –ize, –ise로 끝날 때 접미사를 포함해 뒤에서 3번째 음절에 강세를 줍니다.

desperate	delicate	separate	approximate	authorize	recognize
필사적인	연약한	분리된	근사치인	권한을 부여하다	알아보다

음절이 4개 일때
· 뒤에서 4번째 음절은 내려서 3번째 음절의 강세를 뚜렷하게 해줄 것!

cer – ti – fi – cate
④ ③ ② ①

● 단어 끝 접미사가 –cy, –ty, –gy, –fy, –phy 와 같이 자음+y (–ies) 끝날 때 접미사를 포함해 뒤에서 3번째 음절에 강세를 줍니다.

policy	celebrity	photography	identify	biology	biography
정책	유명 인사	사진술	확인하다	생물학	전기

숫자 강세

10단위의 시작 숫자는 앞 음절에 강세, 그 뒤 숫자들은 뒤 음절에 강세를 줍니다.

10	ten	20	twenty	30	thirty
11	eleven	21	twenty one	31	thirty one
12	twelve	22	twenty two	32	thirty two
13	thirteen				

복합 명사 강세

복합 명사 (동사+부사 / 명사+명사)는 앞 단어에 강세를 줍니다.

a timetable	a mailbox	a coffee shop
명사 + 명사	명사 + 명사	명사 + 명사

a handbag	a sunscreen	a getaway
명사 + 명사	명사 + 명사	동사 + 부사

· checkout counter 계산대 / check out 확인하다

PART 1

PART 2

PART 3

PART 4

PART 5

PART 6

전략3 ▶ 만사형통 억양 공식

영어는 화자의 뉘앙스에 의존하는 언어이므로 어떤 의미를 강조하느냐에 따라 억양을 주어 문장에 리듬을 주는 언어입니다. 강조해야 하는 핵심 단어는 약간 느리게 억양을 올려서, 강조할 필요가 없는 단어는 빠르게 억양을 떨어뜨려 그 차이를 줍니다. 영어의 음악적인 효과를 훈련해 보겠습니다.

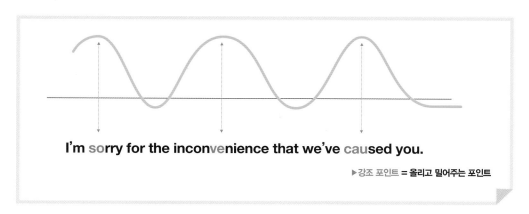

I'm sorry for the inconvenience that we've caused you.

▶ 강조 포인트 = 올리고 밀어주는 포인트

내용어 & 기능어 억양

먼저, 문장 내 강조해줄 단어부터 찾아주세요. 문장에서 중요한 의미를 가지는 단어들이 강조 포인트 입니다. 주로, 명사, 동사, 형용사, 부사 등으로 중요한 내용을 담고 있는 내용어는 억양을 올립니다. 관사, 전치사, 대명사, 접속사, 조동사와 같은 문법적인 기능만 하는 기능어는 억양을 내리며 빠르게 읽게 되어 발음이 약화되거나 연음으로 바뀌게 됩니다.

내용어 ╱ : 중요한 내용 (명사, 동사, 형용사, 부사)	기능어 ╲ : 덜 중요한 내용 (관사, 전치사, 대명사, 접속사, 조동사)
높은 억양 강세 받고, 정확하고 길게 발음	낮은 억양 강세 못 받고, 연음(축약)이 일어나 빨리 발음
명사 table, tree, Joanne **본동사** see, talk, learn **형용사** good, happy, cool, many **부사** often, really, absolutely **의문사** who, what, when, how **지시대명사** this, that, those **부정어** not, never, won't, don't	**대명사** he, she, it, they **전치사** in, on, at, of **관사** a, an, the, some **be동사** is, are, was, were **have동사** has, have, had **조동사** do, can, may, will **접속사** and, but, so

Joanne's TIP

문장에서 의미 강세
- 문장에서 어떤 의미를 더 강조하여 말할지에 따라 강세 포인트는 바뀐다.
- **기본적인 강세 순서** 명사 〉 동사 〉 부사 – 형용사 – 부정어 순

She knows him.	She knows him.	Joanne knows him.
그녀는 그를 압니다.	그녀는 그를 압니다.	조앤은 그를 압니다.
They bought it.	They bought it.	Tim and Bella bought a car.
그들은 그것을 샀습니다.	그들은 그것을 샀습니다.	팀과 벨라는 차를 샀습니다.

나열식 억양

● **BC억양:** 지문 속에서 A, B and(or) C의 나열식 구조가 보이면 단어의 본래 음절 강세는 살리면서 쉼표 앞에서 올립니다.

I will provide fresh ╱, organic ╱ and healthy meal ╱ for you╲.
당신을 위한 신선하고, 유기농인 그리고 건강한 식사를 제공하겠습니다.

● **123억양:** 지문 속에서 핵심 단어 3개가 ABC처럼 연속적으로 놓인 나열식 구조가 보이면 (1) 올리고-(2) 내리고-(3) 올리는 구조로 보다 미국식 억양을 더 잘 살릴 수 있습니다.

                               (1)   (2)   (3)

Thank you all for coming to the International Architecture Conference.
국제 건축 컨퍼런스에 오신 여러분 모두를 환영합니다.

강조 읽기

강조하여 읽는다는 뜻은 크고 강하게 읽는 것이 아니라 정확하고 길게 늘여 읽는다는 뜻입니다. 빨리 읽는 것에 집중하기 보다 꾹꾹 눌러 읽듯 강조할 부분에 신경을 써 읽고, 강조가 필요 없는 부분에 자연스러운 연음으로 유창하게 읽는 것이 고득점의 핵심 미션입니다.

● more, better, highest와 같은 비교급, 최상급 강조
● 주소, 지명, 고유명사, 숫자, 이니셜, 이름의 성에 강조
● 부정어, 부사는 다른 단어에 비해 더욱 강조

전략4 **만사형통 끊고 묶기 공식**

의미 단위(chunk)의 어구를 잘 묶고 잘 끊어 읽는 것만으로도 채점자에게 지문의 뉘앙스와 의미를 정확히 전달할 수 있습니다. 앞에서 배운 공식들과 함께 적재적소에서 끊고 묶어 읽는 연습을 해보세요.

끊고 묶기 공식

끊어주고 묶어 읽을 chunk 단위를 파악해 주세요. 의미의 전달력을 높여줍니다.

● 긴 주어(2단어 이상의 주어) 뒤에서 살짝 끊어 줍니다.
● 전치사(in, at, on) 앞에서 살짝 끊어 줍니다.
● 관계사(that, which, who)절 앞에서 살짝 끊어 줍니다.
● 준동사(to부정사, 분사)구 앞에서 살짝 끊어 줍니다.
● 쉼표에서 쉬고, 마침표에서는 마친 느낌으로 쉽니다.
● 쉼표로 추가 설명되는 동격에서 살짝 끊어 줍니다.

chunk(청크)
말 모둠. 연결된 단어들이 하나의 뜻이 되는 어구의 단위

🔒 **Double Check**

Good afternoon, / ladies and gentlemen. // It's time for our 3 o'clock Traffic Report. // Drivers are struggling with some congestion / around Ellen Convention Center. // Also, / Altha Street, / Cottondale Avenue, / and Laurel Drive / in downtown / are under construction / now. // If you normally take any of these roads, / you should make a detour / to avoid traffic. //

신사 숙녀 여러분 좋은 오후 입니다. 3시의 교통 리포트 시간 입니다. 운전자들이 Ellen 컨벤션 센터 주변에서 교통 체증에 어려움을 겪고 있습니다. 또한, Altha가, Cottondale 에비뉴 그리고 Laurel 드라이브 에서는 지금 공사가 진행 중입니다. 주로 이 도로를 이용하신다면 교통 체증을 피하기 위해 우회하시는 것이 좋겠습니다.

발음이 말리는 단어

- quite – quiet   상당히 – 조용한
- chicken – kitchen   닭 – 부엌
- diary – dairy – daily   일기 – 유제품 – 매일
- resort – result   리조트 – 결과
- royal – loyal   국왕의 – 충실한
- split – sprit

  분열되다 – 스프리트 (돛을 펼치는 데 쓰는 둥근 활대)
- pleasant – present   쾌적한 – 선물
- run – learn   달리다 – 배우다
- statue – status   동상 – 신분
- corporate – cooperate   기업의 – 협력하다
- quality – quantity   질 – 양
- leave – lives   떠나다 – 살다 (3인칭 단수 현재)

'디' 발음나는 The 정관사와 단어

- the art   예술
- the area   지역
- the architecture   건축술
- the apartment   아파트
- the annual report   연례 보고서
- the agenda   의제, 안건
- the afternoon   오후
- the evening   밤
- the end   종료
- the event   이벤트
- the environment   환경
- the eastern   동쪽의
- the MVP   최우수 선수
- the MP3   엠피쓰리
- the HR department   인사과
- the office   사무실
- the online training   온라인 교육
- the outdoor café   야외(노천) 카페
- the others   다른 사람들
- the update   갱신
- the interior design   인테리어 디자인
- the hour   시간
- the information   정보

🔊 MP3 Part 1_04

PART 1

PART 2

PART 3

PART 4

PART 5

PART 6

💬 발음이 어려운 단어

- camera 카메라
- beautiful 아름다운
- historic 역사적인
- comedy 코미디
- cafeteria 구내식당
- sandwich 샌드위치
- buffet 뷔페
- latte 라떼
- café 카페
- anti-virus 항바이러스
- multi-vitamin 종합 비타민
- athlete 선수
- convenient 편리한
- beneficial 유익한, 이로운
- amateur 아마추어 선수
- approximately 거의
- banquet 연회
- jewelry 보석
- advantage 유리한 점, 장점
- disadvantage 불리한 점, 단점
- carriage 마차
- recipe 레시피
- receipt 영수증
- aisle 통로
- fasten (벨트 등을) 매다
- walk 걷다

- work 일하다
- etc. (et cetera) 기타
- fusion cuisine 퓨전 요리
- gourmet 미식가, 식도락가
- unique 독특한
- competitors 경쟁자들
- spectacular 장관을 이루는, 극적인
- shorten 짧게 하다
- certain 확실한, 틀림없는
- specific 구체적인, 명확한
- shoppers 쇼핑객들
- maintenance 유지
- diagnose 진단하다
- available 구할(이용할) 수 있는
- suites 스위트룸
- balcony 발코니
- luxurious 호화로운
- material 재료, 물질
- relocate 이전하다
- varieties 여러 가지
- opportunities 기회
- celebrities 연예인
- latest 최근의

Read a text aloud
자신감 다지기

PART
01

 **유형 1**　뉴스　 MP3 Part 1_05

In local news, the Elton Earth Club has announced its accomplishments over the past 2 years. The group cleaned up eighty parks in Elton City and nearby towns, planted hundreds of trees, and promoted several different types of recycling programs. Amazingly, the group accomplished this with only thirty-four members! If you are interested in joining the group, please visit their Website.

1. 또박또박 읽으며 어려운 발음, 강세, 억양, 끊고 묶을 부분을 찾아 표시하세요.
2. 표시한 부분을 자연스럽고 유창하게 말하게 될 때까지 2~3번 정도 연습하고 넘어가세요.
3. 모르는 발음은 MP3를 듣고 확인해 두세요.
4. 45초 동안 지문 유형을 고려하며 자신감 있게 큰소리로 읽으세요.

답변 완성

In local news, ↗ / (the) Elton Earth Club / has announced its accomplishments / over the past two years. ↘ // The group cleaned up (eighty parks / in Elton City and nearby towns), ↗ / (planted hundreds of trees), ↗ / and (promoted several different types of recycling programs). ↘ // Amazingly, ↗ / the group accomplished this / with only thirty-four members! ↘ // If you are interested in joining the group, ↗ / please visit their Website. ↘ //

억양 ↗, ↘　끊어 읽기 /　(묶어 읽기)　(디 발음)　강세

- **the Elton Earth**　디(ð) 발음 변화 항상 주의, [더 엘톤 얼씨] X / [디 에-엇 은 어-얼 ㄸ] O
- **비슷한 발음 주의**　accomplishments [어 커-엄 쁠리쉬믄ㅊ] / accomplished [어커-엄 쁠리쉬ㅌ]
- **over the past two years**　[오버 더 패스트 투 이어] X ⇨ [오-우붜r 더 패-스 투-우 예-어얼ㅈ] O
- **recycling programs**　r, l, p, r 순서대로 발음 말리지 않게, s발음까지 주의
  [리싸이크링 프로그램] X ⇨ [뤼 싸-이 끌링 프롸-구뤰ㅈ] O

PART 1

PART 2

PART 3

PART 4

PART 5

PART 6

 **유형 2** ▶ **안내 방송** (MP3) Part 1_06

Attention, all shoppers here at Bellaire Mall. We will be closing in approximately thirty minutes. However, some newly-opened clothing stores, Leo's Café and Le Grand Restaurant will remain open until later in the evening. Thank you for shopping at Bellaire Mall.

1. 또박또박 읽으며 어려운 발음, 강세, 억양, 끊고 묶을 부분을 찾아 표시하세요.
2. 표시한 부분을 자연스럽고 유창하게 말하게 될 때까지 2~3번 정도 연습하고 넘어가세요.
3. 모르는 발음은 MP3를 듣고 확인해 두세요.
4. 45초 동안 지문 유형을 고려하며 자신감 있게 큰소리로 읽으세요.

답변 완성

Attention, ↗ / all shoppers / **here** / at Bellaire Mall. ↘ // We will be closing / in approximately / thirty minutes. ↘ // However, ↗ / (some newly-opened clothing stores), ↗ / (Leo's Café) ↗ / and (Le Grand Restaurant) / will remain open / until later in (the) evening. ↘ // Thank you for shopping / at Bellaire Mall. ↘ //

억양↗, ↘ 끊어 읽기 / (묶어 읽기) (디 발음) 강세

- **here** 　부사 단독 강조, [히- 어r]
- **Bellaire Mall** 　[벨라이르 몰] X ⇨ [벨 레-얼 머-얼] O
- **approximately** 　부사 단독 강조, [어 프–락 씨믓:리]
- **Leo's Café** 　[레오스 까페] X ⇨ [리- 오ㅅ 케f웨-에이] O
- **Le Grand Restaurant** 　프랑스어의 발음 주의, [레 그랜드 레스토랑] X ⇨ [르 그뤠-엔ㄷ 뤠-쓰토롼ㅌ] O
- **later in the evening** 　t발음 연음, 디(ð) 발음 변화 항상 주의, [레이터 인더 이브닝] X ⇨ [레-이러 린디 이-v으닝] O
- **for shopping** 　f, r, p 순서대로 발음 말리지 않게, pp의 된 발음 ㅃ 주의, [포 쇼핑] X ⇨ [f워어r 샤아- 삐잉] O

Next on the show, I'll be speaking with Jackie Hewitt, a world-famous musical actress, about her latest musical, The Song of Pine Trees. The musical has been praised widely by critics and theatergoers for its interesting characters, beautiful stage sets and incredible songs. After a short break, she will sing the main theme of the musical for us.

1. 또박또박 읽으며 어려운 발음, 강세, 억양, 끊고 묶을 부분을 찾아 표시하세요.
2. 표시한 부분을 자연스럽고 유창하게 말하게 될 때까지 2~3번 정도 연습하고 넘어가세요.
3. 모르는 발음은 MP3를 듣고 확인해 두세요.
4. 45초 동안 지문 유형을 고려하며 자신감 있게 큰소리로 읽으세요.

답변 완성

Next on the show, ↗ / I'll be speaking with Jackie Hewitt, ↗ / a world-famous musical actress, ↗ / about her latest musical, ↗ / The Song of Pine Trees. ↘ // The musical has been praised / widely / by critics and theatergoers / for (its interesting characters), ↗ /(beautiful stage sets) ↗ / and (incredible songs). ↘ // After a short break, ↗ / she will sing / the main theme song of the musical for us. ↘ //

억양↗, ↘ 끊어 읽기 / (묶어 읽기) (디 발음) 강세

Joanne's TIP

- **show**   한국식의 센 발음 주의, [쑈] X ⇨ [쇼-우] O
- **Jackie Hewitt**   이름보다 성을 강조, [좨-엑끼 휴-잇]
- **musical**   [뮤지컬] X ⇨ [뮤-우 지꺼어] O
- **pine**   fine처럼 f발음 실수를 유도하는 돌발 단어 주의, [파-인]
- **praised**   [프뤠-이즈ㄷ]
- **widely**   부사 단독 강조, [와-이ㄷ:리]
- **critics and theatergoers**   돌발 단어 강세 법칙 주의, [크리틱 엔 씨어터고이열] X ⇨ [크뤼-릭ㅆ 엔 th이-어럴 고-얼r쓰] O
- **interesting**   앞에 강세 주의, inter의 발음은 '인-털', '이-널' 모두 OK [인-트뤠쓰띵] O   [이-너뤠쓰띵] O
- **beautiful**   모음 발음들 길게 강조, [뷰티풀] X ⇨ [비유-우르f윻] O
- **incredible**   -ble로 끝나는 단어의 l 발음은 ㄹ 받침 아닌 묵음에 가깝다. [인 크뤠-에 러브으]
- **theme**   [테매] X ⇨ [th이-임] O

유형 4 **사회자 멘트** (MP3) Part 1_8

Welcome to Digital Innovation, the radio program where we discuss the latest technology. On today's show, we'll be talking with Roxie Cabrera, a computer programmer. Roxie has been involved in the creation of many leading smartphones, e-book readers, and television monitors. Please join me in welcoming Roxie to the show.

1. 또박또박 읽으며 어려운 발음, 강세, 억양, 끊고 묶을 부분을 찾아 표시하세요.
2. 표시한 부분을 자연스럽고 유창하게 말하게 될 때까지 2~3번 정도 연습하고 넘어가세요.
3. 모르는 발음은 MP3를 듣고 확인해 두세요.
4. 45초 동안 지문 유형을 고려하며 자신감 있게 큰소리로 읽으세요.

답변 완성

Welcome to Digital Innovation, ↗ / the radio program / where we discuss the latest technology. ↘ // On today's show, ↗ / we'll be talking with / Roxie Cabrera, ↗ / a computer programmer. ↘ // Roxie / has been involved / in the creation of many (leading smartphones), ↗ / (e-book readers), ↗ / and (television monitors). ↘ // Please join me / in welcoming Roxie to the show. ↘ //

억양↗,↘ 끊어 읽기 / (묶어 읽기) (디 발음) 강세

- **welcome** 앞 모음에 강세, [웨-에 꺼움]
- 한국식 발음 주의,
  digital: [디지탈] X ⇨ [디:지럴] O
  radio: [라디오] X ⇨ [뤠-이리오] O
  talking: [톨킹] X ⇨ [터-어낑] O
- **technology** 강세 법칙, [테크놀로지] X ⇨ [텍 너-얼 러쥐] O
- **Roxie Cabrera** 어려운 이름이 돌발 단어로 나오는 추세, [록씨 캐브레라] X ⇨ [롸-악씨 크 브뤠-에 롸] O
- **has been involved** b, v, v 순서대로 발음 말리지 않게, 연음 주의 [헤즈브인v으으-v으ㄷ] O
- **leading vs. readers** l과 r 발음은 항상 혀굴림에 주의, d 발음 연음 주의
  [뤼딩] X ⇨ [리-이링] O, [리더즈] X ⇨ [뤼-이럴즈] O

Read a text aloud
순발력 다지기

PART
01

🔊 MP3 Part 1_09

1.

TOEIC Speaking	Question 1 of 11

Now, an update on your weekly weather. We can expect a pleasant breeze, strong sunshine, and low humidity this weekend. If you're preparing for a picnic, don't forget to bring a hat and sunscreen. Starting Monday afternoon, we'll see dark clouds developing, and those clouds will bring light rain showers on Tuesday.

PREPARATION TIME	RESPONSE TIME
00:00:45	00:00:45

🔊 MP3 Part 1_10

2.

TOEIC Speaking	Question 1 of 11

Once again, thanks for being here at the International Aircraft Convention. Our next speaker will be Matt Brice, a materials engineer who develops lightweight metals for aircraft parts. In his talk today, Matt will discuss his research, current resource challenges, and the future of the aircraft market.

PREPARATION TIME	RESPONSE TIME
00:00:45	00:00:45

3.

TOEIC Speaking   **Question 1 of 11**

Thank you for purchasing your new pair of Alpha Sound audio speakers. This video guide will demonstrate how to install and setup the product. Use the black cable to connect the speakers to each other, the white one to connect to the electrical outlet, and the red one to connect to the MP3 device's audio output. After you connect the components, press purple button on the back of the product. Enjoy the best quality of sound at home.

PREPARATION TIME	RESPONSE TIME
00:00:45	00:00:45

4.

TOEIC Speaking   **Question 1 of 11**

From small ceremonies to luxurious black tie galas, Alexandria Hotel and Resort will create pleasant memories for you and your guests on your wedding day. We provide many exquisite touches and details to make your wedding a once-in-a-lifetime, one-of-a-kind day.

PREPARATION TIME	RESPONSE TIME
00:00:45	00:00:45

5.

Is it time to schedule the annual maintenance of your car? Four Wheels Car Repair Center will be happy to check the engine, tires, and brakes on your cars. Our highly-trained mechanics have many years of experience and can diagnose and fix all the problems that you have with your car. We are open seven days a week from 9 a.m. to 7 p.m. Why wait? Call us now to make your appointment today.

PREPARATION TIME	RESPONSE TIME
00:00:45	00:00:45

6.

Attention, shoppers. We'd like to remind you about today's additional discounts on all coats, dresses, and shoes. You can get them at thirty percent off the regular price, so what are you waiting for? For assistance with colors, sizes or styles, feel free to ask any of our staff members. As always, we thank you for shopping with us.

PREPARATION TIME	RESPONSE TIME
00:00:45	00:00:45

PART 1

PART 2

PART 3

PART 4

PART 5

PART 6

 ## 시험장에서 겪을 수 있는
함정 포인트

1. 첫 문제 함정

토익스피킹 시험에서 가장 먼저 만나게 되는 Part1은 쉬운 읽기 파트임에도 불구하고 생각보다 긴장하여 평상시 하지 않던 실수도 하게 됩니다. 지문을 만나기 전, 성우가 파트 소개를 하고 있는 동안에 마음을 차분하게 다잡고 크게 심호흡도 한번 하면서 목소리를 풀어두세요. 첫 문제부터 긴장하지 않는 것이 고득점에 제일 중요한 핵심 기술입니다.

2. 급하게 함정

삐 소리가 나자마자 연습 시간을 벌기 위해 총알 같은 속도로 빠르게 지문을 읽는 수험생이 있습니다. '빠르게 한 번 읽고 다시 올라와 한 번 더 읽어야지' 라는 쫓기는 마음은 작전상 실수의 확률만 높입니다. 속도감 있게 읽되 어려운 단어를 찾아 발음, 강세, 억양 등을 연습하면서 넘어가도 지문을 다 읽는데 45초가 전부 쓰이지 않습니다. 다 읽고 나면 10초 안팎의 시간이 남는데, 이때, 전반적으로 연습된 부분 위주로 다시 한번 훑어보며 실수가 없게 짚어두세요.

3. 어버버 함정

잘 읽다가 '아차' 하는 순간 실수를 하게 될 수도 있습니다. 이럴 땐, 아무 일도 없었던 척! 그 단어 혹은 실수 단어가 포함된 청크(chunk: 의미 단위)를 다시 유연하게 읽으며 넘기세요. 그 부분을 잘만 읽어내면 감점되지 않습니다. 단, "I'm sorry!" 하면서 채점자에게 사과할 필요는 없습니다.

4. 너무 쉽네 함정

Part 1이 어렵게 나오는 날도 있지만 대부분은 읽을 수 있는 수준으로 나옵니다. 그러다 보면 '아, 시험은 생각보다 그리 어렵지 않네?' 하고 Part1이 끝났을 때, 자만감이 스멀스멀 올라옵니다. 그런데, 이것이 함정입니다. 지문 읽기가 예상보다 쉬웠다면 다음 파트인 사진 묘사가 어렵다는 뜻입니다. 이 시험은 어딘가에 돌발이 나오게 되어있는 시험이니 끝까지 자만은 금물! 차분하게 연습한 대로 최대한 열심히 말하는 자세를 잊지 마세요.

PART
02

Describe a picture

사진 묘사하기

TOEIC SPEAKING

Lv.6

Question 3

Describe a picture
미리 보기

문제 유형

Part 2는 화면에 제시되는 컬러 사진을 보고 최대한 정확하고 많이 묘사하는 문제입니다. 실내외 특정 장소에 있는 소수 또는 다수의 인물, 주변 사물과 배경이 찍힌 사진을 묘사해야 하며 다양한 주제와 사진들이 출제됩니다.

구성

문항 수	1문제
문제 번호	Question 3
준비 시간	45초
답변 시간	45초

유형별 출제 비율

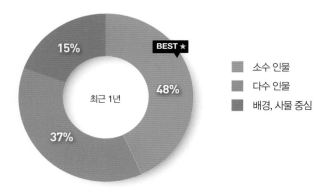

BEST ★

최근 1년

48%
37%
15%

■ 소수 인물
■ 다수 인물
■ 배경, 사물 중심

PART 1

PART 2

PART 3

PART 4

PART 5

PART 6

주제별 출제 비율

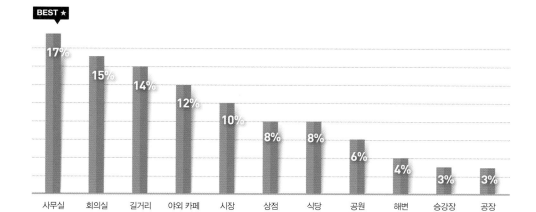

BEST ★

17% 사무실
15% 회의실
14% 길거리
12% 야외 카페
10% 시장
8% 상점
8% 식당
6% 공원
4% 해변
3% 승강장
3% 공장

평가 기준

- 발음, 억양, 강세, 목소리의 볼륨과 톤
- 문법
- 어휘
- 일관성

평가 점수

- 3점

ETS 채점 포인트

- 정확한 표현과 어휘로 사진에 대해 묘사하는가?
- 사진의 중심인물 또는 사물에 대한 묘사가 얼마나 정확히 묘사되었는가?
- 문법적 실수가 얼마나 적은가?
- 제한된 시간 내 얼마나 일관적이고 짜임새 있게 묘사를 했는가?
- 얼마나 유창하고 자연스럽게 발음, 억양, 강세 등을 주는가?

PART 2 고득점 전략

1. 사진 속 한눈에 띄고 넓은 면적을 차지하고 있는 핵심 인물, 사물은 꼭 묘사해야 점수를 받습니다.

2. 공간감 있는 사진이면, 앞에서 뒤쪽으로, 평면 구도라면 좌 ⇨ 우, 우 ⇨ 좌로 이동할 동선과 키워드를 준비 시간에 확실히 정리하세요.

3. 급할 경우, 복문을 사용하지 않고 단문으로 빠르게 하나라도 더 묘사하는 것이 좋습니다.

4. 시간이 남는 경우 문장 사이에 주관적 느낌을 자유롭게 넣어 균일한 초 배분을 하고, 부족할 경우 느낌은 빼도 됩니다.

훈련생 주의 사항

1. 전략 다지기의 답변틀과 묘사 표현은 소리 내 반복 암기하세요.

2. 자신감 다지기에서 문제를 풀 때 균등하게 초를 분배하는 훈련을 하세요.

3. 45초 준비 시간 동안은 구도와 어휘를 준비하고, 45초 동안은 최대한 계획했던 구도대로 신속하게 답변하는 훈련을 하세요.

4. 한 번 풀었던 문제도 묘사를 추가해 완벽한 수준의 답변으로 끌어올려 두세요.

PART 1
PART 2
PART 3
PART 4
PART 5
PART 6

시험 진행 순서

TOEIC Speaking

Question 3: Describe a Picture

Directions: In this part of the test, you will describe the picture on your screen in as much detail as you can. You will have 45 seconds to prepare your response. Then you will have 45 seconds to speak about the picture.

❶ 디렉션

Part 2 시험 진행 방식을 설명하는 안내문을 화면에 보여준 뒤 이를 음성으로 들려줍니다.

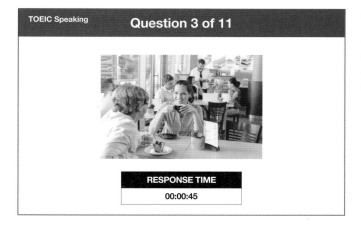

TOEIC Speaking   Question 3 of 11

PREPARATION TIME
00:00:45

❷ Question 3 – 준비 시간

화면에 3번 문제가 나타나며 "Begin preparing now."라는 음성이 나오고, 삐 소리가 난 뒤에 45초의 준비 시간이 주어집니다.

TOEIC Speaking   Question 3 of 11

RESPONSE TIME
00:00:45

❸ Question 3 – 답변 시간

준비 시간이 끝나면 "Begin speaking now." 라는 음성이 나오고, 삐 소리가 난 뒤에 45초의 답변 시간이 주어집니다.

Describe a picture
기본기 다지기

PART
02

기본 묘사 순서

1 사진 장소 묘사 ➡ 2 주연 묘사 ➡ 3 조연의 히잡 디테일 묘사 ➡

4 엑스트라 묘사 ➡ 5 테이블 위 사물 묘사 ➡ 6 배경 묘사 ➡ 7 사진의 느낌

PART 1

PART 2

PART 3

PART 4

PART 5

PART 6

🖋 기본기 1 ▶ 준비 시간 45초 활용법

Part 2 사진 묘사에서는 준비 시간 45초를 어떻게 활용하는지가 승패를 좌우합니다. 45초 동안 묘사할 거리를 동선에 따라 순서대로 미리 정리해 두어야 합니다. 묘사에 사용 가능한 어휘를 작게 소리 내어 익혀두는 것도 좋은 방법입니다. 아래 45초 활용법을 숙지하여 문제에 적용해보세요.

STEP 1 사진 장소 키워드 파악	① 사진을 보는 즉시 장소 파악
STEP 2 핵심 어휘 찾기	**· 묘사 순서: 주연급 〉 조연급 〉 주변 사물 및 엑스트라 〉 배경** ② 핵심 인물 기준 2D (면)으로 묘사할지 3D (공간)으로 묘사할지 선택 ③ 교집합이 되는 인물, 동작, 위치에 따라 3~4 개 조각으로 구도를 나누고 묘사 순서 정하기 ④ 다수의 사진은 전반에서 세부 묘사로, 소수의 사진은 세부 묘사 위주로 　 어휘와 키워드, 표현 등을 입으로 중얼거리며 꼭 필요한 것만 숙지 혹은 노트테이킹
STEP 3 사진의 느낌 찾기	⑤ 사진의 느낌을 간단히 묘사할 문장, 형용사 준비

Joanne's TIP

- Part 2에서는 현재 진행형 또는 현재분사 (동사 + ing)를 활용해야 하므로 45초 준비 시간 동안 동사 + ing의 형식으로 어휘를 준비해 둘 것
- Be동사 수일치 주의

  예 A woman is standing in the middle. 한 여자가 가운데 서있습니다.
  　　　　　단수 현재 진행형

  Two students are sitting around a table. 두 명의 학생들이 책상에 둘러앉아 있습니다.
  　　　　　　　복수 현재 진행형

  A waiter wearing a uniform is taking an order. 유니폼을 입은 웨이터가 주문을 받고 있습니다.
  　　　　　현재 분사형　　　　　단수 현재 진행형

기본기 2 ▶ **답변 시간 45초 활용법**

어떤 사진이든 45초 동안 정확히 묘사하려면 다양한 빈출 사진들의 어휘와 표현을 정확하게 암기하는 방법뿐입니다. 고득점을 위해서는 많은 묘사를 해야 하므로 암기된 표현을 얼마나 빠르게 말하는지가 역시 중요한 요소입니다. Part 2는 초를 다투는 파트인 만큼 적절한 시간 분배를 토대로 말하기 속도를 올리는 훈련을 병행해주세요. 아래 45초 활용법을 숙지하시고 문제들에 적용해보세요.

1. 문장틀을 이용해 빠르게 사진의 장소를 말한다.
2. 준비 시간에 미리 생각해둔 동선대로 묘사해 나간다.
   (2D 사진) 크고 능동적인 것 ⇨ 수동적인 동작으로 묘사
   (3D 사진) 앞에 있고 핵심적인 것 ⇨ 작고 멀리 있는 배경으로 묘사
3. 핵심 인물이나 사물 묘사 시 디테일 표현과 암기했던 답변 공식을 최대한 섞어 묘사의 양과 질을 올린다.
4. 한 문장이 끝날 때마다 사진 아래 초시계를 확인하면서 시간이 조금 늘어지는 것 같으면 후방 묘사를 간결하게, 시간이 조금 남는 것 같으면 디테일을 한 마디 더 묘사해서 시간을 맞춘다.
5. 마지막은 주관적인 느낌을 가미하여 생동감을 주고, 45초 중 마지막 7초 정도 남았을 때 마무리에 들어가 1~2초 정도 남기고 답변을 끝낸다.

⏰ TIME LINE

도입 15초 STEP 1	· **5초** 사진의 장소 · **10초** 주연급 인물 묘사	RESPONSE TIME 45~40초 RESPONSE TIME 40~30초
본론 16초 STEP 2	· **8초** 조연급 인물 / 핵심사물 묘사 · **8초** 주변 사물 묘사	RESPONSE TIME 30~22초 RESPONSE TIME 22~14초
마무리 14초 STEP 3	· **7초** 뒷 배경 묘사 · **7초** 사진에 대한 느낌 묘사	RESPONSE TIME 14~7초 RESPONSE TIME 7~0초

Joanne's TIP

답변 시간 관리
· 3개의 큰 범주로 나눠보면 도입 15초 ⇨ 중간 16초 ⇨ 마무리 14초
· 사진 유형에 따라 15초 기준에서 크게 벗어나지 않는 선이면 유동적으로 초 관리 가능

PART 1
PART 2
PART 3
PART 4
PART 5
PART 6

전략 자문 자답
strategic self Q&A

1. 답변틀과 공식을 사용해서 답변하려고 애쓰고 있나요?

늘 똑같이 연습해두지 않으면 그때그때 말투가 달라지면서 스스로 멘붕에 빠지게 됩니다. 어느 정도 정형화된 답변틀에 맞춰 연습하다 보면 어느 순간 학습자 자신에게 편한 묘사 순서와 시작문장으로 패턴이 생기고 이때부터 속도가 붙게 됩니다.

2. 자신감 다지기의 사진들을 반복적으로 연습했나요?

묘사 대상이 휑한 사진부터 빽빽한 사진 중 어떤 유형을 시험장에서 만나게 될지 모릅니다. 어떤 사진이라도 보는 즉시 3~5 덩어리로 구도를 빠르게 나누고 묘사 동선에 맞춰 어휘를 입에 올리는 훈련이 가장 중요합니다.

3. 초시계를 재고 연습하나요?

45초라는 짧은 시간 동안 생전 처음 보는 사진을 묘사한다는 것은 쉽지 않습니다. 그래서 어느 정도 연습이 된 후부터는 실전 감을 증대시키기 위해 실제 시험장과 같은 조건으로 문제를 풀어보는 훈련이 꼭 필요합니다.

4. 답변을 녹음하여 들어보나요?

실전감을 향상한다 해도 답변 내용에 있어 문법적 실수나 발음, 억양 등에 문제가 있다면 결국 채점자가 알아듣지 못해 점수를 받지 못합니다. 기술적인 부분이 연마되었다면 녹음을 진행하며 학습자 자신의 목소리와 어투는 어떤지, 문법적으로 자꾸 틀리는 부분이나 어떤 부분에서 늘 막히는지 등 본인의 약점(weakness)을 미리 파악해서 강점(strength)으로 바꾸는 마무리 작업까지 완료해주세요.

5. 실시간 연습이 되고 있나요?

교재 안의 사진들을 통한 훈련이 끝나면 실생활 속에서도 인물, 사물의 묘사를 즉흥적으로 해보세요. 자신감과 순발력을 증폭시킬 수 있습니다. 거리를 걷다가, 카페에 앉아 있다가, 회사에 있다가 '사진 묘사 연습이나 한 번 해볼까?' 하고 바로 시작해보는 거죠. 눈에 보이는 환경을 학습자가 훈련을 통해 체득한 동선 짜기와 말하기 패턴을 이용해 시험 전까지 꾸준히 훈련한다면 어떤 사진에서도 막힘없이 답변할 수 있는 정신력과 밑천을 넉넉히 확보할 수 있습니다.

Describe a picture
전략 다지기

PART
02

✒ **전략1** ▶ **만사형통 사진묘사 답변틀**

도입 STEP 1	문장1 장소 묘사	**This is a picture of [a(an) 장소 명사].** 이것은 [장소 명사]의 사진입니다.
	문장2 주연 묘사	사람(들) **wearing [1]**옷 종류 **is(are) [2]**몸동사 **+ ing** **and [3]**액션동사 **+ ing**을 하고 있습니다. [1]을 입은 사람(들)이 [2]를 하면서 [3]을 하고 있습니다.
본론 STEP 2	문장3 핵심 사물들	**I can see 사물(들).** 나는 사물(들)이 보인다. 사물(들) **is / are 상태** 동사+ed. 사물(들)이 ~상태입니다.
	문장4 주변 사물들	**There is(are) 사물(들).** [사람(들)] / [사물(들)]이 있습니다.
마무리 STEP 3	문장5 배경 묘사	사물(들) **can be seen in the (far) back.** 사물(들)이 뒤편에 (저 멀리에) 보입니다.
	문장6 사진에 대한 느낌, 생각	I'd like to visit this place someday. 언젠가 이곳에 한번 방문해보고 싶습니다. Overall, the people (they) look 형용사. 그들이 ~ 해 보입니다.

PART 1
PART 2
PART 3
PART 4
PART 5
PART 6

문장1: 장소 묘사

> ### This is a picture of [a(an) 장소 명사].
> 이것은 [장소 명사]의 사진입니다.

● **어딘지 알 수 있을 때**

This is a picture of [a(an) 장소 명사].
This is a picture of a meeting room.　이 사진은 회의실의 사진입니다.

This is a picture taken at / in [a(an) 장소 명사].
This is a picture taken at a market.　이 사진은 시장에서 찍힌 사진입니다.

● **어딘지 알 수 없을 때**

This is a picture taken indoors / outdoors.　이 사진은 실내에서 / 야외에서 찍힌 사진입니다.

장소가 어딘지 모르겠다면?
실내인지 야외인지만 파악할 겟! <u>outdoor</u>는 형용사, <u>outdoors</u>는 부사
This is a picture of an <u>outdoor</u> café. 이 사진은 야외 카페에서 찍힌 사진입니다.
This is a picture taken <u>outdoors</u>. 이 사진은 야외에서 찍힌 사진입니다.

문장2: 주연 묘사

> ### some women / men, an elderly woman /
> ### man, a woman / man, a boy / girl
> ### [1] wearing 옷 종류 is / are [2] 몸 동사 + ing and / while [3] 액션 동사 + ing.

· casual clothes 평상복 · heavy / light clothes 두꺼운 / 얇은 옷 · a uniform / uniforms 유니폼 · a suit / suits 정장 · a red shirt / dress 빨간 셔츠 / 드레스	· sitting 앉아 있다 · standing 서 있다 · leaning forward 앞으로 구부리고 있다 · walking 걷고 있다 · running 뛰고 있다	· looking at(for) some fruits 과일을 찾고 / 보고 있다 · talking on the phone 전화 중이다 · talking about something 무엇인가에 대해 얘기하고 있다 · listening to him/ her 그(녀)의 (말을) 듣고 있다

Secret Code **몸 동사** 몸통이 하는 동작　**액션 동사** 얼굴 표정과 손이 하는 동작

A woman wearing casual clothes is sitting on the chair and talking on the phone.
평상복을 입은 여자가 의자에 앉아서 전화 중입니다.

Two company workers wearing suits are shaking hands with each other and smiling.
정장을 입은 두 명의 회사원이 서로 악수를 하며 웃고 있습니다.

An elderly man wearing heavy clothes is walking along the street while carrying his bag.
두꺼운 옷을 입은 나이 든 한 남자가 그의 가방을 들고 길을 따라 걷고 있습니다.

A girl wearing a red shirt is leaning forward and talking about something while making a hand gesture.
빨간 셔츠를 입은 한 소녀가 몸을 앞으로 숙인 채 무엇인가에 대해 얘기하며 손동작을 하고 있습니다.

> **Joanne's TIP**
>
> **복수 남녀의 발음, 동사의 수 일치 주의**
> Three men are standing. 세 명의 남자가 서 있습니다.
> An elderly woman is walking. 한 노인 여성이 걸어가고 있습니다.
> 주연급은 몸 동사와 액션 동사 모두 사용, 조연급은 반복적인 몸 동사는 빼고 액션 동사로만 디테일 위주로 짧게 묘사할 것!

문장3: 핵심 사물들

> ### I can see 사물(들) 상태 동사+ed.
> 저는 ~상태의 사물(들)이 보입니다.

I can see different types of colorful books on the shelves.
선반들에 다양한 색상과 종류의 책들이 보입니다.

I can see a lot of fresh veggies and fruits displayed on the market stalls.
저는 가판에 진열된 상태의 많은 신선한 야채와 과일이 보입니다.

> ### 사물(들) is (are) 상태 동사+ed.
> 사물(들)이 ~상태입니다.

A lot of fresh veggies and fruits are displayed on the market stalls.
많은 신선한 야채와 과일이 가판에 진열되어 있습니다.

PART 1
PART 2
PART 3
PART 4
PART 5
PART 6

- **빈출 과거 분사**

located 위치해 있다	placed 놓여 있다	arranged 정리되어 있다	displayed 진열되어 있다
stacked 쌓여 있다	planted 심어져 있다	parked 주차되어 있다	stopped 정지되어 있다

located 적극 활용

locate가 수동태로 쓰이면 어떤 사물도 묘사 가능

Buildings are located on each side of the picture. 사진의 양쪽에 건물이 위치해 있습니다.

Some dishes are located on the table in the middle. 몇몇 요리가 테이블의 가운데에 놓여 있습니다.

문장4: 주변 사물들

There is(are) 사물(들).

사람(들) or 사물(들)이 있습니다.

There is a big bag on the side table.

작은 탁자(사이드 테이블) 위에 큰 가방이 하나 있습니다.

There are some documents, a bottle of water, glasses, etc. on the table.

테이블 위에 몇몇 문서들, 물 한 병, 유리잔 등이 있습니다.

There is a big fountain in the middle of the park.

공원의 가운데에 큰 분수대가 있습니다.

테이블 위 물건들을 묘사할 때 모르는 단어가 있다면?

etc.를 활용해서 극복하자! etc. = et cetera [엣쎄-러롸] 그 외, 등

문장5: 배경 묘사

사물(들) can be seen in the (far) back.

사물(들)이 뒤쪽에 (저 멀리에) 보입니다.

A lot of buildings and trees can be seen in the back.
많은 빌딩과 나무가 저 뒤편에 보입니다.

Several stores and people can be seen in the back.
몇몇 상점과 사람들이 뒤쪽에 보입니다.

A few cars and buses can be seen in the far back.
몇 대의 차와 버스가 저 멀리에 보입니다.

문장6: 사진에 대한 느낌, 생각

● **사진에 대한 생각으로 마무리**

I'd like to visit this place someday.

저는 언젠가 이곳에 한번 방문해보고 싶습니다.

I like this picture because it's peaceful and quiet.
이 사진은 평화롭고 조용해 보여서 마음에 듭니다.

This place looks fun and enjoyable to me.
제게 이 장소는 재미있고 즐거워 보입니다.

I think the people (they) are having a great time.
제 생각에는 사람들이 (그들이) 즐거운 시간을 보내는 것 같습니다.

This picture reminds me of my childhood / my school days / my time in office / the good old days.
이 사진은 나의 어린 시절 / 학창시절 / 나의 회사원 시절 / 옛 시절을 떠올리게 합니다.

64

● **사진 속 사람들 표정으로 마무리**

Overall, the people (they) look ~

전반적으로, 그들이 ~해 보입니다.

즐거워 보일 때
Overall, the people (they) look fun and enjoyable.
전반적으로 사람들이 (그들은) 재미있고 즐거워 보입니다.

바빠 보일 때
Overall, the people (they) look busy.
전반적으로 사람들이 (그들은) 바빠 보입니다.

심각해 보일 때
Overall, the people (they) look serious.
전반적으로 사람들이 (그들은) 심각해 보입니다.

편해 보일 때
Overall, the people (they) look relaxed.
전반적으로 사람들이 (그들은) 편안해 보입니다.

평온해 보일 때
Overall, the people (they) look calm.
전반적으로 사람들이 (그들은) 평온해 보입니다.

PART 1
PART 2
PART 3
PART 4
PART 5
PART 6

Part2 만사형통 사진 묘사 답변틀이 모두 암기되었다면 이제 사진 속 묘사 대상의 위치를 알려주는 전치사구를 암기해 보세요. 천천히 말하면 시간 낭비하게 되니 정확하고 빠르게 말할 수 있게 훈련해 보세요.

위치 정보

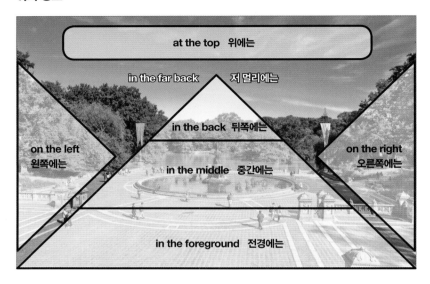

대상간 위치

Part 2 만사형통 빈출 어휘

💬 위치 전치사구 총정리

- in the foreground 전경에는
- in the middle 중간에는
- in the back 뒤쪽에는
- in the far back 저 멀리에는
- on the left 왼쪽에는
- on the right 오른쪽에는
- on each side (of ~) 양 옆에는
- at the top (of ~) 맨 위에는
- in a row 한 줄로
- in rows 여러 줄로
- in a group 한 무리를 이루어
- in groups 여러 무리를 이루어
- in front of ~의 앞에
- next to ~의 옆에
- behind ~의 뒤에
- around ~의 주위에
- next to each other 옆에 나란히
- towards ~를 향해
- along ~를 따라서

Part 2 인물 묘사 확장하기

앞에서 만사형통 사진 묘사틀과 위치 전치사구가 암기되었다면 이제 어휘 표현으로 살을 붙여 유창한 묘사를 시작해 보세요.

주어 ⊕	몸 동사 ⊕	위치 전치사구	
	입은 옷	추가: 액션 동사	
A man	is sitting	at the table.	한 남자가 테이블에 앉아있습니다.
A few people	are standing	in rows.	몇몇 사람들이 여러 줄로 서 있습니다.
A lot of people	are walking	in the back.	많은 사람들이 뒤쪽에서 걷고 있습니다.
	and / while **액션 동사**		
A customer	is making an order	on the left.	한 손님이 왼쪽에서 주문하고 있습니다.
Customers	are talking about something	in groups.	손님들이 여러 무리를 이루어 무엇인가에 대해 이야기하고 있습니다.
A sales clerk	is taking an order	on the right.	한 점원이 오른쪽에서 주문을 받고 있습니다.
Sales clerks	are dealing with the customers	behind the table	점원들이 테이블 뒤에서 고객들을 상대하고 있습니다.
A student	is riding a bicycle	along the street.	한 학생이 길을 따라 자전거를 타고 있습니다.
Students	are writing something in notebooks	in the middle.	학생들이 가운데에서 노트에 무엇인가를 쓰고 있습니다.
A company worker	is giving a presentation	on a podium.	한 회사원이 연단에서 발표를 하고 있습니다.
Company workers	are looking at the computer screen	in a group.	회사원들이 한 무리를 이루어 컴퓨터 화면을 보고 있습니다.
A vendor	is checking the items.	in the foreground.	한 상인이 앞쪽에서 물건을 확인하고 있습니다.
Vendors	are displaying some products	in front of the market stalls.	상인들이 마트 진열대 앞에서 물건을 진열해놓고 있습니다.

💬 장소별 빈출어휘

restaurant 레스토랑 / **(outdoor) cafe** (야외) 카페 / **supermarket** 슈퍼마켓 /
grocery market 식료품점 / **convenience store** 편의점 / **outdoor market** 노천 시장

A customer is 한 손님이 Customers are 손님들이	sitting at / around the table. 테이블에 앉아 / 둘러앉아 있습니다.
	enjoying their meal. 식사를 즐기고 있습니다.
	examining / checking the items. 물건의 상태를 살펴보고 있습니다.
	trying on some clothes. 옷을 입어보고 있습니다.
	holding plastic bags. 비닐 봉지를 들고 있습니다.
	reaching for an item. 물건에 손을 뻗고 있습니다.
	buying some veggies and fruits. 채소와 과일을 사고 있습니다.
	putting some products into the cart. 카트 안에 물건을 넣고 있습니다.
	putting some products on the checkout counter. 계산대 위에 물건을 놓고 있습니다.
	paying cash / by credit card. 현금으로 / 카드로 지불하고 있습니다.
A sales clerk is 한 점원이 Sales clerks are 점원들이	dealing with the customers. 고객들을 상대하고 있습니다.
	handing the woman an item. 물건을 그녀에게 건네고 있습니다.
A waiter is 한 웨이터가 Waiters are 웨이터들이 A waitress is 한 웨이트리스가 Waitresses are 웨이트리스들이	setting the table. 테이블을 준비하고 있습니다.
	serving dishes. 접시를 나르고 있습니다.
	pouring water (wine) into a glass. 물 (와인)을 컵에 따르고 있습니다.
	taking an order. 주문을 받고 있습니다.
	standing next to the kitchen. 부엌 옆에 서있습니다.

PART 1
PART 2
PART 3
PART 4
PART 5
PART 6

office 사무실 / meeting room 회의실 / lounge 휴게실 / copy room 복사실	
A company worker is 한 회사원이 **Company workers are** 회사원들이	working on some papers. 서류 작업을 하고 있습니다.
	shaking hands with each other. 서로 악수를 하고 있습니다.
	pointing at something. 무엇인가를 가리키고 있습니다.
	having a meeting. 회의를 하고 있습니다.
	giving a presentation. 발표하고 있습니다.
	talking on the phone. 전화 중입니다.
	working on the computer. 컴퓨터로 서류 작업을 하고 있습니다.
	sitting around the table. 테이블에 둘러앉아 있습니다.
	writing on a piece of paper. 종이 위에 필기하고 있습니다.
	making notes. 필기를 하고 있습니다.
	checking some documents. 서류를 확인하고 있습니다.
	using a copy machine. 복사기를 사용하고 있습니다.

PART 1
PART 2
PART 3
PART 4
PART 5
PART 6

classroom 교실 / amusement park 놀이공원	
A student is 한 학생이 Students are 학생들이	writing something down in a notebook. 공책에 필기를 하고 있습니다.
	sitting with his / her legs crossed. 그의 / 그녀의 다리를 꼬고 앉아 있습니다.
	carrying a backpack. 배낭을 메고 있습니다.

💬 인물 묘사 빈출어휘

hair 머리 / accessory 악세서리 / clothes 옷	
He has 그는 She has 그녀는	a beard / a mustache. 턱수염이 / 콧수염이 있습니다.
	blond / dark hair. 금발 / 어두운 머리입니다.
	a ponytail. 머리를 뒤로 묶었습니다.
He is 그는 She is 그녀는	wearing glasses / earings. 안경을 쓰고 / 귀걸이를 하고 있습니다.
	wearing a hat / a cap / a hijab. 모자를 / 야구모자를 / 히잡을 쓰고 있습니다.
	wearing a tie / a necklace. 넥타이를 / 목걸이를 하고 있습니다.
	wearing a checked shirt. 체크무늬 셔츠를 입고 있습니다.
	wearing jeans / pants. 청바지 / 바지를 입고 있습니다.

💬 돌발 어휘

subway station 지하철역 / train station 기차역 / platform 승강장 / museum 박물관	
Travelers are 여행객들이 Passengers are 승객들이	boarding the train / the ship. 기차 / 큰 배에 오르고 있습니다.
	getting on the subway / the bus. 지하철 / 버스에 타고 있습니다.
	getting off the subway / the bus. 지하철 / 버스에서 내리고 있습니다.
	looking through the window. 창을 통해 보고 있습니다.
	walking up / down the stairs. 계단을 올라가고 / 내려가고 있습니다.
	waiting in line. 줄을 서서 기다리고 있습니다.

park 공원 / beach 해변가 / riverside 물가	
A man is 한 남자가 Men are 남자들이 Boys are 소년들이 Girls are 소녀들이	playing the guitar / musical instruments. 기타를 / 악기들을 연주하고 있습니다.
	sunbathing on the sandy beach. 모래사장에서 일광욕하고 있습니다.
	swimming in the water. 물 속에서 수영하고 있습니다.

sidewalk 인도 / dock 부두	
Men are 남자들이	unloading some packages. 짐을 내리고 있습니다.
	loading luggage. 짐을 싣고 있습니다.

laboratory 실험실	
A researcher is 한 연구원이 Researchers are 연구원들이	experimenting with something. 무엇인가로 실험하고 있습니다.
	looking into a microscope. 현미경으로 보고 있습니다.

💬 사물 주어 수동태

Cars <u>are parked</u> along the street.
차들이 길을 따라서 주차되어 있습니다.

Cars <u>are stopped</u> at the intersection.
차들이 교차로에 멈춰 있습니다.

Some decorations <u>can be seen</u> in the back.
뒤쪽에 몇몇 장식이 보입니다.

Loaves of bread <u>are arranged</u> on the display shelves.
빵 덩어리들이 진열장에 정리되어 있습니다.

A lot of buildings <u>are located</u> in the far back.
많은 건물들이 저 멀리에 위치해 있습니다.

Trees <u>are planted</u> along the street.
나무들이 길을 따라 심어져 있습니다.

A boat <u>is tied</u> at the dock.
배가 부두에 묶여 있습니다.

A boat <u>is floating</u> on the water.
배가 물 위에 떠 있습니다.

A clock <u>is hanging</u> on the wall.
시계가 벽에 걸려 있습니다.

Some pictures <u>are hanging</u> on the wall.
몇몇 그림이 벽에 걸려 있습니다.

A projector <u>is hanging</u> from the ceiling.
프로젝터가 천장에 걸려 있습니다.

Describe a picture
자신감 다지기

PART
02

✏️ **유형1** ▶ **실내, 소수 인물 중심 사진**

구도와 키워드 찾기

● 구도를 나누고 묘사할 순서(동선)를 파악해 표시하세요.

● 대상별 어휘와 표현을 최대한 찾아 적어보세요.

장소 / 주연 / 조연 / 사물 및 엑스트라

답변 완성 🔊 MP3 Part 2_02

도입	This is a picture of _____회의실_____ . A company worker ___가운데에___ ___정장을 입은___ is sitting at the table and ___모니터를 손가락으로 가리키고 있는___ while talking about something.
본론	___그의 옆에, 한 남자___ on the right in a checked shirt is ___서 있습니다___ and leaning forward while holding a piece of paper. A woman with a ponytail ___파란 드레스를 입은___ and necklaces is listening to him in the back.
마무리	There are some ___문서들, 머그컵 등___ on the table in the foreground. Some windows can be seen in the back and the people look ___심각한___ .

---

1. 위 답변을 큰소리로 2번 읽어 정리하세요.
2. 연습을 토대로 사진만 보면서 전체적인 사진 묘사를 2번 해보세요.
3. 자신감이 들 때, 45초를 재며 시간 내 답변할 수 있는 길이로 조정하여 마무리하세요.

PART 1
PART 2
PART 3
PART 4
PART 5
PART 6

유형 2 ▶ **야외, 소수 인물 중심 사진**

구도와 키워드 찾기

- 구도를 나누고 묘사할 순서(동선)을 파악해 표시하세요.

- 대상별 어휘와 표현을 최대한 찾아 적어보세요.

  장소 / 주연 / 조연 / 사물 및 엑스트라

답변 완성 🔊 MP3 Part 2_03

도입	This is a picture of ＿＿＿＿야외 시장＿＿＿＿ . A man ＿＿앞쪽에＿＿ ＿＿두꺼운 옷을 입은＿＿ is standing and ＿＿＿야채를 찾고 있는＿＿＿ while holding a black bag.
본론	＿＿그의 앞에,＿＿ ＿＿다양한 야채들＿＿ are displayed on the market stalls ＿＿가운데에＿＿ . Behind them, a female vendor in winter clothes and a beanie is holding an orange plastic bag ＿＿웃으면서＿＿ .
마무리	Some ＿＿가방들 등＿＿ can be seen in the far back. ＿＿＿저는 언젠가 이 곳에 방문해 보고 싶습니다＿＿＿ .

1. 위 답변을 큰소리로 2번 읽어 정리하세요.
2. 연습을 토대로 사진만 보면서 전체적인 사진 묘사를 2번 해보세요.
3. 자신감이 들 때, 45초를 재며 시간 내 답변할 수 있는 길이로 조정하여 마무리하세요.

구도와 키워드 찾기

- 구도를 나누고 묘사할 순서(동선)을 파악해 표시하세요.

- 대상별 어휘와 표현을 최대한 찾아 적어보세요.

장소 / 주연 / 조연 / 사물 및 엑스트라

답변 완성 🔊 MP3 Part 2_04

도입	This is a picture of ___횡단보도___ . Four company workers ___정장을 입은___ are crossing at the crosswalk.
본론	___왼쪽에 안경을 쓰고 넥타이를 맨 남자___ is ___통화 중입니다___ . A woman in the middle wearing big ear rings is ___커피 한 잔을 들고 있고___ and ___한 여자와 남자가___ on the right are holding their bags.
마무리	I can see ___교통 신호___ in the back. ___다양한 색상의 울타리들, 차들과 나무들이___ can be seen in the far back. Overall, they look very ___바쁜___ .

1. 위 답변을 큰소리로 2번 읽어 정리하세요.
2. 연습을 토대로 사진만 보면서 전체적인 사진 묘사를 2번 해보세요.
3. 자신감이 들 때, 45초를 재며 시간 내 답변할 수 있는 길이로 조정하여 마무리하세요.

유형4 야외, 3-D 구도, 다수 인물, 사물, 배경 혼합 사진

구도와 키워드 찾기

● 구도를 나누고 묘사할 순서(동선)을 파악해 표시하세요.

● 대상별 어휘와 표현을 최대한 찾아 적어보세요.

장소 / 주연 / 조연 / 사물 및 엑스트라

답변 완성 🔊 MP3 Part 2_05

도입	This is a picture of _____해변가_____ . On the left in the foreground, a lot of tourists _____얇은 옷을 입은_____ are walking along the wooden bridge over the sea ____그들의 가방을 들고____ .
본론	A food stand with a purple-colored parasol is located on the bridge. _____난간 옆에_____ , I can see the blue sea on the right and _____해변가로 파도가 치고 있습니다_____ . Above them, there is an amusement park which has colorful rollercoasters and a Ferris wheel on the deck _____뒤쪽에_____ .
마무리	_____모래사장, 건물들과 나무들이_____ can be seen in the far back. ____전반적으로____ 사람들이 즐거워 보여서 저는 언젠가 이곳에 방문해 보고 싶습니다 _____ .

1. 위 답변을 큰소리로 2번 읽어 정리하세요.
2. 연습을 토대로 사진만 보면서 전체적인 사진 묘사를 2번 해보세요.
3. 자신감이 들 때, 45초를 재며 시간 내 답변할 수 있는 길이로 조정하여 마무리하세요.

Describe a picture
순발력 다지기

PART
02

MP3 Part 2_06

1.

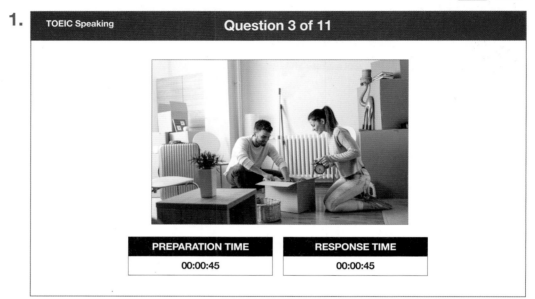

TOEIC Speaking	Question 3 of 11

PREPARATION TIME	RESPONSE TIME
00:00:45	00:00:45

MP3 Part 2_07

2.

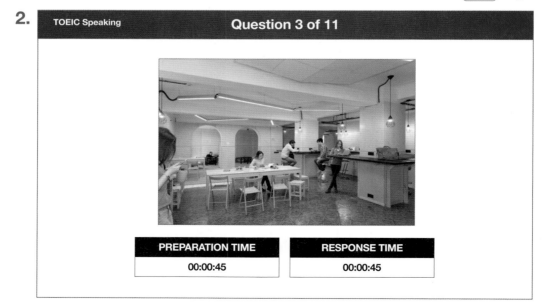

TOEIC Speaking	Question 3 of 11

PREPARATION TIME	RESPONSE TIME
00:00:45	00:00:45

3.

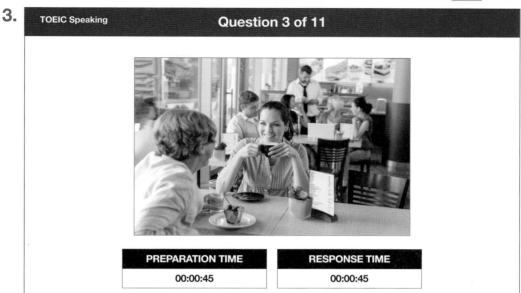

4.

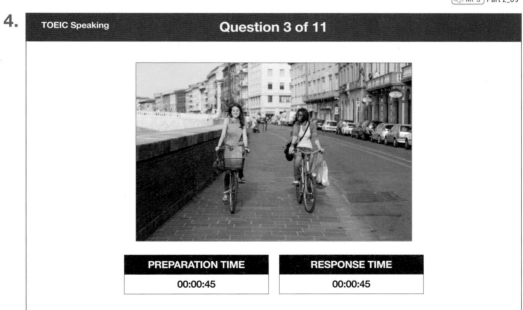

PART
03

Respond to questions

듣고 질문에 답하기

TOEIC SPEAKING

Lv.6

Questions 4-6

⊘ **STEP 1** 기본기 다지기

⊘ **STEP 2** 전략 다지기

⊘ **STEP 3** 자신감 다지기

⊘ **STEP 4** 순발력 다지기

미리 보기

문제 유형

Part 3는 특정 회사의 전화 설문 조사에 응하게 되는 유형과 지인과 통화를 하게 되는 유형으로 나뉩니다. 화면에 보이는 지시문과 문제들을 읽어주며 주제와 관련된 문제 3개가 순서대로 출제됩니다. 문항별 준비 시간은 3초이며, 4번 15초, 5번 15초, 6번 30초의 답변 시간이 부여되고 질문을 읽어준 후 준비 시간 3초 뒤에 바로 답변해야 합니다.

구성

문항 수	3문제
문제 번호	Question 4, 5, 6
준비 시간	문항별 각 3초
답변 시간	Q4: 15초, Q5: 15초, Q6: 30초

유형별 출제 비율

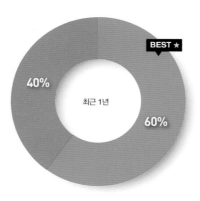

최근 1년

BEST ★
40%
60%

■ 설문 조사 유형   ■ 지인 통화 유형

주제별 출제 비율

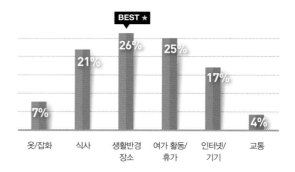

BEST ★

7% 옷/잡화
21% 식사
26% 생활반경 장소
25% 여가 활동/휴가
17% 인터넷/기기
4% 교통

PART
03

PART 1
PART 2
PART 3
PART 4
PART 5
PART 6

빈출 주제

의	옷 / 잡화	신발, 옷, 스포츠 의류 쇼핑 (가게)
식	식사	요리, 식습관, 배달 음식, 외식
주	생활 반경 장소	서점, 극장, 식료품점, 스포츠 스타디움, 피트니스 센터, 수영장, 기차역, 편의점, 은행, 우리 동네 관광명소, 지역 공동체 활동, 고향, 회사, 학교
여가	여가 활동 / 휴가	여행, 영화, 사진 찍기, 운동, 온라인 쇼핑
신기술	인터넷 / 기기	스마트폰, 헤드폰, 테블릿 PC, 전자책, 랩탑 컴퓨터, 이메일
교통	타는 것	자전거, 자동차 운전, 기차, 전철
날짜	특정일	생일 파티, 기념일, 전통 명절

평가 기준

- 발음, 억양, 강세, 목소리의 볼륨과 톤
- 문법
- 어휘
- 일관성, 관련성
- 완성도

평가 점수

- 문제당 각 3점

ETS 채점 포인트

- 제한된 시간 동안 각 질문에 얼마나 정확하고 많은 답변을 하는가?
- 주제에 따른 3문제를 얼마나 연관성 있고 일관되게 말하는가?
- 문법적 실수가 얼마나 적고 유창한가?
- 얼마나 자연스럽게 발음, 억양, 강세 등을 주는가?

PART 3 고득점 전략

1. 상황을 제시하는 지시문이 화면에 뜨면 속독으로 빠르게 'about' 뒤에 있는 주제부터 찾고 나레이션이 흘러 나오는 10초 동안 답변에 사용 가능한 만사형통팁, 아이디어, 패턴, 어휘 등을 최대한 많이 떠올립니다.

2. 4번부터 부정적인 답변보다는 긍정적으로 답변을 시작해야 5번, 6번에서 부연 설명이나 추가적으로 언급 할 사항으로 연결하기 좋습니다.

3. 급할 경우, 복문을 사용하지 않고 단문으로 빠르게 한 부분이라도 더 대답하는 것이 좋습니다. 답변 시 지 속적으로 질문을 보면서 묻는 말에 답하고 초시계도 함께 체크하여 시간 내 답변하도록 합니다.

4. 돌발 질문에 대한 아이디어가 따로 없다면, 본인의 경험이나 개인적인 생각을 최대한 말해 시간을 채우도록 합니다.

훈련생 주의 사항

1. 전략 다지기의 만사형통팁, 확장법, 아이디어들을 입으로 소리 내어 반복 암기하세요.

2. 자신감 다지기에서 문제를 풀 때 초를 균등하게 분배하는 훈련을 하세요.

3. 4번부터 6번까지 질문을 그대로, 혹은 약간씩 변형해 바로바로 살을 붙여 문장화하는 훈련을 해주세요.

4. 답변은 정확히, 부연 설명은 암기팁을 이용해 순발력있게 답변하는 훈련을 초를 재면서 연습하세요.

5. 순발력 다지기에서 한 번 풀었던 문제도 내용을 추가해 완벽한 수준의 답변으로 끌어올려 두세요.

PART 1
PART 2
PART 3
PART 4
PART 5
PART 6

시험 진행 순서

❶ 디렉션

> **TOEIC Speaking**
>
> **Questions 4-6: Respond to Questions**
>
> Directions: In this part of the test, you will answer three questions. You will have three seconds to prepare after you hear each question. You will have 15 seconds to respond to Questions 4 and 5 and 30 seconds to respond to Question 6.

Part 3 시험 진행 방식을 설명하는 안내문을 화면에 보여준 뒤 이를 음성으로 들려줍니다.

❷ 상황 설명

> **TOEIC Speaking**
>
> Imagine that an American marketing firm is doing research in your country. You have agreed to participate in a telephone interview about working out.

안내문이 사라지면 화면 상단에 전화 설문조사 또는 지인으로부터 전화를 받는 상황이 주어집니다.

❸ Question 4

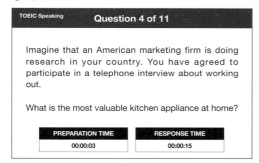

> **TOEIC Speaking**   **Question 4 of 11**
>
> Imagine that an American marketing firm is doing research in your country. You have agreed to participate in a telephone interview about working out.
>
> What is the most valuable kitchen appliance at home?
>
> | PREPARATION TIME | RESPONSE TIME |
> | --- | --- |
> | 00:00:03 | 00:00:15 |

상황 설명이 끝나면 하단에 4번 문제가 등장하며 질문을 읽어준 후 바로 삐 소리와 함께 준비 시간 3초 후 15초의 답변 시간이 주어집니다.

❹ Question 5

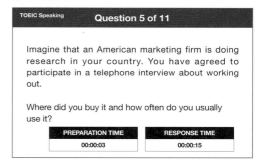

> **TOEIC Speaking**   **Question 5 of 11**
>
> Imagine that an American marketing firm is doing research in your country. You have agreed to participate in a telephone interview about working out.
>
> Where did you buy it and how often do you usually use it?
>
> | PREPARATION TIME | RESPONSE TIME |
> | --- | --- |
> | 00:00:03 | 00:00:15 |

뒤이어 5번 문제가 등장하며 지문을 읽어준 후 바로 삐 소리와 준비 시간 3초 후 15초의 답변 시간이 주어집니다.

❺ Question 6

> **TOEIC Speaking**   **Question 6 of 11**
>
> Imagine that an American marketing firm is doing research in your country. You have agreed to participate in a telephone interview about working out.
>
> Are there any kitchen appliances you would like to change? Why?
>
> | PREPARATION TIME | RESPONSE TIME |
> | --- | --- |
> | 00:00:03 | 00:00:30 |

뒤이어 6번 문제가 등장하며 지문을 읽어준 후 바로 삐 소리와 준비 시간 3초 후 30초의 답변 시간이 주어집니다.

Respond to questions

기본기 다지기

PART

03

TOEIC Speaking   **Questions 4-6 of 11**

Imagine that a construction company is considering building a new theater. You have agreed to participate in a telephone interview about theater.

기본기 1 ▶ 지시문 파악하기

Part 3 듣고 질문에 답하기에서 가장 어려운 점은 아주 짧은 준비 시간 3초 뒤에 답변을 해야 한다는 것입니다. 질문이 나오기 전에 나오는 지시문에서 질문의 주제를 파악하고 바로 그에 대한 키워드를 생각해 둘 수 있는지가 승패를 좌우합니다. 지시문을 파악하는 방법을 숙지하고 문제에 적용해 보세요.

1. 누구에게 전화가 왔나? ⇨ 답변 시 대상에 따른 말투를 정합니다.
2. 주제가 무엇인가? ⇨ 주제와 관련된 전략을 떠올립니다.
   ① 만사형통팁 (만통팁) + 만통팁 확장가이드
   ② WH 만능 패턴
   ③ 뻥 설정
3. 그 밖에 super 만통팁, 기출 주제 등에서 확보된 어휘를 떠올립니다.

PART 1

PART 2

PART 3

PART 4

PART 5

PART 6

🖋️ 기본기 2 ▶ 문제 유형 알아보기

Part 3는 설문 조사 유형과 자인과의 통화 유형이 혼합 출제되는 파트입니다. 화면에 제시되는 지시문의 종류는 아래 중 한 종류가 무작위로 출제됩니다. 전화를 건 상대와 상황만 약간 다를 뿐 특정 주제에 대한 질문 스타일은 크게 다르지 않습니다. 누구에게 어떤 주제에 대해 말하게 되는지만 잘 파악하면 됩니다.

유형1: 마켓 리서치 상황에서 질문에 답변하기

유형의 스타일을 파악해두면 시험장에서 지시문을 모두 읽을 필요는 없습니다. 전화 온 대상이 누군지 imagine that~ 뒤에서 찾고, 주제는 about 뒤에서 찾으세요.

> **Imagine that a construction company is considering building a new theater.**
> └. 대상을 제시하는 단어   └. 전화 대상: 건설 회사   └. 주제: 극장
>
> **You have agreed to participate in a telephone interview about theaters.**
> 주제를 제시하는 단어 .┘   └. 주제: 극장
>
> ---
>
> 한 건설 회사가 새로운 극장을 짓는 것을 고려하고 있다고 가정해 보세요.
> 당신은 극장에 관한 전화 인터뷰에 참여하는 데 동의하였습니다.

유형2: 지인과의 전화 통화상황에서 질문에 답변하기

Imagine that~ 뒷부분의 주격에 집중합니다. 지인 (a friend, a coworker, a family member)이 질문을 하는 형식만 다르고, 주제를 about 뒤에서 찾는 것은 동일합니다.

> **Imagine that your friend has just moved to your neighborhood.**
> └. 대상을 제시하는 단어   └. 전화 대상: 친구
>
> **You are talking on the telephone about convenience stores.**
> 주제를 제시하는 단어 .┘   └. 주제: 편의점
>
> ---
>
> 친구가 당신이 살고 있는 동네로 얼마 전에 이사왔다고 가정해 보세요.
> 당신은 편의점에 관해 전화로 이야기하는 중입니다.

답변 방법
유형 2 문제들의 답변 시, 자연스러운 대화체를 사용해도 무방하나, 무분별한 약어나
은어를 사용하는 것은 영어 말하기 능력 측정 시험의 취지에 맞지 않으므로 유형 1과 동일하게
정중한 어투를 사용하는 것이 득점에 더 유리하다.

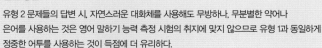

Are you usually~, Do you~? 당신은 주로 ~을 하나요?	현재 습관, 사실 확인
Are you willing to~? ~을 할 마음이 있나요?	미래 의지
What time of day do you~? ~을 하기 좋은 시간은 하루 중 언제인가요?	하루 중 시점
When did you~, Did you ever ~? 당신은 언제 ~을 했나요?	과거 경험
How long do you~? ~까지 얼마나 걸리나요?	걸리는 시간
What, What kind of ~? 무엇을, 어떤 종류의 ~을 하나요?	주제(명사) 관련 질문
Do you prefer A or B? A 와 B 중 어떤 것이 좋은가요?	A, B 중 선호형 질문
Besides ~, What is the most important ~? ~을 제외하고, 가장 중요하게 생각하는 것이 무엇인가요?	A, B, C 중 선호형 질문
Benefits, Advantages, Disadvantages of~? ~의 이득, 장(단점)은 무엇인가요?	장단점 질문
Could you recommend ~? ~를 추천해주세요.	추천 질문

빈출 의문사

시험에서 자주 출제되는 기본적인 의문사들의 질문별 뉘앙스를 파악해두면 보다 빠르고 쉽게 질문을 속독할 수 있습니다. 주로 아래의 어투로 질문합니다.

who	누구랑 ~하니?	how	그것을 어떻게 하니?
when	언제 마지막으로 ~했니?	what way	어떤 방법으로 ~하게 되었니?
	하루에 어떤 시간에 ~하니?	how often	얼마나 자주 ~하니?
where	보통 어디서 ~하니?	how long	얼마나 오래 걸리니?
	어디서 마지막으로 ~했니?	why	왜 ~을 하니?
what	무엇을 하니? / 좋아하는 ~이 무엇이니?	do / is, are	~을 어떻게 생각하니?, ~을 하니?
	그것의 이름이 무엇이니?		

🖋 기본기 4 ▶ 지시문 10초 활용법

Part 3 질문에 답하기에서 가장 어려운 점을 꼽자면 질문별 준비 시간이 3초밖에 없는 것입니다. 따라서 질문을 만나기 전, 먼저 뜨는 지시문에서 주제(키워드)를 얼마나 빨리 찾고 그에 대한 아이디어를 확장해둘 수 있는지가 승패를 좌우합니다. 지시문을 읽어주는 시간 동안의 전략인 지시문 10초 활용법을 숙지하여 문제들에 적용해보세요.

지시문 10초

1. 누구에게 전화가 왔나? ⇨ 답변 시 대상에 따른 말투를 정합니다.
2. 주제가 무엇인가? ⇨ 주제와 관련된 전략을 떠올립니다.
   ① 만사형통팁 (만통팁) + 만통팁 확장가이드
   ② WH 만능 패턴
   ③ 뻥 설정
3. 그 밖에 super 만통팁, 기출 주제 등에서 확보된 어휘를 떠올립니다.

🖋 기본기 5 ▶ 답변 시간 활용법

답변 시간을 최대한 채우기 위해선 질문의 답변은 물론, 부연 설명을 얼마나 자연스럽고 순발력 있게 붙여 적절히 활용하는가가 고득점 핵심 기술입니다. Part 3는 초를 다투는 파트인 만큼 적절한 시간 분배를 토대로 일관성있게 말하기 및 속도를 올리는 훈련을 병행해 주세요. 아래 문제 당 15초, 15초, 30초 활용법을 숙지하시고 문제들에 적용해보세요.

각 질문 당 답변 시간

● **Q4. 의문문 1~2개 (답변 시간: 15초)**

질문을 활용하여 첫 문장을 만들어 답변한 후 7~5초 남는 시간도 관련 설명을 최대한 덧붙여 시간을 꽉 채워 말합니다.

● **Q5. 돌발 질문 + Why (답변시간: 15초)**

생각해 본 적 없는 의문문이 나오면 당황하지 말고 묻는 내용에 간단히 답과 이유를 말합니다. 이유는 한 가지면 충분합니다.

● **Q6. 나의 의견 + 이유 1-2개 (답변시간: 30초)**

4번, 5번 보다 길고, 체계적이며 연관성 있게 말해야 합니다. 실제 경험을 말하는 것도 좋지만 이미 훈련한 뻥 설정과 만사형통팁을 최대한 활용하여 마치 경험해본 것처럼 유려하게 질문의 이유를 확장하세요.

🖋 기본기 6 ▶ 초간단 질문 응용법

Part 3에서는 질문을 잘 응용하는 것만으로도 점수의 반은 딴 것이나 다름없습니다. 질문을 읽으면서 바로 답변으로 바꾸는 초간단 질문 응용법을 익숙하게 훈련하면 시험장에서 문법 실수는 피하고 적절히 초 관리를 할 수 있습니다.

복&붙하기 (Copy&Paste)

질문을 그대로 복사해 붙이듯 말합니다. A is B ⇨ B is A로 뒤집어 말하면 시간을 벌 수 있습니다.

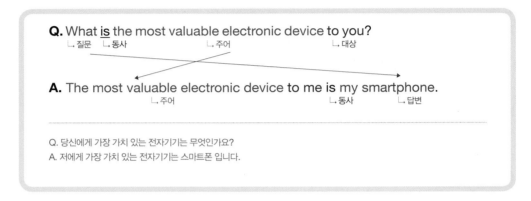

Q. What is the most valuable electronic device to you?
　　 질문　 동사　　　　　　　 주어　　　　　　　 대상

A. The most valuable electronic device to me is my smartphone.
　　　　 주어　　　　　　　　　　　　　 동사　　 답변

Q. 당신에게 가장 가치 있는 전자기기는 무엇인가요?
A. 저에게 가장 가치 있는 전자기기는 스마트폰 입니다.

시제와 수 일치

did you 동사 ⇨ 과거 동사, do you 동사 ⇨ 현재 동사로 시제를 일치시키고, 단수, 복수에 따라 실수 없이 답변을 만들어 줍니다.

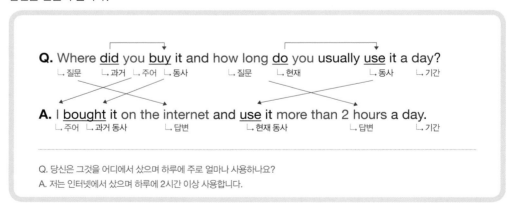

Q. Where did you buy it and how long do you usually use it a day?
　　 질문　 과거　 주어　 동사　　　 질문　　 현재　　　　 동사　　 기간

A. I bought it on the internet and use it more than 2 hours a day.
　　 주어　 과거 동사　　　 답변　　　 현재 동사　　　 답변　　　 기간

Q. 당신은 그것을 어디에서 샀으며 하루에 주로 얼마나 사용하나요?
A. 저는 인터넷에서 샀으며 하루에 2시간 이상 사용합니다.

질문 속 usually(주로) 처럼 불확실한 단어는 빼고 말할 것!

Joanne's TIP

Part 3 형용사 패키지

PART 1

PART 2

PART 3

PART 4

PART 5

PART 6

모든 행동의 이유는 쉽고, 빠르고, 편하고, 재미있고, 싸고, 합리적이며, 멋지고, 건강하고, 유익해서 입니다! 국어로 빠르게 생각한 형용사를 왼쪽 페이지의 시작 문장틀들에 바로 붙여 사용할 수 있게 순발력 훈련을 하세요.

· convenient & easy 편리하고 쉬운

· cozy & comfortable 안락하고 편한

· important & meaningful 중요하고 의미 있는

· fast & time-saving 빠르고 시간을 아끼는

· economical & practical 경제적이고 실용적인

· fun & enjoyable 재밌고 즐거운

· productive & informative 생산성 있고 정보력 있는

· up-to-date & reliable 최신식이고 믿을 만한

· nice & cool 좋고 멋진

· economical & affordable 경제적이고 형편이 되는

· valuable & beneficial 소중하고 유익한

· useful & helpful 쓸 만하고 도움이 되는

· eco-friendly & natural 친환경적이고 자연적인

· reasonable & sensible 실리적이고 합리적인

· healthy & stress-free 건강에 좋고 스트레스 풀리는

· effective & efficient 효과적이고 효율적인

Respond to questions
전략 다지기

PART
03

전략1 ▶ 조앤박 만사형통팁

Why의문사의 답변 이유로 질문의 유형과 종류를 불문하고 언제나 사용할 수 있는 아이디어 패키지입니다. Part3는 물론 Part5와 6까지 두루두루 사용할 수 있는 말 그대로 만사가 형통해지는 문장들을 묶었습니다. 토익스피킹 고득점의 밑천이 되는 만사형통팁을 언제든지 사용할 수 있게 확실히 암기해두세요.

🔍 Money Package 돈 패키지

사실, 생활과 관련한 주제에서는 언제나 돈이 부족하고 돈을 아끼고 싶기 때문이라는 이유로 풀면 언제나 말이 됩니다. 대부분 학생이라는 전제로 답변을 풀어나가면 더 수월합니다.

I'm in college and always have a tight budget.	저는 대학생이고 늘 돈이 빠듯합니다.
I don't have much money.	저는 돈이 많이 없습니다.
So, I need to buy the _____ at the reasonable price.	그래서 _____을 적절한 가격에 사야 합니다.

🔍 Internet Package 인터넷 패키지

요즘 세상에선 인터넷 없이 살 수 없으므로, 수단(how), 방법 (what, method, style, way)과 장소 (where)를 묻는 질문의 답변은 무조건 "인터넷으로~"라고 말하면 쉽습니다. 특히, 구매, 소통, 정보, 교육과 관련된 주제와 질문은 인터넷 이라는 수단을 활용하면 더 많은 설명을 할 수 있습니다. 토익스피킹 시험에서 100% 활용할 수 있는 인터넷 패키지를 완벽히 암기해 보세요.

▶ **Secret Code**   빨간 선, 파란 단어 질문과 주제에 따라 변경

PART 1
PART 2
PART 3
PART 4
PART 5
PART 6

인터넷 단골 동사		인터넷 추가 요건	
구매	**buy items** 물건을 사다	기기	**by using my smart phone / on my smartphone** 제 스마트폰을 이용하여 / 제 스마트폰으로
소통	**communicate with others** 다른 사람들과 의사소통하다	수단	**online / on the internet.** 온라인으로 / 인터넷으로
정보	**find up-to-date information** 최신 정보를 찾다	시간 장소	**anytime, anywhere** 언제, 어디서든지
교육	**get educated / learn new things** 교육을 받다 / 새로운 것을 배우다	돈 절약	**I can save on living expenses.** 저는 생활비를 절약할 수 있습니다.
		시간, 노력 절약	**I don't want to waste time and effort.** 저는 시간과 노력을 낭비하고 싶지 않습니다.

• 온라인 구매의 장점

전제	I usually buy things on the internet.	저는 주로 인터넷에서 물건을 삽니다.
이유 1 최저가 비교 ⇨ 돈 절약	It's because I can compare the prices online fast and buy what I want at the best price.	왜냐하면, 온라인에서 가격을 쉽게 비교할 수 있으며 가장 좋은 가격에 제가 원하는 것을 살 수 있습니다.
	In this way, I can save on living expenses and it is economical.	이렇게 하면, 저는 생활비를 절약할 수 있으며 경제적입니다.
이유 2 시간, 노력 절약 ⇨ 편리성	Also, I don't need to waste time and effort shopping around, because I can use my smartphone to buy things anytime, anywhere.	또한, 저는 가게를 돌아다니는 것에 시간과 노력을 낭비하지 않아도 됩니다. 왜냐하면, 스마트폰을 사용하여 언제, 어디서든 물건을 살 수 있기 때문입니다.
	Moreover, the online shopping company delivers the item to my place so it is convenient.	더욱이, 온라인 쇼핑 회사는 물건을 집까지 배달해주기 때문에 편리합니다.

• 온라인 구매의 단점

전제	I don't usually buy things on the internet.	저는 주로 인터넷에서 물건을 사지 않습니다.
이유 1 충동 구매 ⇨ 돈 더 씀	It is not economical and does not help me save on living expenses.	왜냐하면, 경제적이지 않으며 생활비를 절약하는 데 도움이 되지 않습니다.
	Plus, I sometimes pay more for a delivery fee or a service charge.	게다가 때때로 배송비 혹은 수수료를 더 냅니다.
이유 2 시간, 노력 더 씀 ⇨ 발송 기간	Also, I tend to waste more time and effort browsing the online shopping websites.	또한, 온라인 쇼핑 웹사이트를 돌아보는데, 시간과 노력을 낭비하는 경향이 있습니다.
	On top of that, I need to wait a few days to get the item.	그 외에도 물건을 받기까지 며칠을 기다려야 합니다.
이유 3 저질 상품	In my case, I don't fully trust online shopping anymore since I was unhappy with the low quality products from the online stores several times last year.	제 경우에는 작년에 몇 번 온라인 가게의 질이 안 좋은 물건들로 불만족했던 이후로 온라인 쇼핑을 더는 온전히 신뢰하지 않습니다.

🎖 Information Package 정보 패키지

온라인, 친구, 전문가 중에 여러분은 어떤 정보를 어디에서 얻나요? 그 이유는 아래 3종 정보 패키지에서 확인하세요.

· 온라인으로 얻을 때

①	I tend to find up-to-date information on _____ by reading reviews, comments and recommendations on the internet.	저는 _____의 최신정보를 인터넷상의 후기나 의견, 그리고 추천글을 읽어서 확인하는 경향이 있습니다.
②	It's fast and easy to get practical information about _____ anytime, anywhere by using my smartphone.	언제, 어디서든 스마트폰을 사용해서 _____의 현실적인 정보를 얻는 것이 빠르고 쉽습니다.
③	Since it doesn't cost anything, it's economical to get them online in real time.	그것은 전혀 비용이 들지 않기 때문에 온라인에서 실시간으로 정보를 얻는 것이 경제적입니다.

· 친구로부터 얻을 때

①	I always ask my friends to give me up-to-date information on _____, because they know what I need the most and give me the most reliable comments and recommendations.	저는 항상 친구들에게 _____의 최신 정보를 물어봅니다. 왜냐하면, 친구들은 제가 가장 필요한 것을 알고 가장 믿을 만한 의견을 제시해주고 추천해줍니다.
②	It's easy to get direct feedback and ideas about my inquiries from them.	친구들에게 물어본 질문에 대한 즉각적인 의견과 아이디어를 쉽게 받을 수 있습니다.
③	Since it doesn't cost anything, it's economical to get advice from my friends.	그것은 전혀 비용이 들지 않기 때문에 친구들에게 조언을 구하는 것은 경제적입니다.

· 전문가로부터 얻을 때

①	I always ask experts to give me up-to-date information on _____, because they know what I need the most and give me the most reliable comments and recommendations.	저는 항상 전문가들에게 _____의 최신 정보를 물어봅니다. 왜냐하면, 전문가들은 제가 가장 필요한 것을 알고 가장 믿을 만한 의견을 제시해주고 추천해줍니다.
②	It reduces the time required to find the specific information I need.	제가 필요한 자세한 정보를 찾는 데 필요한 시간을 줄입니다.
③	Experts can offer customized feedback depending on the situation.	전문가들은 상황에 따라 개개인의 요구에 맞춘 의견을 제공해줄 수 있습니다.

🎖 Asset Package 자산 패키지

컴퓨터, 카메라, 핸드폰, 자전거, 자동차 등은 한 번에 돈이 좀 들어도 사놓으면 오래 씁니다.

For me, durability is very important because I usually use things for a long time once I buy them. So, I'd like to get a good quality product.	내구성이 제게는 매우 중요합니다. 왜냐하면, 물건을 한 번 사면 주로 오래 사용하기 때문입니다. 그래서 좋은 품질의 물건을 사고 싶습니다.
I want to use it for a long time. Last year, I bought a cheap _____ but it just stopped working after I used it several times and I was very disappointed about it. So, I want to get a good quality product.	저는 물건을 오래 사용하고 싶습니다. 지난해에 저는 가격이 저렴한 _____을 샀지만 몇 번 사용한 뒤에 작동이 멈췄고 저는 매우 실망했습니다. 그래서 좋은 품질의 물건을 사고 싶습니다.

🎖 Department Package 백화점 패키지

I usually go to the Hyundai Department Store near my place because I can check the quality of the products and compare them with other products in person.	저는 주로 집 근처에 있는 현대백화점에 갑니다. 왜냐하면, 직접 물건의 품질을 확인할 수 있고 다른 상품들을 비교할 수 있습니다.
Also, I can try things on and see if they look good on me.	또한, 제게 어울리는지 입어볼 수 있습니다.
Moreover, it's easy to get a discount with my membership card, so I can save on my living expenses.	게다가, 제 회원 카드로 할인을 받기 쉽습니다. 따라서 생활비를 절약할 수 있습니다.

🎖 Stress Package 스트레스 패키지

어떤 행동이든 놀고, 먹고, 입고, 즐기는 것에 돈을 쓰면, 행복해지고 스트레스 풀린다고 답변하세요.
Part3 대부분의 답변에 쓰이는 최고의 패키지입니다.

전제 **While having a great time with my friends or family, ~** 친구들과 가족과 좋은 시간을 보내면서~	I can get rid of stress and refresh myself. 저는 스트레스를 풀고 기분 전환을 할 수 있습니다. It energizes my mind and is fun and enjoyable. 제 마음에 활력을 주고 재미있고 즐겁습니다. Also, it makes me feel good and happy. 또한, 기분이 좋아지고 즐거워집니다. I just like it~! because I'm a people-person. 저는 그냥 이게 좋아요~! 왜냐하면 저는 사람을 좋아하는 사람이니까요.

PART 1
PART 2
PART 3
PART 4
PART 5
PART 6

🏅 Time Package 시간 패키지

시간 낭비, 번거로운 일은 싫고 언제나 시간을 아껴야 한다고 말해보세요.

I'd like to save time and effort.	저는 시간과 노력을 아끼고 싶습니다.
I am busy with a lot of work these days and there is no time to 동사.	저는 요즘 많은 일로 바빠서 (동사)를 할 시간이 없습니다.
I don't want to waste time 동사+ing.	저는 (동사+ing)에 시간을 낭비하고 싶지 않습니다.

동사 waste와 spend

waste, spend + 목적어 + 동사+ing (to 부정사 X)
예) I don't want to waste time ~~to drive~~ driving a car. 차를 운전하는 것에 시간을 낭비하고 싶지 않습니다.

🏅 Socializing Package 사회성 패키지

언제나 사람들이 많은 쪽으로 붙어라! 아래 스토리텔링 구조의 4문장을 연결해 암기해 보세요. 주어와 과거형 동사를 바꿔가며 다양한 상황으로 말할 수 있게 훈련해 주세요.

교류(경험)의 장점	I think	socializing (interacting, experience) with others is very important.
기술 증진	While dealing with others,	I can (could) learn social skills / communication skills / teamwork / cooperative spirit.
성격 개조	And,	my personality would be (became) more open-minded / well-rounded / out-going / considerate / optimistic.
인맥 확장	Moreover,	I can (could) make more friends / enhance my social network.
긍정적 결과	So,	my life would be (became) more fun / enjoyable / successful in the field.

다른 사람들과 어울리는 것 (교류하는 것, 경험하는 것)은 매우 중요합니다. 다른 사람들을 상대하는 동안 저는 사교 능력, 의사소통 능력, 팀워크 그리고 협동심을 배울 수 있습니다. 그리고, 제 성격은 좀 더 열린 사고를 하고, 원만하며, 사교적이며, 남을 배려하고 낙천적이게 될 것입니다. 게다가 저는 좀 더 많은 친구들을 사귈 수 있고, 사회적 네트워크를 향상 할 수 있습니다. 그래서, 제 삶은 더 재미있고 즐거워 질겁니다. (업계에서 성공하게 될 겁니다.)

🎖 Travel & Culture Package 여문견(여행+문화+견문) 패키지

여러분의 취미를 해외여행으로 정하고 여행의 장점을 정리해 두세요.

여행 패키지	I love traveling abroad because I can visit a lot of tourist attractions/ enjoy amazing scenery / eat delicious food.
문화 패키지	I like to experience new (different) cultures.
견문 패키지	It's beneficial to learn new things from others & share my feelings and ideas with them. In this way, it helps me broaden my perspective and knowledge.
(+ 스트레스 패키지)	On top of that, I can get rid of stress and refresh myself with my friends or family while travelling.

저는 해외여행을 가는 것을 좋아합니다. 왜냐하면 여러 관광 명소들을 방문하고, 멋진 풍경을 즐기고, 맛있는 음식을 먹을 수 있기 때문입니다. 또는 저는 새로운(다른) 문화를 경험해 보고 싶습니다. 다른 사람들로부터 새로운 것을 배우고 그들과 제 감정 및 생각을 공유하는 것은 유익한 일입니다. 이렇게 하면, 제 관점과 지식을 넓히는 데 도움이 됩니다. 그 외에도, 여행하는 동안 제 친구나 가족과 함께 스트레스를 풀고 기분 전환을 할 수 있습니다.

Part 3과 6에 모두 활용 가능
여문견 패키지는 사회성 패키지와 스트레스 패키지까지 연동해 확장 가능!
길고 조리있는 문단으로 만들어 암기해두면 시험장에서 빛을 볼 수 있다.

🎖 Health Package 건강 패키지

건강+몸매 위해 다이어트와 운동 ⇨ 운동하면 스트레스가 풀림 ⇨ 팀 스포츠로 사회성을 키울 수 있다는 스토리텔링으로 확장해 보세요.

건강 패키지	I can keep in shape and make myself healthy. Actually, I'm on a diet so, I like to work out regularly.
(+ 스트레스 패키지)	Also, I can get rid of stress and refresh myself. Working out energizes my mind and is fun and enjoyable.
(+ 사회성 패키지)	While playing soccer (basketball, baseball), I could learn social skills / teamwork / cooperative spirit.

저는 몸매와 건강을 유지할 수 있습니다. 사실 저는 다이어트 중입니다. 그래서 운동을 정기적으로 하고 싶습니다. 또한, 저는 스트레스를 풀고 기분 전환을 할 수 있습니다. 운동하는 것은 활력을 주며, 재미있고 즐겁습니다. 축구, (농구, 야구)를 하는 동안 저는 사교 능력, 팀워크 그리고 협동심을 배울 수 있었습니다.

 **전략2** ▶ WH 만능 패턴

How often~ / How many times ~? 빈도를 묻는 질문

How often do you eat out? 당신은 얼마나 자주 외식을 하나요?	
I eat out 저는 외식 합니다.	**about once or twice** a day / a week / a month / a year. 하루에 / 일주일에 / 한 달에 / 일년에 한 번 혹은 두 번 **once every** 3 months / 6 months. 3개월 / 6개월에 한 번 **more than** 5 times a week / 10 times a month. 일주일에 5번 / 한 달에 10번 이상 **almost every day.** 거의 매일

How many times did you cook last week? 지난주에 몇 번 요리 했나요?		
I cooked 저는 요리 했습니다.	twice 두 번 three times 세 번 everyday 날마다	last week. 지난 주에

How close~ / How far (away) ~? 거리(시간)를 묻는 질문

How close(How far away) is the nearest bus stop to your home? 당신의 집에서 가장 근처에 있는 버스 정류장은 얼마나 가깝나요?	
The nearest bus stop is 가장 가까운 버스 정류장은	2 blocks away **from home.** 집으로부터 두 골목 떨어져 있습니다. about 5 minutes away **on foot.** 걸어서 5분 정도 떨어져 있습니다.
It takes 그것은 걸립니다.	about 5 minutes **from home.** 집에서부터 5분 정도

How far would you be willing to travel to see a good musical? 좋은 뮤지컬을 보러 얼마나 멀리 이동할 의향이 있나요?	
I would be willing to travel 저는 이동할 의향이 있습니다.	(for) about 30 minutes **by train.** 기차로 30분 정도 (for) about an hour **by car.** 차로 한 시간 정도

How long ~ / How much time ~? 시간을 묻는 질문

How long have you had your current laptop computer?
현재 당신이 쓰고 있는 노트북은 가진지 얼마나 되었나요?

I have had my laptop computer 저는 노트북을 가진지	(for) about 2 weeks. 2주 정도 됐습니다. (for) about 2 months. 2달 정도 됐습니다. (for) about 2 years. 2년 정도 됐습니다.

How long do you typically spend in a shoe store?
당신은 신발 가게에 일반적으로 얼마나 오랜 시간을 보내요?

I spend 저는 보냅니다.	(for) about 2 hours 두 시간 정도	in a shoe store. 신발 가게 에서

How much time do you usually spend in the bookstore?
당신은 책 가게에서 보통 얼마만큼의 시간을 보내요?

I usually spend 저는 보통 보냅니다.	(for) about 2 hours 두 시간 정도	in the bookstore. 책 가게에서

How ~? 방법을 묻는 질문

If you wanted to share video clips with family and friends, how would you do it?
만약 당신이 가족과 친구들에게 비디오 영상을 공유하고 싶다면 어떻게 공유할 건가요?

I would share them 저는 그것들을 공유하고 싶습니다.	with my family and friends 가족과 친구들과 함께	on the internet. 인터넷에서 online. 온라인으로

Where ~? 장소를 묻는 질문

Where do you go when you want to read a book?
당신이 책을 읽고 싶으면 어디로 가나요?

I go to 저는 갑니다.	the library 도서관에	called Seoul National Library 서울 국립 도서관이라고 불리는	near my place. 집에서 가까운

Where do you think is the best place for travelling in your area?
당신이 살고 있는 동네 주변에서 가장 여행하기 좋은 곳은 어디라고 생각하나요?

The best place for traveling is 여행하기 가장 좋은 곳은	Gyeongbok Palace 경복궁 입니다.	which is one of the most beautiful palaces in Seoul. 서울에서 가장 아름다운 궁들 중의 하나인
	Myeong dong 명동 입니다.	which is the most crowded shopping area in Seoul. 서울에서 가장 붐비는 쇼핑 지역인

Who ~? 사람을 묻는 질문

Who did you go to the restaurant with?
당신은 누구와 함께 레스토랑에 갔나요?

I went to the restaurant 저는 레스토랑에 제~와 함께 갔습니다.	with my family. 가족과 with my close friends. 친한 친구들과 with my coworkers. 동료들과

When ~ / What time of day ~ / In what situation, would you ~?
시간(때 /시점 /상황)을 묻는 질문

What time of day do you go to the museum?
하루 중 언제 박물관에 가나요?

I usually go to the museum 저는 주로 박물관에 ~에 갑니다.	in the evening. 저녁에 on the weekend. 주말에 after school(work). 학교가(일이) 끝난 후에

What is the best time of day to ride a bicycle for you?
하루 중 자전거를 타기에 가장 좋은 시간은 언제 인가요?

I usually ride a bicycle 저는 주로 ~에 자전거를 탑니다.	in the morning. 아침에 in the afternoon. 오후에 before(after) lunch. 점심시간 전에(후에)

What ~? 이유 (부연 설명)을 묻는 질문

What can a bookstore do to encourage you to go there more often?
당신이 좀 더 자주 서점에 가는 것을 장려하기 위해 서점에서 무엇을 할 수 있을까요?

If the bookstore offers 만약 서점이 ~을 제공하면	comfortable seats, 편안한 의자들 free lectures, 무료 강연회	I would go there more often. 저는 좀 더 자주 가고 싶을 겁니다.

What kinds of ~/ What type of ~? 종류를 묻는 질문

What kinds of drinks do you like to have?
어떤 종류의 음료를 마시고 싶나요?

I like to have 저는 ~을 마시고 싶습니다	coffee. 커피 juice. 주스

What is the most important factor ~? 가장 중요한 점을 묻는 질문

What is the most important factor for you when buying a smartphone?
당신이 스마트폰을 살 때 어떤 요소가 가장 중요한가요?

The most important factor is 가장 중요한 요소는 ~ 입니다.	price. 가격 brand name. 브랜드 명 quality. 품질

Joanne's TIP

질문 앞 방해 요소 – 전제 조건

요즘 신규 유형의 비율이 증가함에 따라, 전제 조건들이 질문의 앞에 쓰여 수험자가 한 번에 질문을 이해하기 힘들게 하거나 답변에 제약을 둔다. 아래와 같은 전제 조건의 스타일만 미리 잘 알아두면 한 번에 질문의 의도를 간파할 수 있다.

- In your family, 당신의 가족 중에
- In your neighborhood, 당신이 사는 지역에서

PART 1

PART 2

PART 3

PART 4

PART 5

PART 6

✒️ 전략3 ▶ 뻥 설정 (Offline vs. Online)

Part 3에서 치고 나가려면 어느 정도의 뻥 설정이 필요합니다. 경험해보지 못한 상황과 전제로 질문을 받는 경우, 해본 적 없다고 간단명료하게 답변을 끝낸다면 점수를 제대로 받을 수 없습니다. 결국 말을 더 많이 하려면 미리 암기해둔 아이디어나 만능 패턴 등을 답변으로 길게 연결해 말할 수 있어야 합니다. 아래, 오프라인과 온라인의 2가지 설정을 암기하고 답변 시 유연하게 활용해 보세요.

오프라인 설정

주제가 집 근처에서 할 수 있는 것이라면 오프라인 설정 문장을 활용합니다.

> **I go the the 장소 called 장소 이름 near 위치 about 얼마나 (빈도) with 누구랑 because 만사형통팁.**

Q. Where do you usually go when you have a free time?

A. I go to the park called Olympic Park near my place about once or twice a
  ┗ 장소: 공원   ┗ 장소 이름: 올림픽 공원   ┗ 위치: 우리집   ┗ 빈도: 일주일에 한두 번

week with my family because I can get rid of stress and refresh myself there.
  ┗ 누구랑: 가족과   ┗ 만사형통팁: 스트레스 패키지

Q. 여가시간이 생겼을 때 주로 어디를 가나요?
A. 저는 우리 집 근처에 있는 올림픽 공원이라고 불리는 공원에 일주일에 한두 번 가족과 함께 갑니다. 왜냐하면, 스트레스를 풀 수 있고 기분을 전환할 수 있기 때문입니다.

Q. Where do you usually go to buy clothes?

A. I go to the department store called the Shinsegae department store near my
  ┗ 장소: 백화점   ┗ 장소 이름: 신세계 백화점

place about once or twice a month with my friends because I can check the
  ┗ 위치: 우리집   ┗ 빈도: 한 달에 한두 번   ┗ 누구랑: 친구들과

quality of the products and compare with other products in person there.
  ┗ 만사형통팁: 백화점 패키지

Q. 옷을 사러 주로 어디로 가나요?
A. 저는 우리 집 근처에 있는 신세계 백화점이라고 불리는 백화점에 한 달에 한두 번 친구들과 함께 갑니다. 왜냐하면 물건의 질을 확인할 수 있고 다른 물건을 직접 비교해볼 수 있기 때문입니다.

온라인 설정

주제가 온라인상 할 수 있는 것이라면 온라인 설정 문장을 활용합니다.

> ▶ **구매, 소통, 정보, 교육 about** 얼마나 (빈도) **on the internet by using my smartphone anytime anywhere because** 만사형통팁

구매 I buy clothes (물건)
소통 I communicate with my friends (누구)
정보 I find new information about cooking (주제)
교육 I learn English (주제)

Q. Where do you usually read about current news?

A. I read current news about once or twice a day on the internet by using
└ 빈도: 하루에 한 두번

my smartphone, **because** I can save time and money by reading it online.
└ 만사형통팁: 돈 + 시간 패키지

Q. 당신은 어디서 주로 시사 뉴스를 읽나요?
A. 저는 시사 뉴스를 하루에 한두 번 인터넷에서 스마트폰을 이용하여 언제 어디서나 읽습니다. 왜냐하면, 시간과 돈을 절약할 수 있기 때문입니다.

Q. How do you learn about restaurants in your area?

A. I tend to find new information on restaurants in my area by reading reviews,

comments and recommendations on the internet by using my smartphone
└ 만사형통팁: 온라인 정보 패키지

anywhere **because** it's fast and easy to get practical information about new
└ 만사형통팁: 온라인 정보 패키지

restaurants.

Q. 당신의 동네에서 식당 정보를 어떻게 얻나요?
A. 저는 우리 동네의 새로운 식당 정보를 온라인상 후기와 의견, 추천글을 통해 스마트폰으로 언제 어디서나 찾는 경향이 있습니다.
왜냐하면, 새 식당에 대한 현실적인 정보를 빠르고 쉽게 찾기 때문입니다.

learn 배우다 vs. learn about (= find) 알게 되다, 찾아내다

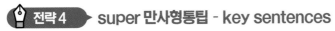

전략 4 ▶ super 만사형통팁 - key sentences

Part 3 만사형통팁이 어느 정도 입에 붙기 시작했다면, 돌발 질문에 해답으로 활용할 수 있는 초강력 아이디어 팁인, super 만사형통팁으로 막힘없이 대답할 수 있습니다.

스마트폰

Describe the smartphone that you currently use.
최근 당신이 사용하는 스마트폰에 대해 설명하세요.

전제	I use a smartphone from Samsung 저는 삼성 스마트폰을 사용합니다.
이유 1	because it features an up-to-date MP3 player and a digital camera. 왜냐하면 최신 MP3플레이어와 디지털 카메라가 특징이기 때문입니다.
만사형통팁 스트레스 패키지	I can get rid of stress while listening to music on the bus or subway, and take pictures of my friends. 저는 버스 혹은 지하철에서 음악을 들으면서 스트레스를 풀 수 있고 친구들과 사진을 찍을 수 있습니다.
이유 2	Also, I can text and email them for free. 또한, 문자와 이메일을 무료로 보낼 수 있습니다.

외식 / 음식

Where do you eat out and who do you eat out with?
당신은 어디로 외식을 하러 가며, 누구랑 같이 먹나요?

전제	I usually eat out at the Italian restaurant called Bona Sera near my place about once or twice a week with my friends or family 저는 주로 보나세라 라고 불리는 집 근처 이탈리안 레스토랑으로 일주일에 한두 번 친구들 혹은 가족과 외식하러 갑니다.
이유 1	because I love the pizza and pasta there. 왜냐하면 저는 그곳의 피자와 파스타를 좋아하기 때문입니다.
이유 2	Also, I don't have to go grocery shopping, cook and wash the dishes. In fact, I'm not good at cooking. So, it's convenient & fast. 또한, 저는 식료품을 사러 가지 않아도 되고, 요리 및 설거지를 하지 않아도 됩니다. 사실, 저는 요리를 잘 못합니다. 그래서 편하고 빠릅니다.

대중 교통

PART 1

PART 2

PART 3

PART 4

PART 5

PART 6

	Why do you use public transportation? 당신이 대중교통을 이용하는 이유는 무엇인가요?
이유 1	Public transportation like buses or subways run punctually, so it's fast and reliable to commute. 버스나 지하철 같은 대중교통은 제시간에 운행되기 때문에 통근하기에 빠르고 믿을 만합니다.
이유 2	Also, I can avoid traffic jams while relaxing or reading some books on the bus so it's efficient. 또한 버스 안에서 쉬거나 독서를 하면서 교통체증을 피할 수 있어서 효율적입니다.
이유 3	Moreover, it helps to decrease air pollution. 게다가, 대기 오염을 줄이는 데 도움이 됩니다.

웹사이트

	Tell me about a website you use to communicate with others. 다른 사람들과 소통을 위해 사용하는 웹사이트에 대해 알려주세요.
전제	I visit naver.com to check my online community every day 저는 온라인 카페를 확인하러 네이버 닷컴에 매일 접속합니다.
만사형통팁 견문지식 패키지	because it's beneficial to learn new things from others and share my feelings and ideas with them. In this way, I can broaden my perspective and knowledge by learning lot of useful information. 왜냐하면 다른 사람들에게 새로운 것을 배우고 제 감정과 아이디어를 공유하는 것은 유익한 일입니다. 이렇게 하면, 많은 유용한 정보를 배움으로써 제 견문과 지식을 넓힐 수 있습니다.
이유 1	Also, I like to meet new friends and communicate with them since I'm a people-person. 또한, 저는 사람을 좋아하는 사람이기 때문에 새로운 친구들을 만나는 것과 그들과 의사소통하는 것을 좋아합니다.
이유 2	For me, it's fun and enjoyable to keep in touch with my friends. 저는, 친구들과 연락을 지속하는 것이 재미있고 즐겁습니다.

운동

	How often do you exercise and where do you go to do it? 당신은 얼마나 자주 운동하며 어디로 가서 하나요?
전제	I usually run in the park called Olympic Park near my place about twice a week with my sister 저는 주로 올림픽 공원이라고 불리는 집 근처 공원에서 일주일에 두 번 여동생과 함께 달리기를 합니다.
만사형통팁 건강 패키지	because I like to keep in shape and make myself healthy. 왜냐하면, 저는 제 몸매를 유지하고 건강을 유지하는 것이 좋습니다.
만사형통팁 스트레스 패키지	It works for me since I can get rid of stress and refresh myself. It energizes my mind, too. 스트레스를 풀고 기분 전환을 할 수 있으므로 달리기는 제게 효과가 있습니다. 또한 그것은 제게 활력도 불어넣어 줍니다.

여가/ 페스티벌

	What kind of festivals do you have in your country? 당신의 나라에서는 어떤 종류의 축제를 하나요?
전제	I sometimes go and enjoy international food festivals with my friends. 저는 종종 친구들과 세계 요리 축제에 가서 즐깁니다.
이유 1	Since my hobby is tasting different types of international foods. 제 취미는 다양한 종류의 세계 음식을 맛보는 것이기 때문입니다.
만사형통팁 스트레스 패키지	I can get rid of stress and refresh myself while eating them. 음식을 먹는 동안, 저는 스트레스를 풀고 기분 전환을 할 수 있습니다.

음악

	What kind of music do you listen to? 당신은 어떤 음악을 듣나요?
전제	I usually listen to classical music, rock music, or K-pop music. 저는 주로 클래식 음악, 락 음악, 또는 케이팝을 듣습니다.
만사형통팁 스트레스 패키지	While listening to music, I can get rid of stress and refresh myself. It energizes my mind a lot. 음악을 듣는 동안, 저는 스트레스를 풀고 기분 전환을 할 수 있습니다. 그것은 제게 아주 많은 활력을 불어넣어 줍니다.
문장 필러	So it works for me. 그래서 음악듣기는 제게 효과가 있습니다.

셀카 공유

What are some benefits of using a smartphone?
스마트폰을 사용하는 것의 이점은 무엇인가요?

전제	These days, I love taking selfies with my new smartphone from Samsung. 요즘에는 제 삼성 스마트폰으로 셀카찍는 것을 좋아합니다.
부연 설명	It's fast and easy to share them with my friends and family on SNS like Facebook, Instagram or Twitter. 친구들과 가족에게 페이스북, 인스타그램 또는 트위터와 같은 SNS에 빠르고 쉽게 공유합니다.

여행 (과거형)

When was the last time you went on a trip during your vacation time?
당신의 휴가기간 동안에 마지막으로 간 여행은 언제였나요?

전제	About 2 years ago, I went to New York with my family for my vacation. 약 2년 전, 저는 휴가로 가족과 함께 뉴욕에 다녀왔습니다.
만사형통팁 여행 패키지	I could visit a lot of tourist attractions and enjoyed amazing scenery and delicious food. Also, meeting different kinds of people was fun. 저는 많은 관광 명소를 방문할 수 있었고 놀라운 경치와 맛있는 음식을 즐겼습니다. 또한, 다양한 사람들과 만나는 것은 재미있었습니다.
만사형통팁 문화, 견문, 지식 패키지	I experienced different cultures, which broadened my perspective and knowledge. 저는 다른 문화를 경험했고 이것이 제 견문과 지식을 넓혀주었습니다.
만사형통팁 스트레스 패키지	On top of that, I got rid of stress and had a wonderful time with my family. 무엇보다도, 저는 스트레스를 풀 수 있었고 가족과 함께 아주 멋진 시간을 가졌습니다.

극장

What are the benefits of watching a movie in the movie theater?
영화관에서 영화를 보는 것의 이점은 무엇이 있을까요?

전제	I like to enjoy movies in the movie theater which has the big screen, amazing sound system and tasty food. 저는 큰 화면과 놀라운 음향 시스템 그리고 맛있는 음식이 있는 영화관에서 영화를 즐기는 것을 좋아합니다.

TV

	What is your favorite TV show? 당신이 좋아하는 TV쇼는 무엇인가요?
전제	My favorite TV show is Comedy Big League. 제가 좋아하는 티비쇼는 코메디 빅 리그 입니다.
부연 설명	It makes me laugh a lot. 그것은 저를 많이 웃게 합니다.

컴퓨터

	What brand of laptop do you use currently? 당신은 현재 어떤 브랜드의 노트북을 사용하나요?
전제	I use a laptop computer from Samsung 저는 삼성 노트북을 사용합니다.
이유 1	because it's light-weight and portable. 왜냐하면, 가볍고 휴대하기 쉽기 때문입니다.
이유 2	Also, it's a popular brand, so it keeps me in style. 또한 인기 있는 브랜드여서 유행에 따를 수 있습니다.
이유 3	Moreover, durability is very important, because I usually use a computer for a long time once I buy it. 게다가, 내구성은 매우 중요합니다. 왜냐하면 저는 컴퓨터를 한 번 사면 주로 오랫동안 사용하기 때문입니다.

쇼핑

	Besides shopping online, where do you go shopping? 당신은 온라인으로 쇼핑하는 것 외에, 어디에서 쇼핑하나요?
전제	I buy new clothes (shoes) at the department store 저는 새로운 옷 (신발)을 백화점에서 삽니다.
만사형통팁 백화점 패키지	because I can try things on and see if they look good on me. 왜냐하면, 제게 어울리는지 입어볼 수 있기 때문입니다.
만사형통팁 스트레스 패키지	Also, I can get rid of stress by window shopping with my friends together. 또한, 친구들과 함께 윈도우쇼핑을 하면서 스트레스를 풀 수 있습니다.

Part 3 기출 주제 및 문제 총정리

PART 1
PART 2
PART 3
PART 4
PART 5
PART 6

🗨 식도락

기출 주제	기출 질문
음식	좋아하는 음식 종류, 이름 / 언제, 어떤 음식을 어디서, 누구와 먹었나?
답변 키워드	① 건강식: nuts, fruits, dried fruits, salad ② 간식: chocolate bars, pizza, sweets, doughnuts, pretzel ③ 음료: soda(Coke), water, juice, wine, beer
음식	언제, 어디에 있는, 어떤 식당을 누구와 갔나? 얼마나 자주 가나?
답변 키워드	식당 Korean, Italian, Chinese, Japanese restaurant
배달 음식, 요리	언제 어떤 요리를 어떤 식당에서 배달시켰나? 얼마나 자주 배달시키나? 누구와 먹나(먹었나)? 어떤 요리를 즐겨하는가?
답변 키워드	Korean food(bibimbap), Italian food(pizza), Chinese food(noodles), Japanese food(sushi, rolls)

🗨 생활 반경

기출 주제	기출 질문
공공시설	언제, 어디에 있는, 어떤 공공시설을 갔나? 얼마나 자주 가나?
답변 키워드	bookstore, movie theater, grocery market, train station, bank, hospital, fitness center
우리 동네 추천 & 주변 지역	동네에서 가장 추천해 줄만한 장소는? 주변 지역 좋아하는 지역은? 언제, 누구랑, 어디로 갔나? 그 지역 장점은?
답변 키워드	park, shopping mall, palace, museum, famous tourist attraction
중/고등/대학교	학교의 이름, 위치, 전공은 무엇이었나? / 방과 후 활동으로는 무엇을 했나?
답변 키워드	① 전공: Art, Business, Computer Science, Design, Economics, International Studies, Management, Marketing, Music ② 클럽: Photography Club, Book Club, Video Games Club, French/Spanish/ Chinese/Foreign Language Club, Volunteer Club, Social Club
회사	회사 이름, 위치, 주요 업무, 대인관계는?
답변 키워드	업무 communicate with coworkers, report weekly sales, attend meetings, deal with cusomers, do presentations, check emails

💬 지인

기출 주제	기출 질문
가족&친구	친구 이름은? 무엇을 하고 노는가? 언제 마지막으로 봤나? 가족과 주로 하는 일은?
답변 키워드	cook, eat, watch movies, travel, exercise, play team sports, chat, communicate, visit shopping centers, go to restaurants, clean up the house

💬 제품

기출 주제	기출 질문
생활 가전/주방 가전/최신 기기	언제, 어디에서, 누구와, 어떤 가전제품을 샀나? 얼마나 자주 사나(쓰나)?
답변 키워드	생활 가전: TV, radio, vacuum 주방 가전: refrigerator, oven, micro wave, gas stove, blender 최신 기기: smartphone, laptop, tablet PC, e-book, camera
이동 수단	언제, 어디에서, 누구와, 어떤 이동 수단을 탔나? 얼마나 자주 타나?
답변 키워드	bicycle, car, train, bus, subway, carpool, airplane
옷, 신발, 물건	내구성 고려하나? 가격을 고려하나? 구매 장소는? 얼마나 자주 사나? 물건의 가장 중요한 구매 포인트는?
답변 키워드	옷: dress, pants, jeans, jacket, coat, suit 신발: pumps, sneakers, slippers, running shoes, boots, dress shoes 물건 구매 포인트: price, quantity, scent(fragrance), package design, brand name

💬 여가 활동

기출 주제	기출 질문
단체 운동	언제, 어디에서, 누구와, 어떤 단체 운동을 하나(했나)? 얼마나 자주 하나?
답변 키워드	play basketball, baseball, tennis, soccer, catch(캐치볼하다)
개인 운동	언제, 어디에서, 어떤 개인 운동을 하나(했나)? 얼마나 자주 하나?
답변 키워드	yoga, swimming, ski, running
헬스	언제, 어디에 있는, 어떤 헬스장에서 운동하나(했나)? / 헬스장의 가장 중요한 요소는?
답변 키워드	various equipment, good service, a lot of customers
여행	언제, 어디로, 누구와 여행 가나(갔나)? 얼마나 자주 가나?
답변 키워드	호텔 이름, 도시 이름, 관광 명소 이름, 나라 이름
도서	최근 읽은 책 이름은? 언제, 어디서 읽었나(구매했나)? / 전자책을 읽는 것의 장점은?
답변 키워드	novel, comic book, fashion, (interior, car) magazine, cook book
음반	최근 산 음반 이름은? 가수 이름은? 장르는? 언제 듣나? / 온라인으로 듣나, 오프라인으로 구매하여 듣나?
답변 키워드	pop, Kpop, rock, hip hop, jazz, dance music, classical music, love song, easy listening
공연(연극,뮤지컬), 영화, 전시	언제, 어디서, 누구와 ~을 보나(봤나)? 이름은? 얼마나 자주 보나?
답변 키워드	Wicked, Cats, The advengers, 2017 Seoul Motor Show

Respond to questions
자신감 다지기

PART
03

 유형1 ▶ **동네**   Part 3_01

Imagine that a local community center is doing research in your town. You have
agreed to participate in a telephone interview about your neighborhood.

지역 커뮤니티 센터에서 당신의 도시에서 조사를 하고 있다고 가정해보세요. 당신은 동네에 대한 전화 인터뷰에 참여하기로 동의
하였습니다.

---

1. 지문이 나오는 동안 동네와 관련된 뻥설정, 만능 패턴, 만사형통팁, 형용사 등을 최대한 떠올려 보세요.
2. 생각했던 전략을 최대한 본인만 알아볼 수 있는 키워드, 포인트 위주로 적어보세요.

• 뻥설정

• 만능 패턴 (얼마나, 언제, 누구랑)

• 만사형통팁

• 형용사

PART 1

PART 2

PART 3

PART 4

PART 5

PART 6

3. 아래 질문을 읽고 위 전략을 토대로 완전한 문장으로 2~3줄 적어보세요.

Q4. How long have you lived in your neighborhood? Do you live in a house or an apartment?

_____

_____

이 정도면 돌발이다. 그럼에도, 눈썹 한 올 떨림없는 마인드 컨트롤은 시험장에서 매우 중요한 덕목! 한 2년 정도 집 (또는 아파트)에서 살았다고 하면서 오지랖 넓게 가족 또는 룸메이트와 어떤 이름의 동네에서 살고 있다고 디테일까지 살려보자. 어버버거린 다른 수험생보다 당연히 점수가 좋다.

Q5. Where is the best place to go in your neighborhood?

_____

_____

어딜 가든 친구 또는 가족과 무엇인가 활동적인 것을 하면서 스트레스 풀 만한 곳을 떠올리자. 공원, 쇼핑몰, 박물관, 산, 강, 바다 등에서 무엇을 하고 스트레스를 풀 것인가? 동사 어휘력을 만렙으로 올리자.

Q6. What would you like to have more of in your neighborhood?
- restaurants
- parks
- bus stops

_____

3개 중 택 1해야 하는 문제는 하고 싶은 말보다 가장 할 말이 많은 옵션으로 선택할 것. 현재 어떤 것이 부족 하여 내가 어떤 불편을 겪고 있는지, 그래서 그것이 더 생긴다면 어떻게 좋겠는지 최대한 직관적으로 말하자. 늘 질문에서 화자가 가장 알고 싶은 것은 What, How, Why 이다.

4. 위 답변을 큰소리로 3번 읽어 정리하세요.

5. 자신감이 들 때, 각각 15초 / 15초 / 30초 초시계를 재며 시간 내 답변할 수 있는 길이로 조정하여 마무리하세요.

Imagine that someone wants to open a new bookstore in your neighborhood.
You have agreed to participate in a telephone survey about bookstores.

누군가가 당신이 사는 지역에 새로운 서점을 열고 싶어 한다고 가정해 보세요. 당신은 서점에 관한 전화 설문 조사에 참여하는 데 동의하였습니다.

1. 지문이 나오는 동안 서점과 관련된 만사형통팁, 만능 패턴, 뻥 설정, 만통팁 가이드를 생각해 보세요.
2. 생각했던 전략을 최대한 본인만 알아볼 수 있는 키워드, 포인트 위주로 적어보세요.

- 뻥설정

- WH만능 패턴

- 뻥 설정

- 만통팁 확장가이드

PART 1

PART 2

PART 3

PART 4

PART 5

PART 6

3. 아래 질문을 읽고 위 전략을 토대로 완전한 문장으로 2~3줄 적어보세요.

Q4. How many bookstores are there in your town? How often do you go to a bookstore?

- 서점의 숫자는 발음이 쉬운 숫자로 답변. 빈도는 만능 패턴으로 답변.
- **추가 정보 도출** 오프라인 설정? 어디에 있나? 무엇을 읽나? 왜?
- **책 종류** 읽기 쉽고 스트레스 풀리는 comic books (만화책), magazines (잡지), cook books (요리책), travel books (여행 서적) 등으로 선택할 것.

Q5. What are the benefits of buying a book rather than borrowing it from a library?

- **돌발** 5번에서 선호도와 장단점 유형을 섞어 묻는 것은 흔치 않은 경우이다. 4번과 연결되게 이유 1~2개 정도를 빠르게 답변으로 구성할 것.
- (시공간 제약 없음) 사놓으면 언제든 읽을 수 있고 ⇨ (편함) 돌려줄 필요가 없으며 ⇨ (스트레스 풀림) 책 모으는 것이 취미
- 할 말 없을 땐, 무조건 그것이 취미라 그걸 하면 스트레스 풀린다고 밀어 붙이자.

Q6. When buying books, do you prefer to get recommendations from your friends or bookstore employees? Why?

- **친구** 친구 정보 패키지
- **서점 직원** 전문가 정보 패키지

4. 위 답변을 큰소리로 3번 읽어 정리하세요.
5. 자신감이 들 때, 각각 15초 / 15초 / 30초 초시계를 재며 시간 내 답변할 수 있는 길이로 조정하여 마무리하세요.

Imagine that you are talking on the phone with your friends or colleagues. You are talking about eating out.

당신의 친구나 동료 직원들과 전화로 이야기하는 중이라고 가정해 보세요. 당신은 외식을 하는 것에 관해 이야기하고 있습니다.

1. 지문이 나오는 동안 외식와 관련된 만사형통팁, 만능 패턴, 뻥 설정, 만통팁 가이드를 생각해 보세요.
2. 생각했던 전략을 최대한 본인만 알아볼 수 있는 키워드, 포인트 위주로 적어보세요.

● 뻥설정

● WH만능 패턴

● 뻥 설정

● 만통팁 확장가이드

3. 아래 질문을 읽고 위 전략을 토대로 완전한 문장으로 2~3줄 적어보세요.

Q4. When does your lunch time start and finish?

....

....

- **돌발** 3인칭 단수격. 기존에 묻지 않던 스타일의 질문이 나올 수도 있다.
- **추가 정보 도출** 오프라인 설정? 식당 이름? 어디에 있나? 누구와 가나? 왜?

Q5. Would you like to celebrate your birthday in a restaurant at lunch time or dinner time? Why?

....

....

- **점심식사** 간편하고 돈이 절약된다 ⇨ 돈 패키지
- **저녁식사** 길게 친구들과 좋은 시간 ⇨ 스트레스 패키지

Q6. Do you prefer to eat at the same restaurant or try a new restaurant? Why or why not?

....

....

- **같은 식당** 할인 받고, 맛잇는 음식을 바로 주문하고, 분위기가 익숙해서 편하다 ⇨ 스트레스 패키지
- **다른 식당** 더 할인 받는 곳을 찾을 수 있고, 새로운 음식 먹을 수 있다 ⇨ 스트레스 패키지

4. 위 답변을 큰소리로 3번 읽어 정리하세요.
5. 자신감이 들 때, 각각 15초 / 15초 / 30초 초시계를 재며 시간 내 답변할 수 있는 길이로 조정하여
     마무리하세요.

PART 1
PART 2
PART 3
PART 4
PART 5
PART 6

Imagine that you are having a telephone interview with a magazine publisher about the internet.

당신이 잡지 출판 담당자와 인터넷에 관해 전화 인터뷰를 하고 있다고 가정해 보세요.

1. 지문이 나오는 동안 인터넷과 관련된 만사형통팁, 만능 패턴, 뻥 설정, 만통팁 가이드를 생각해 보세요.
2. 생각했던 전략을 최대한 본인만 알아볼 수 있는 키워드, 포인트 위주로 적어보세요.

- 만사형통팁

- WH만능 패턴

- 뻥 설정

- 만통팁 확장가이드

PART 1

PART 2

PART 3

PART 4

PART 5

PART 6

3. 아래 질문을 읽고 위 전략을 토대로 완전한 문장으로 2~3줄 적어보세요.

Q4. When was the last time you used the internet and for how long did you use it?

_____

_____

- 과거 시제는 확정적으로 답변할 것.
- **추가 정보 도출** 온, 오프라인 설정? 무엇을 했나? 어디서 했나? 왜? 어땠었나?

Q5. Besides school or work, how often do you usually use the internet and what do you use it for?

_____

_____

- **돌발** 5번에서 의문사 2개는 흔치 않았지만 빈출이 되는 추세. 빠르게 답변을 모두 해야 한다.
- 학교와 회사는 제외. What은 온라인상 하는 실질적인 것, 즉 명사를 나열하자.
- **인터넷 단골 주제** 구매, 소통, 정보, 교육

Q6. Do you think that the internet has made our lives better? Why or why not?

_____

_____

- **Yes** 인터넷 패키지 ⇨ 돈 패키지 ⇨ 시간 패키지 ⇨ 스트레스 패키지
- **No** 인터넷 단점 패키지 ⇨ 게임, SNS 등으로 시간을 더 보내게 된다

4. 위 답변을 큰소리로 3번 읽어 정리하세요.

5. 자신감이 들 때, 각각 15초 / 15초 / 30초 초시계를 재며 시간 내 답변할 수 있는 길이로 조정하여 마무리하세요.

Respond to questions
순발력 다지기

PART
03

🔊 MP3 Part 3_05

1.

| TOEIC Speaking | **Question 4 of 11** |

Imagine that a British IT magazine is doing research in your country. You have agreed to participate in a telephone interview about smartphone application.

How often do you use your smartphone?

PREPARATION TIME	RESPONSE TIME
00:00:03	00:00:15

| TOEIC Speaking | **Question 5 of 11** |

Imagine that a British IT magazine is doing research in your country. You have agreed to participate in a telephone interview about smartphone application.

What smartphone application did you use most recently? Why?

PREPARATION TIME	RESPONSE TIME
00:00:03	00:00:15

| TOEIC Speaking | **Question 6 of 11** |

Imagine that a British IT magazine is doing research in your country. You have agreed to participate in a telephone interview about smartphone application.

When you go to a new place for the first time, do you use an application for directions? Why?

PREPARATION TIME	RESPONSE TIME
00:00:03	00:00:30

2.

Imagine that a journalist is writing an article on outdoor activity in your area. You have agreed to participate in a telephone interview about outdoor activity.

What is your favorite outdoor activity? When do you usually do it?

PREPARATION TIME	RESPONSE TIME
00:00:03	00:00:15

Imagine that a journalist is writing an article on outdoor activity in your area. You have agreed to participate in a telephone interview about outdoor activity.

How long does it take to get to the nearest park? How often do you usually go there?

PREPARATION TIME	RESPONSE TIME
00:00:03	00:00:15

Imagine that a journalist is writing an article on outdoor activity in your area. You have agreed to participate in a telephone interview about outdoor activity.

Could you recommend a good outdoor activity that I might do in the park?

PREPARATION TIME	RESPONSE TIME
00:00:03	00:00:30

PART 1
PART 2
PART 3
PART 4
PART 5
PART 6

3.

Imagine that you are talking on the telephone to a new neighbor. She is asking questions about shopping for new shoes in the area.

Do you enjoy shopping for shoes? Why or why not?

PREPARATION TIME	RESPONSE TIME
00:00:03	00:00:15

Imagine that you are talking on the telephone to a new neighbor. She is asking questions about shopping for new shoes in the area.

When was the last time you bought a new pair of shoes and what did you buy?

PREPARATION TIME	RESPONSE TIME
00:00:03	00:00:15

Imagine that you are talking on the telephone to a new neighbor. She is asking questions about shopping for new shoes in the area.

Could you recommend a good place to shop for shoes in your neighborhood? Why do you recommend that place?

PREPARATION TIME	RESPONSE TIME
00:00:03	00:00:30

4.

TOEIC Speaking

Question 4 of 11

Imagine that you are talking on the telephone with your friend about cooking.

Where do you usually eat your meals, and how often do you cook for yourself?

PREPARATION TIME	RESPONSE TIME
00:00:03	00:00:15

TOEIC Speaking

Question 5 of 11

Imagine that you are talking on the telephone with your friend about cooking.

What kind of dishes do you like to learn how to cook? Why?

PREPARATION TIME	RESPONSE TIME
00:00:03	00:00:15

TOEIC Speaking

Question 6 of 11

Imagine that you are talking on the telephone with your friend about cooking.

Would you prefer to learn how to cook from your friends or from a cooking class? Why or why not?

PREPARATION TIME	RESPONSE TIME
00:00:03	00:00:30

PART 1
PART 2
PART 3
PART 4
PART 5
PART 6

PART
04

제공된 정보를 사용하여
질문에 답하기

TOEIC SPEAKING

Lv.6

Questions 7-9

미리 보기

문제 유형

Part 4는 각종 일정표, 이력서, 예약표, 영수증 등 다양한 형식의 표를 보고 3개의 질문에 답변하는 파트입니다. 45초 동안 표에 대해 분석한 후, 화자가 전화상으로 하는 질문을 듣고 표에서 정보를 찾아 답변하는 형식으로 문제를 풉니다.

구성

문항 수	3문제
문제 번호	Question 7, 8, 9
표 분석 시간	45초
준비 시간	각 3초
답변 시간	Q7: 15초, Q8: 15초, Q9: 30초

출제 비율

BEST ★

최근 1년

36%
22%
18%
15%
6%
3%

■ 컨퍼런스, 세미나, 회의 일정표
■ 출장 일정표
■ 이력서
■ 프로그램, 수업 일정표
■ 예약표
■ 영수증

평가 기준

- 발음, 억양, 강세, 목소리의 볼륨과 톤
- 어휘
- 완성도
- 문법
- 일관성, 관련성

평가 점수

- 문제당 각 3점

PART
04

PART 1
PART 2
PART 3
PART 4
PART 5
PART 6

ETS 채점 포인트

- 질문을 얼마나 정확히 듣고 이해하여 답하는가?
- 얼마나 자연스럽게 발음, 억양, 강세를 주어 정보를 전달하는가?
- 질문의 답변으로 관련 정보를 얼마나 정확하게 전달하는가?
- 답변 시, 얼마나 문법 실수없이 완전한 문장으로 말하는가?

PART 4 고득점 전략

1. 화면에 표가 뜨면 바로 표 분석에 돌입하세요. 표에 있는 정보를 완전한 문장으로 말하는 데 필요한 주어, 동사, 전치사 등을 미리 중얼거리며 준비해 둡니다.

2. 7번은 기본 정보에서, 8번은 돌발적 정보나 제일 긴 문장에서, 9번은 2~3개의 공통 정보에 대해 질문을 합니다. 표를 분석하는 법을 숙지하세요.

3. 질문을 들을 때, 아래 3가지 듣기 포인트와 순서를 꼭 기억하세요.
   ① 의문사: 질문을 파악한다.
   ② 명사: 해당 단어가 있는 행을 찾는다.
   ③ 동사: 요청 사항에 맞춰 답한다.

4. 생각이 정리되지 않았다면 삐 소리가 난 뒤에도 um, let me see 라고 말하면서 2~3초 동안 어떤 문장을 만들지 최대한 생각해서 한번에 정확히 말하는 것이 중요합니다.

5. 질문 내용에만 답변해도 되지만 상대 평가인 토익 스피킹에서 더 좋은 레벨을 선점하려면 추가적인 정보를 1~2가지 덧붙여 대답하는 것이 더 유리합니다.

훈련생 주의 사항

1. 기본기 다지기의 종류별 의문사와 답변 스타일을 여러 번 입으로 소리 내어 반복해서 익히세요.

2. 전략 다지기에서 암기한 표 유형별 동사와 전치사를 이용해 빠르게 완전한 문장으로 만드는 연습을 해주세요.

3. 자신감 다지기에서 문제를 풀 때 초에 맞춰 답변하는 훈련을 하세요.

4. 한 번 풀었던 문제도 내용을 추가해 완벽한 수준의 답변으로 끌어올려 두세요.

TOEIC Speaking

Questions 7-9: Respond to Questions Using Information Provided

Directions: In this part of the test, you will answer three questions based on the information provided. You will have 45 seconds to read the information before the questions begin. You will have three seconds to prepare after you hear each question. You will have 15 seconds to respond to Questions 7 and 8 and 30 seconds to respond to Question 9.

❶ 디렉션

Part 4 시험 진행 방식을 설명하는 안내문을 화면에 보여준 뒤 이를 음성으로 들려줍니다.

TOEIC Speaking

Itinerary for Stephen Peterson

Tues. November 4

7:15 a.m.	Depart Denver – AF Aboard Air #125
10:00 a.m.	Arrive Sacramento(Check-in HotelDeluxe)
1:00-5:00 p.m.	Meeting- Successful Investors

Wed. November 5

| 1:00- 5:00 p.m. | Seminar (Horizon Investment) |

PREPARATION TIME
00:00:45

❷ 표 분석 시간

안내문이 사라지면 화면에 표가 등장하며, "Begin preparing now."라는 음성과 함께 삐 소리가 나면 45초의 표 분석 시간이 주어집니다.

TOEIC Speaking

Itinerary for Stephen Peterson

Tues. November 4

7:15 a.m.	Depart Denver – AF Aboard Air #125
10:00 a.m.	Arrive Sacramento(Check-in HotelDeluxe)
1:00-5:00 p.m.	Meeting- Successful Investors

Wed. November 5

| 1:00- 5:00 p.m. | Seminar (Horizon Investment) |

❸ 나레이션

표 분석 시간이 끝난 후 표는 화면 그대로 제시되면서 인사말과 함께 표에 대해 문의하는 나레이션이 나옵니다.

PART 1
PART 2
PART 3
PART 4
PART 5
PART 6

TOEIC Speaking

Question 7 of 11

Itinerary for Stephen Peterson

Tues. November 4

7:15 a.m.   Depart Denver – AF Aboard Air #125

10:00 a.m.   Arrive Sacramento(Check-in HotelDeluxe)

1:00-5:00 p.m.   Meeting- Successful Investors

Wed. November 5

1:00-5:00 p.m.   Seminar (Horizon Investment)

PREPARATION TIME	RESPONSE TIME
00:00:03	00:00:15

❹ Question 7

7번 문제가 음성으로 제시되며 준비 시간 3초 후, 15초의 답변 시간이 주어집니다.

TOEIC Speaking

Question 8 of 11

Itinerary for Stephen Peterson

Tues. November 4

7:15 a.m.   Depart Denver – AF Aboard Air #125

10:00 a.m.   Arrive Sacramento(Check-in HotelDeluxe)

1:00-5:00 p.m.   Meeting- Successful Investors

Wed. November 5

1:00-5:00 p.m.   Seminar (Horizon Investment)

PREPARATION TIME	RESPONSE TIME
00:00:03	00:00:15

❺ Question 8

뒤이어 8번 문제가 음성으로 제시되며 준비 시간 3초 후, 15초의 답변 시간이 주어집니다.

TOEIC Speaking

Question 9 of 11

Itinerary for Stephen Peterson

Tues. November 4

7:15 a.m.   Depart Denver – AF Aboard Air #125

10:00 a.m.   Arrive Sacramento(Check-in HotelDeluxe)

1:00-5:00 p.m.   Meeting- Successful Investors

Wed. November 5

1:00-5:00 p.m.   Seminar (Horizon Investment)

PREPARATION TIME	RESPONSE TIME
00:00:03	00:00:30

❻ Question 9

뒤이어 9번 문제가 음성으로 제시되며 준비 시간 3초 후, 30초의 답변 시간이 주어집니다.

Respond to questions using information provided

PART 04

기본기 다지기

Part 4 제공된 정보를 사용하여 질문에 답하기에서 가장 중요한 기술은 총 3가지입니다.

1. 표 분석 45초 활용 **2.** 듣기 실력 **3.** 문장력

TOEIC Speaking — **Questions 7-9 of 11**

Premium Japanese Buffet - Zen		
Staff Meeting	Date: March 15	Location: Staff lounge
Time	Topic	Leading Staff
8:00 ~ 8:30 a.m.	Calendar update - Server rotation - Monthly promotional menus	Flora
8:30 ~ 9:00 a.m.	New cash register: online video tutorial	Marvin
9:00 ~ 9:30 a.m.	First quarter revenues and goals	Brenda
9:30 ~10:00 a.m	Customer service improvement - New discount program: regular customers - Dealing with complaints: new policy	Edward
10:00 ~10:30 a.m.	Further questions or concerns	Flora

- **Q7: 기본 정보 질문**

  일정의 시작과 끝 시간, 일정의 기간, 요일, 날짜, 장소, 첫 일정, 주제

- **Q8: 정보 확인 질문**

  정보를 잘못 알고 문의, 특정 정보의 확인 요청, 비슷한 다른 정보와 헷갈려 문의

- **Q9: 공통점 나열 질문**

  공통점 2~3개 (일정, 주제, 사람, 장소), 특정 일정 이전 또는 이후의 일정, 특정 일정의 상세 설명

PART 1
PART 2
PART 3
PART 4
PART 5
PART 6

기본기 1 ▶ 준비 시간 3초 활용법

① 표의 내용에 따라 적합한 **주어**, **동사**를 찾습니다.
② 키워드 앞에 붙일 **전치사**를 선택하고,
③ 문장 사이 **접속사**로 연결하여 답변합니다.

기본기 2 ▶ 표 분석 시간 45초 활용법

질문별 준비 시간 3초 뒤에 바로 답변을 해야 합니다. 따라서, 표 분석을 위해 주어진 준비 시간 45초 동안 최대한 많은 정보를 읽고 답변에 사용할 동사, 전치사를 기억해두는 능력이 득점을 좌우합니다. 아래 표처럼 상단, 중단, 하단으로 구분하여 답변 가능성이 높은 정보의 위치를 준비 시간에 미리 정리해 둡니다.

Premium Japanese Buffet - Zen		

Staff Meeting	Date: March 15	Location: Staff lounge

Time	Topic	Leading Staff
8:00~ 8:30 a.m.	Calendar update - Server rotation - Monthly promotional menus	Flora
8:30~ 9:00 a.m.	New cash register: online video tutorial	Marvin
9:00~ 9:30 a.m.	First quarter revenues and goals	Brenda
9:30~ 10:00 a.m.	Customer service improvement - New discount program: regular customers - Dealing with complaints: new policy	Edward
10:00~ 10:30 a.m.	Further questions or concerns	Flora

(① 상단 / ②③④ 중간 / ⑤ 하단)

● Q7: 기본 정보 질문

주제를 보고 표의 유형과 정보를 파악하세요. 표의 상단에 있는 첫째 줄의 큰 글씨에 속지 말고 미팅이 표 유형임을 찾아 Q7의 주어로 활용합니다. 주로 언제(시작과 끝 시간, 요일, 날짜), 어디서, 첫 일정, 전체 기간 등의 기본 정보를 묻습니다. 표의 상단에서는 Q7으로 유력한 날짜, 장소, 시간의 정보를 완전한 문장으로 준비해 두세요.

주어: The staff meeting

① <u>The staff meeting</u> will be held on March 15th in the staff lounge.
　　　주어
직원 회의가 3월 15일에 직원 휴게실에서 열릴 예정입니다.

● Q8: 정보 확인 질문

뭔가, 혼자 다른 것을 찾으세요. 문장 기호 (; : , – " ", 취소선, 굵은 글씨체 등)가 있거나 줄이 가장 긴 행을 유심히 읽어보세요. 표 상단에서 문장이 길고 기호가 포함된 Marvin이 8번 문제로 출제될 가능성이 높습니다.

③ Marvin will lead an online video tutorial on how to use our new cash registers from 8:30 a.m.

> 마빈씨가 오전 8시 30분 부터 새로운 현금 등록기를 어떻게 쓰는지에 대한 온라인 비디오 강의를 진행할 예정입니다.

● Q9: 공통점 나열 질문

공통점 (공통 단어, 동의어) 2~3개가 반복되는 행을 찾아 문장으로 준비해 두세요. 상위 표에서는 사람 이름이 여럿 나오는데 Flora가 2번 공통으로 나오므로 그녀의 발표 내용 2개를 묻거나, Edward가 발표하는 2개의 내용을 묻는 것을 Q9으로 예상할 수 있습니다. 비교적 길게 답변해야 하는 문제이므로 답변 중 문법 실수가 없도록 필요한 단어와 어순을 미리 조합해 두세요.

Flora로 물으면: ②, ⑤

Flora will discuss the calendar update, including the server rotation and monthly promotional menus, from 8:00 to 8:30 a.m. And then, she will listen to (answer) further questions or concerns from 10 to 10:30 a.m.

> 플로라씨가 오전 8시부터 8시 30분까지 근무자 교대와 월례 프로모션 메뉴를 포함한 일정 업데이트를 논의할 예정입니다. 그 다음에, 추가 문의 사항이나 용건에 대해 듣고 답변할 것입니다.

Edward로 물으면: ④

Edward will talk about a new discount program for regular customers and a new policy about dealing with complaints from 9:30 to 10:00 a.m.

> 에드워드씨가 단골 손님을 위한 새로운 할인 프로그램과 불만 대응과 관련한 새로운 정책에 대해 말할 것입니다.

Secret Code ▶ 파란 글씨 정보 사이를 연결할 때 사용할 단어들 (관사, 동사, 전치사, 명사, 접속사)

기본기 3 ▶ 답변 시간 활용법

Part 4의 3문제는 한 명의 화자가 모두 질문합니다. 즉, 7번으로 사용된 정보는 8, 9번에서 다시 사용되지 않습니다. 표 분석을 확실히 해두었다면 질문별 유형을 정확히 파악하세요. Part 4는 질문의 유형과 답변 스타일이 확실히 정해져 있는 만큼 관련 어휘를 정확히 암기하여, 문법 실수없이 빠르게 답변하는 훈련이 필요합니다.

● Q7: 의문문 1~2개 (15초)

대부분 의문사 의문문(WH Questions) 또는 일반 의문문(Yes or No Questions) 중 무작위로 2개의 질문이 나오며, 의문사에 맞는 답변을 해야합니다. 질문의 답변만 잘해도 득점엔 문제가 없지만, 답변 후 시간이 6~5초 정도로 꽤 남는다면 추가 정보 한 가지를 덧붙여 답변합니다.

● Q8: 돌발 질문 (15초)

8번 문제는 수험자를 당황하게 하는 돌발 질문이 출제됩니다. 표 분석 중 어렵게 느껴진 정보가 있다면 '아, 이곳이 8번 자리구나!' 하고 생각하세요. 불확실한 정보 또는 마지막 줄에 있어서 시간 내 읽지 못한 내용에서 주로 출제되는 것을 잊지 마세요.

- **맞게 물으면** Yes, + 키워드 행의 추가 정보로 답변
- **틀리게 물으면** I'm sorry but no, + 키워드 행의 수정된 정보로 답변
- **답변 후 6~4초 정도 초가 남으면** Please keep that in mind. (참고 부탁 드립니다.)로 시간을 최대한 메울 것

● Q9: 공통 정보 나열 2~3개 (30초)

9번 문제는 공통 정보를 나열하여 연관성 있게 말해야 합니다. 적절한 동사, 관사, 전치사, 접속사 등을 활용해 유창하게 정보를 전달하세요. 답변은 능동태 또는 수동태로 완전한 문장으로 답변합니다.

4-Step 순발력 강화법

1) **주어**를 무엇으로 시작할지에 따라,
2) 쓸 **동사**를 떠올리고,
3) 키워드 앞에 붙일 **전치사**를 선택,
4) 문장 사이 **접속사**로 연결하여 답변하세요.

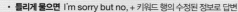
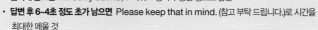

PART 1
PART 2
PART 3
PART 4
PART 5
PART 6

기본기 4 ▶ **빈출 의문사 질문 & 답변**

Part 4는 유형별 질문들이 어느 정도 정해져 있으므로 최대한 질문의 유형과 뉘앙스를 많이 알아두는 것이 잘 듣는 비법입니다. 시험에 자주 출제되는 기본적인 의문사들과 답변 노하우를 여러 번 소리 내어 읽어두세요. 더욱 빠르고 쉽게 질문 속 키워드를 들을 수 있습니다.

빈출 질문 한눈에 보기

● 비즈니스 일정표

Q7: 언제, 어디, 몇 시의 일정인가? 첫 번째 일정? 일정의 시작과 끝 시간?

Q8: 변경되거나 취소된 미팅 일정, 일정 및 내용을 잘못 알고 물음

Q9: 2~3가지를 발표하는 사람, 일정 및 모든 주제에 대한 질문

● 출장 일정표

Q7: 항공권 / 숙박 정보, 언제 도착하고 어디에서 묵나? 첫째 날 특수 일정, 회의 일정

Q8: 일정 및 내용을 잘못 알고 물음

Q9: 2~3가지의 공통 일정, 장소 및 주제, 마지막 날 일정에 대한 질문

● 인터뷰 / 이력서

Q7: 면접 일정, 장소 및 시간, 첫 지원자의 이름과 지원 업무, 인터뷰 시각, 지원자의 학력 / 경력

Q8: 일정 및 내용을 잘못 알고 물음, 인터뷰 대상자의 자질에 관한 질문

Q9: 특정 직책 지원자의 인터뷰 시간, 지원자의 학력 / 경력

● 특정 시간표

Q7: 표 상단의 기본 정보에 대한 질문

Q8: 일정 및 내용을 잘못 알고 물음

Q9: 2~3가지의 공통 일정에 대한 질문

● 송장 / 영수증 / 예약표

Q7: 배달, 구매 또는 예약 일시, 장소 정보

Q8: 배달, 구매 또는 예약상 특이 사항에 대해 잘못 알고 물음

Q9: 배달, 구매 또는 예약상 2~3가지의 공통 사항에 대한 질문

비즈니스 일정표 빈출 질문

● **Q7: 기본 정보**

날짜 및 시간	Q	When will the conference be held?		컨퍼런스는 언제 열리나요?
	A	The conference will be held on Wednesday, March 20th.		컨퍼런스는 3월 20일 수요일에 열릴 것입니다.
	Q	What time does the orientation start and end?		오리엔테이션은 언제 시작하고 끝나나요?
	A	The orientation will start at 10 a.m. and end (finish) at 5 p.m.		오리엔테이션은 오전 10시에 시작해서 오후 5시에 끝날 것입니다.
장소	Q	Where is the event taking place?		이벤트는 어디에서 개최되나요?
	A	The event will take place in Rose Hall.		이벤트는 Rose홀에서 개최됩니다.
	Q	What room are we in?		우리가 어떤 방으로 가게 되나요?
	A	It will be held in Helen's room.		Helen씨 방에서 열릴 것입니다.
대상	Q	Who will talk about how to write a report?		보고서를 어떻게 쓰는지에 관해 누가 말할 예정인가요?
	A	Nina will talk about how to write a sales report.		Nina씨가 영업 보고서를 어떻게 쓰는지에 관해 말할 예정입니다.
	Q	Who will be leading the first session?		첫 번째 세션은 누가 진행할 예정인가요?
	A	Tony will lead the first session.		Tony씨가 첫 번째 세션을 진행할 것입니다.
주제	Q	What is scheduled after lunch?		점심 이후의 일정은 무엇인가요?
	A	There is a presentation by Jordan Palmer at 1 p.m.		Jordan Palmer씨의 발표가 오후 1시에 있습니다.

● **Q8: 특수 정보**

Q	I heard that lunch is scheduled at 12 p.m. Is that correct?	점심 식사가 12시에 예정되어 있다고 들었습니다. 맞나요?
A	I'm sorry, but no. It will be held at 1 p.m.	죄송하지만 아닙니다. 점심 식사는 오후 1시에 있을 것입니다.
Q	I heard that there would be a keynote address. Is it led by the group leader?	기조 연설이 있을 것이라고 들었습니다. 그룹 대표에 의해 진행되는 건가요?
A	I'm sorry, but no. Scott Grint will lead it at 4:30 p.m.	죄송하지만 아닙니다. Scott Grint씨가 오후 4시 30분에 진행할 예정입니다.

● **Q9: 나열 정보**

Q	I guess there are some sessions related to demonstrations. Could you tell me more details?	몇몇 세션은 시범 설명과 관계가 있는 것 같습니다. 좀 더 자세히 말씀해 주시겠어요?
A	OK. Senior member demonstrations will be held in Room 1 at 2:30 p.m. And then, consumer demonstrations are scheduled to take place in Room 3 at 4:00 p.m.	네. 간부를 위한 시범 설명은 1번 방에서 오후 2시 30분에 있을 것입니다. 그 다음에, 소비자를 위한 시범 설명은 3번 방에서 오후 4시에 예정되어 있습니다.
Q	Can you give me all the details of the sessions Emily Copeland is leading?	Emily Copeland씨가 진행하는 모든 세션에 대해 자세히 말씀해 주시겠어요?
A	Sure, she will lead the workshop about electric vehicles at 11:00 a.m. And then, she will talk about how to save the earth at 2:45 p.m.	물론입니다, 그녀는 오전 11시에 전기 자동차에 대한 워크숍을 진행할 것입니다. 그 다음에, 오후 2시 45분에 어떻게 하면 지구를 구할 수 있는지에 관해 말할 예정입니다.

출장 일정표 빈출 질문

● **Q7: 기본 정보**

날짜 및 시간	Q	What time does the train depart?	기차가 몇 시에 떠나나요?
	A	The train will depart at 9:30 a.m.	기차는 오전 9시 30분에 떠날 것입니다.
	Q	What time does my flight arrive in Los- Angeles?	비행기가 Los Angeles에 몇 시에 도착하나요?
	A	It will arrive at 2 p.m.	오후 2시에 도착할 예정입니다.
장소	Q	Where am I going to stay?	제가 어느 곳에 묵게 되나요?
	A	You will stay at the Milton Hotel.	Milton호텔에 묵으실 예정입니다.
	Q	When can I check in?	언제 체크인 할 수 있나요?
	A	You can check in at 2 p.m.	오후 2시에 체크인 할 수 있습니다.
가격	Q	How much is the ticket?	표가 얼마인가요?
	A	The ticket is $120.	표는 120불 입니다.
	Q	How much does it cost to get to L.A.?	L.A.까지 가려면 가격이 얼마나 드나요?
	A	It costs $130.	비용은 130불 입니다.
기본 정보	Q	What is the flight number?	비행기 번호가 어떻게 되나요?
	A	The flight number is TX 203.	비행기 번호는 TX 203 입니다.

PART 1
PART 2
PART 3
PART 4
PART 5
PART 6

● **Q8: 특수 정보**

Q	I'd like to meet a friend of mine after lunch on Thursday. Is that a problem?	목요일 점심 식사 뒤에 친구를 만나고 싶습니다. 이것이 문제가 될까요?
A	I'm sorry but that will be a problem. You should meet with a factory manager, Ben Gibson.	죄송하지만 문제가 될 것입니다. 공장 매니저인 Ben Gibson씨를 만나셔야 합니다.
Q	As far as I understand, a session about legal issues is scheduled for the second day. Can you confirm that?	제가 이해하고 있기로는 법률 문제에 관한 세션이 둘째 날에 예정되어 있습니다. 확인해 주실 수 있나요?
A	I'm sorry, but it will be held on the first day, Thursday, May 21st.	죄송합니다만 그것은 첫 번째 날인 5월 21일 목요일에 예정되어 있습니다.

● **Q9: 나열 정보**

Q	What presentation do I lead at the orientation?	제가 오리엔테이션에서 어떤 발표를 진행하게 되나요?
A	You will lead two presentations this time. The first one is about the new marketing system and it will be held at 10 a.m. You will also talk about new company policies at 1 p.m.	이번에는 두 개의 발표를 진행하게 될 것입니다. 첫 번째는 새로운 마케팅 시스템에 관한 것이며 오전 10시에 예정되어 있습니다. 당신은 또한 오후 1시에 회사의 새로운 정책에 대해 말할 예정입니다.
Q	Could you tell me about my schedule on the last day?	마지막 날의 일정에 대해 말씀해주시겠어요?
A	OK. You will give a speech about how to teach children wisely at 1 p.m. After that, you should attend a session called "Kids With Their Dads" from 2 p.m.	네. 오후 1시에 당신은 아이들을 어떻게 현명하게 가르치는지에 대한 연설을 할 것입니다. 그 다음, 오후 2시에 "아빠와 함께 하는 아이들"의 세션에 참석할 것입니다.

인터뷰, 이력서

● **Q7: 기본 정보**

	Q	What time am I interviewing the applicant for the office manager position?	제가 몇 시에 사무실 매니저 직책의 지원자를 인터뷰 하나요?
날짜 및 시간	A	You will interview her at 10:30 a.m.	오전 10시 30분에 그녀를 인터뷰 할 예정입니다.
	Q	What year did he get the degree?	그는 몇 년도에 학위를 취득하였나요?
	A	He got his degree in 2015.	그는 2015년도에 학위를 취득하였습니다.
장소 및 전공	Q	Where did Mr. Donovan get his MA degree?	Donovan씨가 석사 학위를 어디서 취득했나요?
	A	He got his MA degree from University of Chicago.	그는 Chicago 대학교에서 석사 학위를 취득하였습니다.

대상	Q	What's the first applicant's name?	첫 번째 지원자의 이름은 무엇인가요?
	A	His name is Ken Franklin.	그의 이름은 Ken Franklin입니다.

● Q8: 특수 정보

Q	We do a lot of business with clients from Italy. Do you think Mr. Wincher would be able to work well with our foreign clients?	우리는 이탈리아의 고객들과 많은 비즈니스를 하고 있습니다. Wincher씨가 외국 고객들과 일을 잘할 수 있을까요?
A	Yes, because he is fluent in Italian.	네, 왜냐하면 그는 이탈리아어가 유창하기 때문입니다.
Q	What is his current job (position) and where does he work?	그의 현재 직업(직책)은 무엇이며 어디에서 일하고 있나요?
A	He works for the French Embassy as an interpreter.	그는 프랑스 대사관에서 통역사로 일하고 있습니다.

● Q9: 나열 정보

Q	Can you give me all the details about his work experience?	그의 업무 경력에 대해서 자세히 말씀해 주시겠어요?
A	OK. He worked for PQT Business & Research Company as a researcher from 2013 to 2016. And since 2016, he has been working for MV Bank as a junior researcher.	네, 그는 2013년부터 2016년까지 PQT Business & Research 회사에서 연구원으로 일했습니다. 그리고 2016년부터 MV 은행에서 차석 연구원으로 일하고 있습니다.
Q	What is his educational background? Can you describe it in detail?	그의 학력이 어떻게 되나요? 자세히 설명해 주시겠어요?
A	Sure. He got his bachelor's degree in web design from Northland College in 2012. And he got his master's degree in animation from University of Boston in 2015.	물론입니다. 그는 2012년에 Northland 대학교에서 웹 디자인 학사 학위를 취득하였습니다. 그리고 2015년에 Boston 대학교에서 애니메이션 석사 학위를 취득하였습니다.

기본기5 ▶ 숫자 읽기

표에 있는 정보를 문장으로 만들 때 시간을 가장 많이 허비하는 경우는 바로 시간, 날짜, 달, 연도와 같은 숫자를 읽을 때 일어납니다. 아래 유형별 숫자에 전치사를 미리 붙여보는 훈련하여 순발력을 키우세요.

● 시간 읽기

11:30 a.m.	at eleven thirty a.m.	오전 11시 30분에
12:00 p.m.	at twelve p.m.	오후 12시에

● 요일 읽기

on Monday   월요일에

on Tuesday   화요일에

● 날짜 읽기

날짜	읽기	날짜	읽기	날짜	읽기
1일	first	11일	eleventh	21일	twenty-first
2일	second	12일	twelfth	22일	twenty-second
3일	third	13일	thirteenth	23일	twenty-third
4일	fourth	14일	fourteenth	24일	twenty-forth
5일	fifth	15일	fifteenth	25일	twenty-fifth
6일	sixth	16일	sixteenth	26일	twenty-sixth
7일	seventh	17일	seventeenth	27일	twenty-seventh
8일	eighth	18일	eighteenth	28일	twenty-eighth
9일	ninth	19일	nineteenth	29일	twenty-ninth
10일	tenth	20일	twentieth	30일	thirtieth
				31일	thirty first

● 달 읽기

1월	January	7월	July
2월	February	8월	August
3월	March	9월	September
4월	April	10월	October
5월	May	11월	November
6월	June	12월	December

● 연도 읽기

2003	two thousand three
2020	two thousand twenty

• 2000년 전까지는 두 자리씩 끊어 읽고, 2000 이후는 4자리 전체로 읽을 것

Respond to questions using information provided

전략 다지기

P A R T
04

전략1 ▶ 만사형통 전치사 사용법

Part 4의 7번 기본 정보, 8번 특수 정보, 9번 나열 정보를 문장 형식으로 답변하려면 전치사를 얼마나 빠르고 정확하게 사용하는지가 가장 중요합니다. 아래 시간, 날짜, 공간에 따른 전치사의 사용법을 숙지해 주세요.

1. 시간 전치사

in	**연도, 달, 오전 / 오후 / 저녁과 같은 '시간의 공간감'을 나타낼 때** in 2016 / in the afternoon / in the morning / in the evening The event will take place in June. 그 이벤트는 6월에 열릴 것입니다. All participants should come to the main building in the morning (in the afternoon, in the evening). 모든 참가자는 아침에 (오후에, 저녁에) 본관으로 와야 합니다.
on	**요일, 날짜와 같이 '시간이 달력의 위'에 붙어있을 때** on Friday, Oct. 12th / on the 23rd / on the weekends The orientation for new employees will be held on Tuesday, August 7th. 8월 7일 화요일에 새로운 직원을 위한 오리엔테이션이 열릴 것입니다. You will arrive in New York on May 5th. 5월 5일에 New York에 도착할 것입니다.
at	**시각, 밤, 정오와 같은 '특정한 시간 정보'를 나타낼 때** at 9:30 a.m. / 12 o'clock / at noon / at night The movie titled The Blue Moon starts at 7:45 p.m. 영화 The Blue Moon은 저녁 7시 45분에 시작합니다. The performance will start at noon and finish at 2 p.m. 공연은 점심에 시작해서 오후 2시에 끝납니다.

2. 장소 전치사

PART 1

PART 2

PART 3

PART 4

PART 5

PART 6

in	어떤 공간의 안을 의미하며 '장소의 공간감'을 나타낼 때 **in New York / in Chicago / in meeting room A** The seminar will be held in Conference Room A. 세미나는 컨퍼런스실 A에서 열릴 예정입니다. All students should gather in (at) the main center. 모든 학생들은 본관에 모여야 합니다.
on	어디 위에, 어떤 곳의 라는 의미로 '접촉된 장소'를 나타낼 때 **on the 2nd floor** The notice will be posted on the bulletin board on the 2nd floor. 2층의 게시판에 공지를 붙일 것입니다. You can check the schedule on the website. 웹사이트에서 일정을 확인하실 수 있습니다.
at	어떤 곳에 라는 의미로 '고유 명사 한정적 장소 또는 주소, 번지수와 함께 사용 주소가 있는 건물 또는 공공연히 인식된 장소'를 나타낼 때 **at the Shilla Hotel / at JFK airport / at Gibson's store / at Jeffery station** The conference is being held at the Paradise Hotel. 컨퍼런스는 Paradise호텔에서 열리고 있습니다. You can enjoy the festival at Darling Harbor. 달링 하버에서 축제를 즐기실 수 있습니다.

시간 전치사

- at   ~시에
- from   ~시 부터

장소 전치사

- in   ~공간 안에서
- at   ~에서
  호텔, 센터, 빌딩에는 the를 붙여 답변할 것 (예: at the Convention center)

3. 문장 부호 & 전치사

표에서 : , ; , − 등 문장 부호가 보이면 아래의 전치사 중 가장 자연스러운 것으로 골라 부호 뒤의 소주제와
연결해 주세요.

---

called ~라 불리는
about ~에 대한
for ~을 위한

with ~와 함께
including ~을 포함한

· Workshop : City Planning
➡ The workshop about City Planning
　　도시 계획에 대한 워크숍

· Lecture : Financial Programs in Specific Industries
➡ The lecture called Financial Programs in Specific Industries
　　특정 산업의 금융 프로그램이라 불리는 수업

· 8:30 a.m. – 9:00 a.m.
➡ from 8:30 a.m. to 9:00 a.m.
　　오전 8시 30분부터 오전 9시까지

 전략2 만사형통 답변 문장틀

수동태와 능동태로 빠르고 간편하게 정보를 유창하게 연결해 말하는 것이 Part 4 고득점 핵심 기술입니다.
아래 만사형통 표 문장틀을 입으로 소리 내어 암기하세요.

키워드로 시작하기

문장을 시작할 때 표에서 찾은 키워드를 사용하세요.

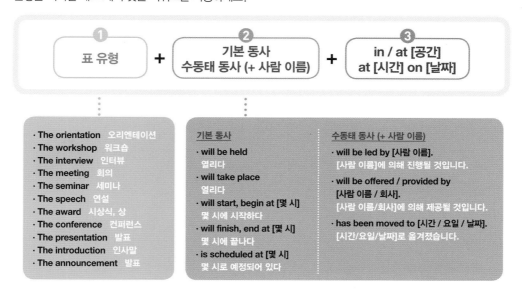

① 표 유형 + ② 기본 동사 수동태 동사 (+ 사람 이름) + ③ in / at [공간] at [시간] on [날짜]

· The orientation   오리엔테이션
· The workshop   워크숍
· The interview   인터뷰
· The meeting   회의
· The seminar   세미나
· The speech   연설
· The award   시상식, 상
· The conference   컨퍼런스
· The presentation   발표
· The introduction   인사말
· The announcement   발표

기본 동사

· will be held
  열리다
· will take place
  열리다
· will start, begin at [몇 시]
  몇 시에 시작하다
· will finish, end at [몇 시]
  몇 시에 끝나다
· is scheduled at [몇 시]
  몇 시로 예정되어 있다

수동태 동사 (+ 사람 이름)

· will be led by [사람 이름].
  [사람 이름]에 의해 진행될 것입니다.
· will be offered / provided by
  [사람 이름 / 회사].
  [사람 이름/회사]에 의해 제공될 것입니다.
· has been moved to [시간 / 요일 / 날짜].
  [시간/요일/날짜]로 옮겨졌습니다.

· (표 유형) **will be held in / at [공간].**

  The orientation will be held in room B.
  오리엔테이션은 B실에서 열릴 것입니다.

· (표 유형) **will be led by [사람] in / at [공간] at [시간] on [날짜].**

  The session will be led by Kevin in room B at 1 p.m. on Monday.
  세션은 월요일 오후 1시 B실에서 Kevin씨에 의해 진행될 것입니다.

· (식사/제품) **will be offered / provided by [사람 / 회사].**

  Lunch will be offered by Jenny's catering service.
  점심은 Jenny의 케이터링 서비스에서 제공될 것입니다.

· (표 유형) **has been moved to [시간 / 요일 / 날짜].**

  The meeting has been moved to Friday.
  그 회의는 금요일로 옮겨졌습니다.

PART 1
PART 2
PART 3
PART 4
PART 5
PART 6

사람 + 관련 정보로 시작하기

사람 정보로 문장을 시작할 때 사용하세요.

[사람 이름] the **[직업]** from **[소속 / 출처]** will / should **능동 동사**

[소속 / 출처] 의 [직업]인 [사람이름]이 [능동 동사]를 할 것입니다.

Joanne Park	CEO		JP Corporation		lead
Philip Madden	Professor		Boston University		attend
Jane Luke	Manager	the	Jefferson Factory Union	will /	talk about
Adrian Smith	CFO	from	BBC Incorporated	should	interview
Merlyn Timothy	President		National Association		depart from
					stay at

- 전화상 청자에게 정보를 직접 알려주는 뉘앙스라면 You 주어를 사용해 바로 전달하세요.
  예) You will / should

동사 연결하기

주어가 정리되면 아래에 있는 능동태 동사를 붙여 연결하세요.

- **기본 동사: lead (have / take / get / come / go / be)**

  Jennifer Lee, the CEO from NBC Corporation, will lead the event on Monday at 11 a.m.
  NBC 기업의 CEO인 Jennifer Lee씨가 월요일 오전 11시에 이벤트를 진행할 것입니다.

- **참여하다: attend (take part in, participate in, join)**

  You should attend the meeting in Room 201 at 10 a.m.
  오전 10시에 201번 방에서 있는 회의에 참석해야 합니다.

- **말하다: talk about, give a speech (a lecture / a presentation) about**

  Mary will talk about how to develop our goals at the Franklin Center at 1 p.m.
  Mary씨가 오후 1시에 Franklin 센터에서 어떻게 우리의 목표를 개발해야 하는지에 대해 말할 것입니다.

- **~을 타다: fly on 항공사, 항공편, 좌석 종류 (go with)**

  You will fly on Air France, flight 245, in first class.
  당신은 Air France 항공사 245편의 일등석에 탈 것입니다.

PART 1

PART 2

PART 3

PART 4

PART 5

PART 6

- 뜨다 / 내리다: depart from 도시 at 몇 시 & arrive in 도시 at 몇 시

You will depart from Boston at 10 a.m. and arrive in Chicago at 1 p.m.

당신은 오전 10시에 Boston에서 출발할 것이며 오후 1시에 Chicago에 도착할 것입니다.

- 잠시 머무르다: stop (lay) over for 몇 시간 in 도시

You will stop over for 1 hour in New York.

당신은 뉴욕에 1시간 동안 머무를 것입니다.

- 묵다: stay at the 장소 for 기간

You will stay at the Paradise Hotel for 2 days.

당신은 2일 동안 Paradise 호텔에 묵을 것입니다.

- 돈을 내다 / 지불하다: pay 얼마 for 물건

Tracy should pay $5 for the shipping charge.

Tracy는 배송비로 5불을 내야 합니다.

- 예약: have made a booking for 몇 명 at(in) 장소 for 기간

Ben has made a booking for 5 people at Ken's Chinese Restaurant for Tuesday, Jan 14th.

Ben은 1월 14일 화요일에 Ken의 중국 레스토랑에 5명을 예약했습니다.

가주어 (it)로 시작하기

가주어는 금방 잘 생각나지 않습니다. 시간, 거리, 금액을 말할 때 It으로 빠르게 말을 시작하세요.

> ### It is [얼마]. / It will take [시간].
> ### It will be open from [시간] to [시간].

- It is [얼마].

It is $10. = The registration fee is $10.

그것은 10불입니다. = 등록비는 10불입니다.

- It will take [시간].

It will take 3 hours.

그것은 3시간이 걸립니다.

- [장소] will be open from [시간] to [시간].

The bank will be open from 9 a.m. to 5 p.m.

은행은 오전 9시부터 오후 5시까지입니다.

There로 시작하기

"~이 있다"는 느낌입니다. There 로 시작하는 훈련 시 단수, 복수를 주의하세요.

> ### There is a [표 유형] called [소제목].
> ### There are two [키워드], A and B.

· There is a [표 유형] called [소제목].

There is a session called French Baking 101.

프랑스식 빵 굽기 101이라고 불리는 세션이 있습니다.

· There is a [표 유형] called [제목] in / at [공간] at [시간] on [날짜].

There is a session called City Planning at the Khan Hotel at 10 a.m. on Thursday.

도시 계획하기 라고 불리는 세션이 목요일 오전 10시에 Khan 호텔에서 있습니다.

· There are two [키워드], A and B.

There are two meetings, at 1 p.m. and 3 p.m.

오후 1시와 오후 3시에 두 회의가 있습니다.

순서대로 말하기(Q9 전용)

시간순으로 정보를 나열할 때 또는 조건순으로 정보를 나열하게 됩니다. 아래 순서대로 훈련해 주세요.

> ### [시간 순] OK ➡ and then ➡ after that
> ### [조건 순] OK ➡ Also ➡ Moreover

· 첫 문장을 시작할 때, OK, ~로 시작하면 질문의 유형 (WH, Yes or no questions)에
   상관없이 언제나 OK.

Part 4 만사형통 빈출 어휘

🗨 빈출 표현
- be held 열리다, 개최하다
- start and end 시작하고 끝나다
- take place 개최되다, 일어나다
- talk about ~에 대해 말하다
- lead 이끌다
- schedule 일정을 잡다, 예정하다
- related to ~과 연관된
- confirm 확인하다
- attend 참석하다

🗨 비즈니스 일정표
- conference 컨퍼런스
- orientation 오리엔테이션
- session 세션
- presentation 발표
- keynote address 기조 연설
- demonstration 시범, 시연
- workshop 워크숍
- seminar 세미나
- speech 연설

🗨 출장
- depart 떠나다
- arrive 도착하다
- flight 비행기
- stay 머물다, 묵다
- check in 체크인
- cost 값, 비용
- flight number 비행편

🗨 인터뷰, 이력서
- interview 면접
- applicant 지원자
- apply for ~에 지원하다
- position 직책
- degree 학위
- BA, bachelor degree 학사 학위

- MA, master's degree 석사 학위
- client 고객
- current job 현재 직장
- work experience 업무 경험
- educational background 학력, 교육 배경
- describe 설명하다

🗨 특정 시간표
- book 예약하다
- ticket 표
- sold out 매진되다
- title 제목
- offer 제의하다, 권하다
- available 가능한
- involve 포함하다

🗨 송장 / 영수증 / 예약표
- order 주문하다
- delivery 배송
- reservation 예약
- purchase 구매하다
- discount 할인
- item 물건, 품목
- receipt 영수증
- participate 참여하다
- register 등록하다, 신고하다
- attend 참석하다
- group discount 단체 할인
- exhibition 전시회
- further information 추가 정보

PART 1
PART 2
PART 3
PART 4
PART 5
PART 6

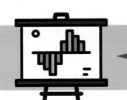

Respond to questions using information provided

자신감 다지기

P A R T
04

유형 1 ▶ **컨퍼런스 일정표**

TOEIC Speaking

Soccer Coach Association
24th Annual Soccer Conference
Greenfield Hotel
Friday, March 30th

Time	Schedule
8:30 a.m. – 9:00 a.m.	Registration
9:00 a.m. – 10:15 a.m.	Lecture: Designing and Developing Game Theory
10:15 a.m. – 12:30 p.m.	Discussion: How to Improve Intermediate Players' Strength and Durability
12:30 p.m. – 1:30 p.m.	Lunch with MVP Player, Jason Morrison
1:30 p.m. – 2:45 p.m.	Lecture: Management of Professional Soccer Teams
2:45 p.m. – 4:30 p.m.	Break time
4:30 p.m. – 6:00 p.m.	Workshop: Using the Exercise and Training Manuals for Intermediate Players
6:00 p.m. –	Social gathering

Secret Code ▶ 녹색 글씨 Q7 예상 단어   빨간 글씨 8번 예상 단어   **파란 글씨** 9번 예상 단어

1. 표 유형 파악

표 유형: 컨퍼런스 일정표

2. 45초 핵심 키워딩

질문별 예상 키워드에 어휘를 붙여 중얼거리며 문장으로 만들어 읽으세요.

● **Q7: 기본 정보**

표 상단에 기본적인 정보를 미리 정리하세요.

- 표 유형: the conference   컨퍼런스
- 장소: at the Green Field Hotel   그린 필드 호텔
- 날짜: on Friday, March 30th   5월 30일 금요일
- 시작 시간: start at 8:30 a.m.   오전 8시 30분에 시작

● **Q8: 특수 정보**

문장 부호가 많거나 특이한 부분은 문맥상 말이 되게 문장을 만들어두세요.

- 점심 시간에 lunch 외 다른 단어가 있으면 주의: an MVP Player, Jason Morrison
- 다른 조건: 하나밖에 없고, 행의 길이가 길고, 부호가 있는 행들 중 하나

Discussion: How to Improve Intermediate Players' Strength and Durability
➜ a discussion about(on) how to improve intermediate players' strength and durability
어떻게 하면 중급 선수들의 힘과 내구력을 향상시킬 수 있을지에 관한 토론

Workshop: Using the Exercise and Training Manuals for Intermediate Players
➜ a workshop about(on) how to use the exercise and training manual for intermediate players
중급 선수들을 위한 운동과 트레이닝 설명서를 어떻게 사용하는지에 대한 워크숍

- 마지막 행: 늘 8번으로써 주의

There will be a social gathering from 6 p.m.
오후 6시부터 친목회가 있을 예정입니다.

● **Q9: 나열 정보**

공통점이 보이면 문장으로 만들고 나열식으로 연결해두세요.

- 같은 조건: 공통 유형, 공통 단어들 중 하나

PART 1
PART 2
PART 3
PART 4
PART 5
PART 6

Lecture: Designing and Developing Game Theory
Lecture: Management of Professional Soccer Teams

➡ **The first lecture is about(on) Designing and Developing Game Theory, the second lecture is about(on) Management for Professional Soccer Teams**

첫 번째는 게임 디자인과 개발 이론에 관한 수업이며, 두 번째는 전문 축구 팀 경영에 관한 수업입니다.

Discussion: How to Improve Intermediate Players' Strength and Durability
Workshop: Using the Exercise and Training Manuals for Intermediate Players

➡ **a discussion about(on) how to improve intermediate players' strength and durability, a workshop about(on) how to use the exercise and training manual for intermediate players.**

어떻게 하면 중급 선수들의 힘과 내구력을 향상시킬 수 있을지에 관한 토론, 중급 선수들을 위한 운동과 트레이닝 설명서를 어떻게 사용하는지에 대한 워크숍

3. 질문 듣고 답변 완성   🔊 MP3 Part 4_01

각 질문을 듣고 예상 키워드인지, 다른 키워드인지 즉각적으로 파악해 완전한 문장으로 답하세요. 질문은 보이지 않고 오직 듣고 답해야 합니다. 훈련 시에는 아래 스크립트를 참고하세요. 원어민 성우의 MP3를 듣고 키워드를 찾아 문장으로 적어 보세요.

> Narration: Hello, I'm Jill. I'm actually one of the soccer coaches participating in the 24th annual soccer conference. So I'd like to ask some information about the conference.

Q7 What is the date of the conference, and what time does the registration begin?

_____

_____

몇 일? 몇 시에 등록 시작?
• What, the date, what time, registration begin 만 들어도 어떤 정보를 말해야 하는지 잘 알 수 있다.

PART 1

PART 2

PART 3

PART 4

PART 5

PART 6

Q8 I heard that we will have a chance to meet the MVP from 2017, Jason Morrison, during the conference. Am I right?

_____

_____

질문을 듣고 맞으면?

• 답변할 때 Yes + 점심 식사와 시간을 덧붙여 줄 것

Q9 I'm especially interested in coaching for intermediate players. Could you tell me all the details about the sessions for the intermediate levels?

_____

_____

intermediate players 듣는 순간

• 해당 단어가 들어있는 행을 찾아 어떤 주어로 시작해 동사, 전치사로 이어줄지 바로 정리할 것

만약, 첫 문장에서 키워드를 못 들었다면

• 두 번째 질문 끝에 the intermediate levels 을 듣고 해당 단어를 표에서 빠르게 찾을 것. 이때, 삐 소리가 나도 "OK! Um, let me see.. well, alright!" 등 필러(filler)를 이용해 최소한 문장을 시작할 수 있도록 주어, 동사 등을 떠올리고 5초 이내 답변을 시작할 것!

 **유형 2** ▶ **출장 일정표**

Itinerary for Matt Sorenson, Director

Monday, June 3rd	
10:35 a.m.	Depart Madison (Midwest Airlines #309)
2:15 p.m.	Arrive Portland (Ideal Hotel)
7:30 p.m.	Meeting (Kimberly Jonson, EMC Studio)
Tuesday, June 4th	
10:00 a.m. – 5:00 p.m.	Liberal Documentary Film Seminar
Wednesday, June 5th	
10:30 a.m. – 11:45 a.m.	Meeting Paul Bedford (Take One Studio)
2:55 p.m.	Depart Portland (Midwest Airline #308)
7:28 p.m.	Arrive Madison

▶ **Secret Code** ▶ 녹색 글씨 Q7 예상 단어 빨간 글씨 8번 예상 단어 **파란 글씨** 9번 예상 단어

1. 표 유형 파악

표 유형: 개인 출장 일정표

2. 45초 핵심 키워딩

질문별 예상 키워드에 어휘를 붙여 중얼거리며 문장으로 만들어 읽으세요.

● **Q7: 기본 정보**

첫 날 일정에 대한 기본적인 정보를 묻습니다.

• 출발 정보

You will **depart from** Madison by Midwest Airlines, flight number 309 at 10:35 a.m.
당신은 메디슨에서 오전 10시 35분에 미드웨스트 항공사 309편으로 출발할 것입니다.

• 도착 정보

You will **arrive in** Portland at 2:15 p.m. and stay at the Ideal Hotel.
당신은 포틀랜드에 오후 2시 15분에 도착할 것이며 아이딜 호텔에 머무를 것입니다.

• 첫 날 일정

You will have a **meeting** with Kimberly Jonson at EMC Studio at 7:30 p.m.
당신은 킴벌리 존슨씨와 오후 7시 30분에 EMC 스튜디오에서 미팅할 것입니다.

PART 1

PART 2

PART 3

PART 4

PART 5

PART 6

● **Q8: 특수 정보**

첫 날 또는 둘째 날의 특정에 대해 질문합니다.

• 둘째 날 단독 일정

I'm sorry, but no. **The Liberal Documentary Film Seminar** will be held on **Tuesday, June 4th** from **10:00 a.m.**

죄송하지만 아닙니다. 교양 다큐멘터리 영화 세미나는 6월 4일 화요일 오전 10시에 열릴 것입니다.

● **Q9: 나열 정보**

셋째 날 일정 또는 공통점을 질문 합니다. 완전한 문장으로 만들어두세요.

• 셋째 날 일정 조건: 시간 순으로 답하세요.

You will have a **meeting** with **Paul Bedford** at **Take One Studio** at **10:30 a.m.**

당신은 폴 베드포드씨와 오전 10시 30분에 Take One 스튜디오에서 미팅할 것입니다.

You will **depart** from **Portland** at **2:55 p.m.** by **Midwest Airline**, flight number **308**, and arrive in **Madison** at **7:28 p.m.**

당신은 오후 2시 55분에 미드웨스트 항공사 308편으로 Portland를 출발할 것이며 메디슨에 오후 7시 28분에 도착합니다.

• Meeting 조건: 첫날과 마지막 날의 meeting에 대한 문장들도 만들어두세요.

You will have a **meeting** with **Kimberly Jonson** at **EMC Studio** at **7:30 p.m.**

당신은 킴벌리 존슨씨와 오후 7시 30분에 EMC 스튜디오에서 미팅할 것입니다.

You will have a **meeting** with **Paul Bedford** at **Take One Studio** at **10:30 a.m.**

당신은 폴 베드포드씨와 오전 10시 30분에 Take One 스튜디오에서 미팅할 것입니다.

3. 질문 듣고 답변 완성   🔊 MP3 Part 4_02

각 질문을 듣고 예상 키워드인지, 다른 키워드인지 즉각적으로 파악해 완전한 문장으로 답하세요. 질문은 보이지 않으므로 오직 듣고 답해야 합니다. 훈련 시에는 아래 스크립트를 참고하세요. 원어민 성우의 MP3를 듣고 키워드를 찾아 문장으로 적어보세요.

> Narration: Hi, this is Matt Sorenson. I'm going on a business trip and need to know some information about the trip.

Q7 What time does my flight arrive in Portland and where am I going to stay?

_____

_____

Joanne's
TIP

• 첫 날의 도착 일정과 정보를 줄 때 전치사의 사용 주의.

Q8 I heard that I have to attend the film seminar for two days. Is that correct?

_____

_____

Joanne's
TIP

• 이틀 동안 (for two days) 아니고 이튿날 (on the second day)

Q9 Could you tell me about my schedule for my last day?

_____

_____

Joanne's
TIP

• 예상했던 마지막 날 일정을 시간순으로 답변

PART 1
PART 2
PART 3
PART 4
PART 5
PART 6

유형 3 ▶ 수업 일정표

TOEIC Speaking

Laura's Professional Baking School
Baking classes for the community, May 5th (Wed.)

Time	Topic	Skill Level
9:30 a.m. - 10:30 a.m.	Easy Baking Processes – Fermentation Process - Yeast Theory	Beginner
10:30 a.m. - 12:00 p.m.	Baking Breads and Pastries – Sour dough, Wheat bread, Rolls - Cup cakes, Tarts, Muffins	Intermediate
Noon - 1:30 p.m.	Decorating Processes	Intermediate
1:30 p.m. - 2:30 p.m.	Baking Preparations - How To Greaseproof Equipment	Beginner
2:30 p.m. - 4:00 p.m.	Fine Dining Desserts and Pastries Presentation	Advanced

Secret Code ▶ 녹색 글씨 Q7 예상 단어 빨간 글씨 8번 예상 단어 **파란 글씨** 9번 예상 단어

1. 표 유형 파악
표 유형: 제빵 수업 일정표

2. 45초 핵심 키워딩
질문별 예상 키워드에 어휘를 붙여 중얼거리며 문장으로 만들어 읽으세요.

● Q7: 기본 정보
표 상단이 빈약한 경우, 첫 일정과 끝 일정 등 추가적 기본 정보까지 염두에 두세요.
- 표 유형: the baking classes   제빵 수업
- 날짜: on Wednesday, May 5th   5월 5일 수요일
- 시작 시간: start at 9:30 a.m.   오전 9시 30분에 시작
- 끝 시간: finish at 4:00 p.m.   오후 4시에 끝남

● Q8: 특수 정보
공통점들이 각 2세트씩 보인다면 둘 중 한 세트가 8번, 나머지가 9번입니다. 신속하게 행에서 단어를 찾을 수 있게 핵심 키워드의 위치를 파악하세요.

· Beginner 조건

① You can attend the class on **easy baking processes** from 9:30 a.m., and learn about the **fermentation process** and **yeast theory**.

당신은 오전 9시 30분에 있는 쉽게 빵 굽는 과정, 발효 과정 그리고 이스트 이론 과정에 참여할 수 있습니다.

② You can learn about baking preparations, including how to greaseproof equipment, in a class at 1:30 p.m.

당신은 오후 1시 30분에 빵 굽기 준비, 장비에 기름이 배지 않게 하는 방법을 포함한 수업을 배울 수 있습니다.

· Intermediate 조건

① You can learn how to bake **breads** such as **sour dough, wheat bread and rolls**, and **pastries** such as **cupcakes, tarts and muffins** at 10:30 a.m.

당신은 오전 10시 30분에 시큼한 맛이 나는 빵, 호밀 빵 그리고 롤과 같은 빵을 굽는 방법과 컵 케이크, 타르트 그리고 머핀과 같은 페이스트리 만드는 법을 배울 수 있습니다.

② There is a class on decorating processes at noon.

정오에 장식 과정 수업이 있습니다.

● **Q9: 나열 정보**

8번에서 사용하지 않은 조건이 9번입니다. 완전한 문장으로 만들고 연결해두세요.

3. 질문 듣고 답변 완성   🔊 MP3) Part 4_03

각 질문을 듣고 예상 키워드인지, 다른 키워드인지 즉각적으로 파악해 완전한 문장으로 답하세요. 질문은 보이지 않으므로 오직 듣고 답해야 합니다. 훈련 시에는 아래 스크립트를 참고하세요. 원어민 성우의 MP3를 듣고 키워드를 찾아 문장으로 적어보세요.

> Narration: Hello, this is Emily Jefferson. I saw your advertisement for baking classes. I want to know more details about the classes.

Q7 On what day will the classes be held and what time does the last class end?

_____

_____

PART 1

PART 2

PART 3

PART 4

PART 5

PART 6

- 무슨 요일 수업? 몇 시 마지막 수업 끝?
  What day, the classes, what time, the last class, end 만 듣고 해결 가능.

Q8 I've never really done much baking but I'd like to make breads. The class about baking breads and pastries would be okay for people who have not done much baking before, right?

_____

_____

baking breads and pastries 들리면

- 그 행을 보면서 질문을 마저 듣고 틀리면 I'm sorry but no + Intermediate level로 정정하고 beginner 수업까지 권장하면 더 좋다.

Q9 Can you please tell me all the details about the sessions designed specifically for beginners?

_____

_____

- intermediate 수업은 이미 8번으로 쓰였으므로 남은 beginners 관련 답변해야 함을 9번 질문을 듣기 전부터 알 수 있다. 8번 답변이 빨리 끝나면 9번 키워드들을 미리 찾아둘 것!

 **유형 4** ▶ **이력서**

Robert Stockton
1243 E. Hollywood, CA
(213) 571-9561

Position	Regional Retail & Merchandising Manager
Education	Master's Degree, Business Administration, University of Southern California (2012) Bachelor's Degree, Business Management, UC Berkeley (2010)
Work	Senior retail and merchandiser, Luxury Fashion Group (2019~present) Assistant buyer, High-end Fashion Inc. (2016~2019)
Skills	CPA, Extensive knowledge and experience in retail and fashion industry, Fluent in French and Italian

🔍 **Secret Code** ▶ 녹색 글씨 Q7 예상 단어 빨간 글씨 8번 예상 단어 **파란 글씨** 9번 예상 단어

1. 표 유형 파악

표 유형: 이력서

2. 45초 핵심 키워딩

질문별 예상 키워드에 어휘를 붙여 중얼거리며 문장으로 만들어 읽으세요.

● Q7: 기본 정보

대부분 7번은 학업(Education)이 답변 정보이지만 요즘은 9번과 위치를 바꾸어 업무 경력(Work)에서 7번을 출제하는 경우도 가끔 있으니, 학업과 업무 이력이 2행씩 있다면 어디서 7번이 나올지 질문에 더욱 집중하세요.

· 주어 (지원자: Robert): He
· 학력: 7번이면 학사 또는 석사중 한 학위에 대해서 묻지만, 9번이면 두개의 학위에 대해 모두 질문합니다.

학사 He got a Bachelor's Degree in Business Management from UC Berkeley in 2010.
그는 2010년도에 UC 버클리에서 경영관리 학사 학위를 취득하였습니다.

석사 He got a Master's Degree in Business Administration from University of Southern California in 2012.
그는 2012년도에 남부 캘리포니아 대학교에서 경영학 석사 학위를 취득하였습니다.

PART 1

PART 2

PART 3

PART 4

PART 5

PART 6

● Q8: 특수 정보

늘 지원자의 관련 능력, 기술(Skills) 등에서 8번을 묻습니다. 정보만 나열되어 있으므로 신속하게 키워드를 문장으로 만드는 연습을 미리 해주세요.

• 기술: 둘 중 1가지를 질문합니다.

He has a CPA and extensive knowledge and experience in the retail and fashion industry.

그는 CPA를 가지고 있고 유통과 패션 산업에 해박한 지식과 경험이 있습니다.

He is fluent in French and Italian.

그는 프랑스어와 이탈리아어가 유창합니다.

● Q9: 나열 정보

대부분 9번은 경력(work)을 묻습니다. 이와 반대로 7번에서 경력을 묻는 경우도 있습니다. 묻지 않은 남은 한 조건이 9번이니 완전한 문장으로 만들어두세요.

• 경력: 이전 경력부터 현재 경력순으로 답하세요.

He worked for (at) Luxury Fashion Group as a senior retail and merchandiser since 2019.

그는 2019년부터 럭셔리 패션 그룹에서 선임 소매 및 판매자로 일하고 있습니다.

He has been working for (at) High-end Fashion Incorporated as an assistant buyer from 2016 to 2019.

그는 2016년부터 2019년까지 하이엔드 패션 주식회사에서 보조 바이어로 일했습니다.

• work for는 누구, 어떤 회사, 장소에서 일한다는 뜻으로 모든 조건에 가능하지만 work at은 장소만 가능
• 과거 완료, 현재 진행 완료의 사용 주의
• as a 가 아닌 as an 이 되는 경우 주의

3. 질문 듣고 답변 완성 🔊 MP3 Part 4_04

각 질문을 듣고 예상 키워드인지, 다른 키워드인지 즉각적으로 파악해 완전한 문장으로 답하세요. 질문은 보이지 않으므로 오직 듣고 답해야 합니다. 훈련 시에는 아래 스크립트를 참고하세요. 원머민 성우의 MP3를 듣고 키워드를 찾아 문장으로 적어보세요.

> Narration: Hello, I have an interview with Robert Stockton this afternoon. I got his résumé the other day, but it seems like I've misplaced it. Could you please answer to some of my questions about Robert?

Q7 First, can you tell me which places Mr. Stockton has worked for?

_____

_____

돌발 문제
- 예상외로 경력에서 회사 정보를 요청했으므로 장소 위주로만 답변!
  ➡ 추가 정보를 많이 붙이면, 15초 답변 시간이 초과될 수 있으니 초 관리 주의

Joanne's TIP

Q8 We are planning a joint business venture with our partner in Italy.
Would Mr. Stockton be a good candidate to participate in a project like this?

_____

_____

PART 1
PART 2
PART 3
PART 4
PART 5
PART 6

지원자가 회사에 적합한가를 묻는 8번 질문

- 추가 정보를 많이 붙이면, 15초 답변 시간이 초과될 수 있으니 초 관리 주의
- 단, 질문의 뉘앙스에 따라 답변의 도입이 180도 달라지니 어떻게 묻는지 집중!

Q. Would Mr. Stockton be a good candidate?
A. Yes, he would because he is fluent in Italian.

Q. Stockton씨는 적당한 후보자인가요?
A. 네, 그렇습니다 왜냐하면 그는 이탈리아어가 유창하기 때문입니다.

Q. Would that be a problem for Mr. Stockton?
A. No, it wouldn't be a problem for him because he is fluent in Italian.

Q. Stockton씨에게 그것이 문제가 될까요?
A. 아니요, 문제가 되지 않을 것입니다 왜냐하면 그는 이탈리아어가 유창하기 때문입니다.

Q. Robert is not qualified to work with our Italian clients, right?
A. Actually, he is. It's because he is fluent in Italian.

Q. Robert는 이탈리아 고객들과 일할 능력이 안됩니다, 맞나요?
A. 사실은 일할 능력이 됩니다. 왜냐하면 그는 이탈리아어가 유창하기 때문입니다.

Q9 Can you give me a brief description of his educational background?

_____

_____

돌발 문제

- 예상외로 학업 정보를 요청했으므로 모든 정보를 30초 시간에 맞춰 실수없이 답변!
  ➡ 학사부터 석사순으로 답할 것!

TOEIC Speaking

Manhattan Central Broadcasting Incorporated

Applicant Interview Schedule
All interviews, Room C302: Friday, June 2nd

Time	Applicant Name	Position	Current Employer
10:00 a.m.	James Perez	Floor Director	NYC TV Casting Co.
11:30 a.m.	Peter Welder	Program Producer	New Jersey Central Broadcasting
1:00 p.m.	Justin Ling	Lighting Expert	NYC TV Casting Co.
2:30 p.m.	Shawn Gallegos	Sound Director	Chicago Local Broadcasting Inc.
4:00 p.m.	Debora Wilber	Program Producer	National Musical Company
5:30 p.m.	Jenny Goldsmith	Sports Reporter	E-Sport Broadcasting Co.

Secret Code ▶ 녹색 글씨 Q7 예상 단어 빨간 글씨 8번 예상 단어 **파란 글씨** 9번 예상 단어

1. 표 유형 파악

화면에 표가 나타나면 바로 표의 유형을 파악 ➡ 방송국 인터뷰 일정

2. 45초 핵심 키워딩

질문별 예상 키워드에 어휘를 붙여 중얼거리며(murmuring) 문장으로 만들어 읽으세요.

- **Q7: 기본 정보**

  언제, 어디서 질문과 더불어, 요즘은 첫 인터뷰 일정을 묻는 추세입니다.

  - 장소: in Room C302   C 302번 방에서
  - 언제: on Friday June 2nd   6월 2일 금요일에
  - 첫 인터뷰 일정:

    You will interview James Perez who is applying for a floor director position at 10 a.m.
    당신은 오전 10시에 무대 연출 직책에 지원하는 James Perez씨를 인터뷰할 것입니다.

- **Q8: 특수 정보**

  인터뷰 일정을 헷갈렸거나, 마지막 인터뷰 시간을 잘못 알고 질문합니다.

  - 마지막 인터뷰 시간

    I'm sorry, but no, your last interview is with Jenny Goldsmith, and it will be held at 5:30 p.m.
    죄송하지만 아닙니다, 당신의 마지막 인터뷰는 Jenny Goldsmith씨이며 오후 5시 30분에 진행될 것입니다.

PART 1

PART 2

PART 3

PART 4

PART 5

PART 6

● **Q9: 나열 정보**

공통점을 찾아 완전한 문장으로 만들어두세요.

・Program Producer 조건: 인터뷰 시간순으로 답하세요.

You will interview **Peter Welder** who works for (at) **New Jersey Central Broadcasting** at **11:30 a.m.**, and then **Debora Wilber** from the **National Musical Company** at **4:00 p.m.**

뉴저지 중앙 방송에서 일하는 Peter Welder씨를 오전 11시 30분에 인터뷰할 예정이며 그 다음에 국립 뮤지컬 단의 Debora Wilber씨를 오후 4시에 인터뷰할 것입니다.

3. 질문 듣고 답변 완성   🔊 MP3 Part 4_05

각 질문을 듣고 예상 키워드인지, 다른 키워드인지 즉각적으로 파악해 완전한 문장으로 답하세요. 질문은 보이지 않으므로 오직 듣고 답해야 합니다. 훈련 시에는 아래 스크립트를 참고하세요. 원어민 성우의 MP3를 듣고 키워드를 찾아 문장으로 적어보세요.

> Narration: Hello, I am scheduled to have several interviews some candidates on Friday. But, I've already left my office. So, I'm hoping you can answer my questions.

Q7 Who is the first applicant I'm interviewing, and where does the person currently work?

_____

_____

・첫 행의 정보들 중 물어본 질문 (지원자, 현재 회사)의 답변은 꼭 할 것

Joanne's TIP

Q8 I have to visit another job site after I'm done with the interviews. My last interview is at 4 o'clock, right?

_____

_____

• 마지막 인터뷰 스케줄을 잘못 알았으므로 ➡ I'm sorry but no + 마지막 인터뷰 시간 전달

Q9 Right now, our biggest need is for a program producer. Could you give me all the details about any interviews with people applying for the program producer position?

_____

_____

• 예상했던 program producer 2명의 인터뷰를 시간순으로 답변

전략 자문자답
strategic self Q&A

1. 전치사, 관사, 동사를 정확히 사용하고 있나요?

Part4에서도 돌발적인 질문이 나올 때는 있지만 대부분의 문제 유형과 질문의 방식이 정해져 있기 때문에, 순발력있게 정보의 순서를 어순대로 놓고 문법적으로 알맞은 어휘를 연결해주는 훈련이 가장 중요합니다. 꼭 완전한 문장으로 답변해야 점수를 받을 수 있으니 실수가 없도록 훈련하세요.

2. 표 분석이 제대로 되고 있나요?

7번: 15초, 8번: 15초, 9번: 30초의 고득점 핵심 전략은 질문에 묻는 내용을 모두 답변했는가 입니다. 질문을 듣기도 전에 표 분석을 꼼꼼히 해두면 듣기 시 더욱 빠르고 정확히 키워드를 찾을 수 있습니다. 만약, 돌발 문제를 만나 다른 행에서 정보를 찾더라도 질문을 듣자마자 해당 키워드가 있는 행으로 바로 눈을 돌릴 수 있게 초반 표 분석은 열심히 입으로 소리 내 정리하고 어휘들은 최대한 문장으로 연결해 정리해 두세요.

3. 음원을 틀고, 초시계를 재며 연습하나요?

듣기 파트를 처음 접할 때는 당연히 지문을 보고, 답변을 적어가며 스타일을 파악해야 하지만, 마무리 훈련 시에는 꼭 음원을 통해 듣고 초시계를 이용해 시간을 재며 순발력과 실전감을 키워야 합니다. 본인의 말하기 속도에 따라 정보가 많으면 축약하여 시간 내 끝내고, 관련 정보가 짧거나 간단하면 추가 정보를 붙여 답변하세요.

4. 답변을 녹음하여 들어보나요?

실전감을 향상시킨다 해도 답변 내용에 있어 문법적 실수나 발음, 억양 등에 문제가 있다면 결국 채점자가 알아듣지 못해 점수를 받지 못합니다. Part 4는 Part 1평가 기준이었던 자연스러운 발음, 강세, 억양과 끊어 읽기를 통해 정보를 전화 통화하듯 유창하고 정확하게 주는 것이 중요합니다. 훈련 시에도 녹음된 답변에서 어색하거나 이상한 발음, 문법 실수 등은 없는지 지속적으로 체크해주세요.

PART 1
PART 2
PART 3
PART 4
PART 5
PART 6

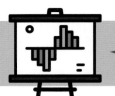

Respond to questions using information provided

순발력 다지기

PART
04

🔊 MP3 Part 4_06

1.

| TOEIC Speaking | Questions 7 – 9 of 11 |

James Timothy
777 6th Avenue, New York, New York, 10001
Phone (646) 234-1098
E-mail: J_Timothy@statesports.com

Position Applied	Journalist for E-Sports Magazine
Education	Master's degree in Public Writing: New York University (2017) Bachelor's degree in Literature: Stony Brook University (2014)
Work Experience	Journalist: State Sport Magazine (2019-present) Assistant Journalist: Manhattan Local News (2017-2019)
Qualifications and Skills	Proficient in Chinese and French Qualified in Web site design and management

PREPARATION TIME
00:00:45

PREPARATION TIME	RESPONSE TIME
00:00:03	00:00:15

PREPARATION TIME	RESPONSE TIME
00:00:03	00:00:15

PREPARATION TIME	RESPONSE TIME
00:00:03	00:00:30

🔊 MP3 Part 4_07

Local Seminar for New Building Buyers
Date: March 23
Location: Riverside Convention Center

UPCOMING ANNUAL EVENT

9:30 a.m.	Lecture - How to Choose the Right Building	Karen Moore
10:30 a.m.	Workshop - Correlations Between Population and Building Value	Cathy R. Jansen
11:30 a.m.	Discussion - What to Consider when Selling Buildings	Mark Timothy
12:30 p.m.	Lunch Buffet - Tilley Dining Hall (Vegetarian's meals included)	
1:30 p.m.	Workshop - Stories of Accomplished Building Sellers	Patrick Choi
2:30 p.m.	Lecture - Compromising on the Building Cost (brochures provided)	Cathy R. Jansen
3:30 p.m.	Presentation - What Makes your Building More Valuable?	Robert Dune

PREPARATION TIME
00:00:45

PREPARATION TIME	RESPONSE TIME
00:00:03	00:00:15

PREPARATION TIME	RESPONSE TIME
00:00:03	00:00:15

PREPARATION TIME	RESPONSE TIME
00:00:03	00:00:30

3.

Sandy Public Library Staff Meeting January 6th 1:00 p.m. ~ 4:30 p.m.		
1:00 p.m.	Introduction of New Staff	Jessica Lame: Head Librarian
1:35 p.m.	Project Updates	Jansen Yamada
	Third Floor Renovations	Lora Underwood
	Update on the Library Website	Fred Green
3:15 p.m.	Getting More Donations	Lora Underwood
4:00 p.m.	Comments for the New Year	Jessica Lame: Head Librarian

PREPARATION TIME
00:00:45

PREPARATION TIME	RESPONSE TIME
00:00:03	00:00:15

PREPARATION TIME	RESPONSE TIME
00:00:03	00:00:15

PREPARATION TIME	RESPONSE TIME
00:00:03	00:00:30

4.

MP3 Part 4_09

TOEIC Speaking   Questions 7–9 of 11

PART 1
PART 2
PART 3
PART 4
PART 5
PART 6

Mile's Restaurant
Job interview schedule (new branch)
Monday, July 28

Time	Job Candidates	Position Applied for	Current Employer
9:30 a.m.	Jamie Shula	Cook	Italia Pasta
10:30 a.m.	Rosaline Macquarie	Supervisor	Grand Gourmet Restaurant
11:00 a.m.	Robin Thick	Staff	Pitt's Restaurant
11:30 a.m.	Lindsay Ray	Cook	Central Café
Noon	Ben Timber	Staff	Southern Cook Restaurant
1:30 p.m.	Jeff Clarkson	Assistant Coordinator	Grand Lux Hotel
2:00 p.m.	Olivia Sinclair	Coordinator	Grand Gourmet Restaurant

PREPARATION TIME
00:00:45

PREPARATION TIME	RESPONSE TIME
00:00:03	00:00:15

PREPARATION TIME	RESPONSE TIME
00:00:03	00:00:15

PREPARATION TIME	RESPONSE TIME
00:00:03	00:00:30

5.

Jane's Culinary School Italian Cooking Classes for Prospective Students February 4		
Time	Topic	Class Level
9:00-10:30 a.m.	Basic cooking techniques (utensil skills & ingredient preparation)	Beginner
10:30-11:30 a.m.	Homemade pastas and risottos (tomato and cream based)	Advanced
11:30-12:30 p.m.	Green salads and appetizers	Beginner
12:30-1:30 p.m.	Seafood preparation	Advanced
1:30-2:30 p.m.	How to decorate dishes	Intermediate

PREPARATION TIME
00:00:45

PREPARATION TIME	RESPONSE TIME
00:00:03	00:00:15

PREPARATION TIME	RESPONSE TIME
00:00:03	00:00:15

PREPARATION TIME	RESPONSE TIME
00:00:03	00:00:30

6.

Itinerary for Paul Travis, writer

Wednesday, October 15th

9:00 a.m. – Depart Chicago – Northeast airlines, flight #NE 23

12:30 p.m. – Arrive San Francisco (Golden Gate Luxury Hotel)

2:00 p.m. – Meeting with David Kingston from Eco-Green Publisher

Thursday, October 16th

10:30 a.m. – Book signing event at Springfield Bookstore

12:00 p.m. – Lunch meeting with David Lawson, publicist

2:30 p.m. – Radio interview (Michael West Show)

5:15 p.m. – Depart San Francisco – Eastern airlines, flight #EA 12

8:00 p.m. – Arrive Chicago

PREPARATION TIME
00:00:45

PREPARATION TIME	RESPONSE TIME
00:00:03	00:00:15

PREPARATION TIME	RESPONSE TIME
00:00:03	00:00:15

PREPARATION TIME	RESPONSE TIME
00:00:03	00:00:30

PART
05

Propose a solution

해결책 제안하기

TOEIC SPEAKING

Lv.6

Question 10

- ⊘ **STEP 1** 기본기 다지기
- ⊘ **STEP 2** 전략 다지기
- ⊘ **STEP 3** 자신감 다지기
- ⊘ **STEP 4** 순발력 다지기

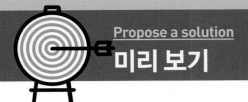

Propose a solution
미리 보기

문제 유형

Part 5는 전화 메시지에 녹음된 음성을 듣는 유형과 회의에 참여하여 2명의 화자가 어떤 문제를 논의하거나 1명의 화자가 말하는 유형 중 1문제가 출제됩니다. 1분 가량의 음성 메시지를 듣고 해결책을 제안해야 합니다. 이때, 문제는 화면에 보이지 않습니다.

구성

문항 수	1문제
문제 번호	Question 10
준비 시간	45초
답변 시간	60초

유형별 출제 비율

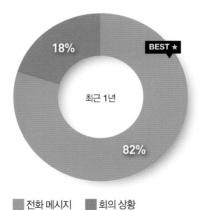

■ 전화 메시지 ■ 회의 상황

주제별 출제 비율

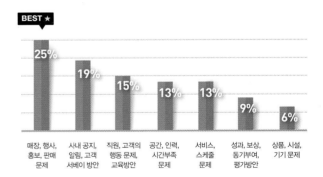

평가 기준

- 발음, 억양, 강세, 목소리의 볼륨과 톤
- 어휘
- 문법
- 일관성, 관련성
- 완성도

PART

05

PART 1

PART 2

PART 3

PART 4

PART 5

PART 6

평가 점수

● 5점

ETS 채점 포인트

● 상위 5가지 평가 기준에 얼마나 충족하는 답변을 하는가?
● 질문을 얼마나 정확하게 이해하고 핵심 문제를 파악하는가?
● 얼마나 적절한 해결책을 제시하는가?
● 실제 자동 응답 녹음처럼 얼마나 자연스럽고 유창하게 말하는가?

PART 5 고득점 전략

1. 첫 소절만 듣고 전화 메시지인지 회의 상황인지를 파악할 수 있어야 듣기 시 핵심 문제점과 요청 사항을 정확히 간파할 수 있습니다.

2. 본론의 문제점 이후에 어떤 상황을 넣고 빼야 하는지 아래 출제 경향에 유의하면서 문제를 들어보세요.
    1) 문제 상황 속에서 1~2가지 옵션은 제외하고 해결책을 달라.
    2) 2가지 옵션 중 더 나은 1개를 선택하고 이유와 해결책을 달라.
    3) 이러지도 저러지도 못하는 상황에서 어떻게 할지 해결책을 달라.
    위 질문들은 해결책을 한정적으로 줄여 출제되는 옵션형 구조입니다. 듣기 시, 본론의 문제점 이후에 어떤 추가 상황과 옵션들을 넣고 빼야 하는지를 상황 판단 능력을 훈련을 통해 충분히 키워두세요.

3. 들은 내용을 최대한 알려 생색을 내야 채점자도 점수를 줄 구실이 생깁니다. 2번 이상 나온 단어는 무조건 답변에 넣으세요. 문제 상황에 대한 정확한 요약이 점수를 바꿉니다. 아무리 잘 들었어도 제대로 요약, 정리해 답변으로 녹음하지 못하면 무용지물! 성우가 길게 풀어 말해도 짧게 나만의 단어로 바꿔 답변에 꼭 넣어 표현하세요.

4. **해결책+이유+결과**까지 설명해야 고득점을 받을 수 있습니다. 암기해간 해결책을 나열만 하지 말고 **제안** ⇨ **과정** ⇨ **결과**의 순으로 체계적이고 전반적인 해결 방안을 설계하는 훈련이 가장 중요합니다.

5. 변틀과 해결책의 암기가 듣기 내용 요약보다 훨씬 중요한 핵심입니다. 암기 훈련이 부실하면 말하면서 불필요한 실수가 계속 일어납니다. 답변틀과 해결책이 정확히 들어맞을 수 있도록 연습합니다.

6. 자연스러움이 생명입니다. 실제로 동료에게 음성 녹음을 남긴다는 생각으로 부드럽고 자연스럽게 풀어가세요.

1. 기본기 다지기의 스크립트를 보면서 질문의 흐름과 핵심 포인트 등장 지점을 파악해두세요. 기억하세요. 듣기 시, 핵심 단어는 언제나 반복되는 '명사와 동사' 입니다.

2. 자신감 다지기 학습방법 입니다.

    1) 스크립트 속 핵심 단어에 표시를 하세요.

    2) 핵심 단어가 어디서 등장하는지, 문제점 직전에 등장하는 암시어구는 무엇인지 표시하세요.

    3) 음원과 초시계를 켜고 시작 후 몇 초 안에 표시한 단어들과 복선이 나오는지 재어 표시해보세요. 균등하게 초를 분배하면서 음원도 쪼개 들어보세요. 이 훈련을 통해 듣기 포인트를 놓치지 않을 수 있습니다.

    4) 문제 상황을 설명하는 긴 서술형 문장을 단답형 문장으로 바꾸는 연습을 해주세요. 굳이 길게 들었다고 길게 다 말할 필요는 없고, 핵심만 잘 뽑아서 간결하게 요약하는 것이 중요합니다.

    5) 정확히 암기된 답변틀에 바로바로 넣어서 1분에 딱 맞게 맞추는 연습으로 마무리하세요.

3. 번뜩이는 해결책을 말하려고 애쓰는 것보다 상황을 이해하고 그에 적절한 제안을 제시할 수 있는지를 측정하는 파트이므로 전략 다지기에서 암기한 아이디어를 안정적으로 활용하는 것이 좋습니다. 독창적인 아이디어가 있다면 문법에 맞게 차분히 답변해 추가 점수에 도전해보세요.

4. 답변틀은 정확히, 해결책의 부연 설명을 붙여 세밀하게, 답변을 완벽한 수준으로 끌어올리세요.

시험 진행 순서

❶ 디렉션

> TOEIC Speaking
>
> **Question 10: Propose a solution**
>
> Directions: In this part of the test, you will be presented with a problem and asked to propose a solution. You will have 45 seconds to prepare. Then you will have 60 seconds to speak.
>
> In your response, be sure to
> • show that you recognize the problem, and
> • propose a way of dealing with the problem.

Part 5 시험 진행 방식을 설명하는 안내문을 화면에 보여준 뒤 이를 음성으로 들려줍니다.

❷ – 1 전화 메시지

안내문이 사라지면 화면에 전화기 사진이 등장하며 상황을 들려줍니다.

❷ – 2 회의 상황

안내문이 사라지면 화면에 회의 사진이 등장하며 상황을 들려줍니다.

❸ Question 10 준비 시간

> TOEIC Speaking **Question 10 of 11**
>
> Respond as if you are the marketing manager.
>
> In your response, be sure to
>
> - show that you recognize the problem, and
> - propose a way of dealing with the problem.
>
> | PREPARATION TIME |
> | --- |
> | 00:00:45 |

듣기 내용이 끝나면 위와 같은 지시문이 나오고 "Begin preparing now."라는 음성과 함께 삐 소리가 나면 45초의 준비 시간이 주어집니다.

❹ Question 10 답변시간

> TOEIC Speaking **Question 10 of 11**
>
> Respond as if you are the marketing manager.
>
> In your response, be sure to
>
> - show that you recognize the problem, and
> - propose a way of dealing with the problem.
>
> | RESPONSE TIME |
> | --- |
> | 00:01:00 |

준비 시간이 끝나면 "Begin speaking now."라는 음성과 함께 삐 소리가 나면 1분의 답변 시간이 주어집니다.

Propose a solution
기본기 다지기

PART
05

TOEIC Speaking	Question 10 of 11

Respond as if you are the store manager of the restaurant.

In your response, be sure to

- show that you recognize the problem, and
- propose a way of dealing with the problem.

기본기1 ▶ 지시문 분석하기

아래 지시문 화면이 보이면 누구로 가정하고 말하라고 하는지, 즉 나는 누구이고 장소는 어디인지 파악해두세요. 미리 어디서 누가 연락이 올지 알면 핵심 문제를 좀 더 편안하게 들을 수 있기 때문입니다.

PART 1
PART 2
PART 3
PART 4
PART 5
PART 6

기본기 2 듣기 내용 분석하기

듣기 내용을 들으면서 아래의 표와 같이 도입, 본론, 마무리로 나누어 들으면서 내용을 정리하여 전략 다지기의 답변틀에 대입해 보는 연습을 해보세요.

도입	1명의 화자가 인사로 시작해 간단히 본인 정보를 밝히고 바로 전화한 용건을 말합니다. 이때, 핵심 주제와 문제점을 파악해야 합니다.
본론	**배경 설명** 도입에서 핵심 단어(문제)를 말하면 그것과 관련된 배경 설명을 하는데 이 부분은 전반적 지식을 위해 참고하고 암시 문구가 나올 때까지 흐름만 잘 이해하며 듣습니다. **문제점, 요청 사항 설명** but, however처럼 대조적인 암시 문구 뒤의 상반된 내용을 집중적으로 암기합니다. 본론에서 배경 설명을 하면서 지속적으로 문제점에 대해 언급하는데, 여러 번 들리는 단어는 shadowing (중얼중얼 따라 말하기)로 입에 붙여 암기해 두세요. 이때, 화자가 길게 풀어서 말하고 있는 내용을 단어+단어로 짧게 연결해 정리해두면 답변틀에 대입하기 수월합니다. **옵션 사항** 해결책으로 원치 않는 옵션 사항이 있을 경우는 주로 본론 중간에 그 내용이 나옵니다. 암기해 간 해결책 중 어떤 것을 활용할 수 있는지를 좌우하므로 최대한 기억해 두세요.
마무리	**총정리 멘트** 도움 요청의 마무리 멘트입니다. 본론 부분에서 놓친 것이 있다면 잘 듣고 화자가 원하는 것이 무엇인지 다시 한 번 확인합니다. **끝인사** 마무리 인사로 화자의 이름을 한번 더 밝히는 경우가 종종 있으니 도입부에서 듣지 못했다면 한 번 더 확인합니다.

듣기 부분 음성이 나오는 동안 본론 부분의 문제 상황과 요청 상황을 노트테이킹 한다면 답변에 활용할 수 있습니다.

Joanne's TIP

전화 메시지 듣기 내용 분석하기

Respond as if you are the assistant manager of a fitness center.

In your response, be sure to

• show that you recognize the problem, and
• propose a way of dealing with the problem.

지시문	Respond as if you are the assistant manager of a fitness center. 직책 장소	당신이 피트니스 센터의 부 매니저인 것처럼 답변하세요.
도입	Hi, it's Gale Robins, the manager of Paradise Fitness Center. 화자이름 상대방 직책 장소 Since you are the assistant manager, I'd like your help. 힌트 내 직책	안녕하세요, 파라다이스 피트니스 센터 매니저 Gale Robins입니다. 당신이 부 매니저이기 때문에, 당신의 도움이 필요합니다.
본론	As you know, we've been advertising a free yoga session 힌트 문제점 with a personal yoga trainer to anyone who would like to join our fitness club during March. This free trial session has been promoted very successfully. But there is one problem. 힌트 힌트 We only have one week until March, and so many people have signed up for the session so that our personal trainers are completely booked for the next two months. So we can't 문제점 힌트 keep offering the free yoga session with yoga instructors for 요청 사항 the next two months like we promised. Some new members 주어 will have to wait a couple of months. We don't want to hire more trainers just for this promotion. 문제점 옵션 사항	아시다시피, 3월중에 피트니스 센터에 등록하는 사람들에게 개인 요가 트레이너와의 무료 요가 시간을 광고했습니다. 이 무료 체험 시간은 성공적으로 홍보되었습니다. 하지만 문제가 하나 있습니다. 3월까지 한 주 밖에 남지 않았는데 너무 많은 사람들이 이 체험 시간에 등록해서 우리 개인 트레이너들이 앞으로 두 달간 예약이 꽉 차있습니다. 따라서 앞으로 2달 동안 우리가 약속한 요가 강사와의 무료 요가 시간을 제공하는 것을 계속할 수 없습니다. 몇몇 새로운 회원들은 몇 개월을 기다려야만 합니다. 우리는 단지 이 홍보 때문에 더 많은 트레이너를 고용하고 싶지는 않습니다.
마무리	So, how can we make sure that these new members are 힌트 총정리 멘트 not disappointed with our service? Please call me back with your plan. Again, it's Gale. 힌트 화자 이름	따라서, 어떻게 하면 새로운 회원들이 우리 서비스를 실망하지 않게끔 할 수 있을까요? 계획을 생각해서 제게 다시 전화주시기 바랍니다. 저는 Gale이었습니다.

 Secret Code   **빨간 글씨** 핵심정보   **파란 글씨** 추가정보   <u>밑줄</u> 힌트

회의 상황 듣기 내용 분석하기

Respond as if you are the assistant manager.

In your response, be sure to

- show that you recognize the problem, and
- propose a way of dealing with the problem.

지시문	Respond as if you are the assistant manager. 내 직책	당신이 보조 매니저인 것처럼 답변하세요.
화자 A	Let's discuss one problem we have to deal with before 　　힌트 we finish our HR staff meeting. I got a call from the sales 　　미팅의 종류　　　　　　　　　　힌트 department and I was told that they need more computers 문제 발생 장소　　힌트　　　　　　　　　　　요청사항 to train newly-hired employees.	우리 인사부 직원 회의를 마치기 전에, 우리가 다뤄야 하는 한 가지 문제점을 논의해봅시다. 제가 판매팀으로부터 전화를 받았는데, 새로 고용된 직원들을 교육하는 데 노트북 컴퓨터가 더 필요하다는 말을 들었습니다.
화자 B	That's right, Melissa. The training requires the use of 　힌트　　　　화자 이름 computers and they need computers for each employee, but our budget is limited. Buying new company computers 힌트　　　　　　옵션사항 doesn't seem possible at this moment. 힌트　　　　　옵션사항	맞습니다, Melissa. 이 교육은 컴퓨터를 사용해야 하는데, 각 직원들을 위해 개인용 컴퓨터가 필요하지만 우리는 예산이 제한되어 있어요. 회사에서 쓸 새로운 컴퓨터를 구입하는 일이 이번에는 가능하지 않을것 같습니다.
화자 A	So, how can we get more computers? Since time is almost 　　총정리 멘트 over, I would like everyone to think about this issue and call 　　잠시 복선 me back later with an idea about how we can help them 힌트 with their lack of computers. We need to help them as soon 요청 사항　　　　　　힌트　　　　요청 사항 as possible. Call me back with your idea.	그렇다면, 어떻게 컴퓨터를 더 구할 수 있죠? 시간이 거의 다 되었으니 이 문제에 대해 생각해 보시고 컴퓨터 부족 문제에 대해 도움을 줄 수 있는 방법에 관한 아이디어를 생각해서 제게 다시 전화주세요. 그 부서에서 많은 교육 시간을 계획해두었다고 들어서 가능한 한 빨리 도움을 드려야 해요. 아이디어를 생각해서 제게 다시 전화주세요.

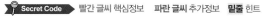 **Secret Code** ▶ 빨간 글씨 핵심정보　　**파란 글씨** 추가정보　　<u>밑줄</u> 힌트

- 실제 시험 화면에는 지시문은 화면에 보이지만 음성 메시지는 화면에 보이지 않는다.
- 답변에 필요한 키워드를 듣고 빠르게 메모할 것!

기본기3 ▶ 준비 시간 45초 활용법

Part 5 해결책 제안하기에서는 준비 시간 45초 동안 최대한 인식된 문제점을 답변틀에 넣어 요약하고 암기된 해결책 중 적합한 해결책과 해결 방향을 답변틀에 넣어 순서대로 정리해두는 것에 매진해야 합니다. 아래 45초 준비 시간 활용법을 숙지하시고 문제들에 적용해보세요.

1. 요약에 너무 공들이지 말고 핵심 명사, 동사 위주로 요점 정리
2. 준비 시간은 최대한 해결책과 예상되는 결과를 문장화하는데 주력

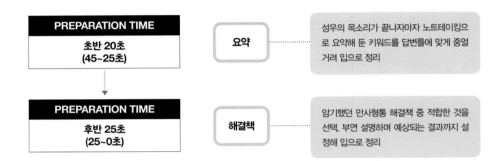

PREPARATION TIME 초반 20초 (45~25초)	요약	성우의 목소리가 끝나자마자 노트테이킹으로 요약해 둔 키워드를 답변틀에 맞게 중얼거려 입으로 정리
PREPARATION TIME 후반 25초 (25~0초)	해결책	암기했던 만사형통 해결책 중 적합한 것을 선택, 부연 설명하며 예상되는 결과까지 설정해 입으로 정리

Joanne's TIP

노트테이킹 활용법
듣기 시간 동안에는 반복되는 핵심 키워드 (요청 사항 & 문제점의 주요 동사와 명사) 위주로 필기합니다.
필기는 영문이나 국문 중 편한 쪽으로 해도 괜찮지만, 듣기 지문의 긴 내용은 간단한 동의어나 유의어로
교체하여 요약해가며 필기를 진행해 주세요.
또한, 답변 준비 시간에는 암기했던 만사형통 해결책 중 문제 상황에 적합한 것을 선택하여 전체적인 답변 틀을 준비해줍니다.

기본기 4 ▶ 답변 시간 60초 활용법

60초는 요약과 해결 방안을 차분하게 말하기에 충분한 시간입니다. 암기 문장은 빨리 말하고 새롭게 지어내야 하는 문장은 느리게 말하지 마세요. 언제나 비슷한 속도와 톤을 유지하면서 전반적으로 자연스럽고 유창하게 들리게 말하는 것이 곧, 승리의 기술입니다.

답변 시간 분배법

1. "Begin speaking now." 삐 소리가 나면 1초 쉬고 답변을 시작합니다.
2. 준비 시간에 정리해둔 핵심 요점을 문장틀에 실수없이 넣어서 요약합니다.
3. 초시계를 보면서 자신있게 해결책과 예상 결과를 순차적으로 제안합니다.
4. 마무리 멘트를 짧게 혹은 길게 말해 남은 시간을 최대한 활용하고 2~3초 남았을 때 답변을 마무리합니다.

RESPONSE TIME 60~35초	인사말+요약 (약 25초)	인사말은 간결히, 요약은 키워드(동사, 명사어구) 위주로 요약
RESPONSE TIME 35~15초	해결책 제안 (약 20초)	해결책 2개 정도를 제안할 수 있고 아이디어가 없을 경우 해결책 1개와 예상 결과로 부연설명.
RESPONSE TIME 15~0초	마무리+끝인사 (약 15초)	남은 시간 여하에 따라 짧거나 긴 마무리 멘트와 함께 끝인사

PART 1
PART 2
PART 3
PART 4
PART 5
PART 6

듣기 키워드 힌트

Part 5 최고의 듣기 기술은 핵심 키워드 직전에 깔려 있는 힌트를 먼저 듣는 것입니다. 아래 문구를 숙지하여 꼭 들어야 할 문제 동사와 명사 키워드를 찾을 때 적용해 보세요.

대조	But,	하지만, [예상치 못한 문제점]이 생겼습니다.
	Unfortunately,	불행히도, [예상치 못한 문제점]이 생겼습니다.
	However,	어쨌든, [예상치 못한 문제점]이 생겼습니다.
	On the other hand,	반대로, [예상치 못한 문제점]이 생겼습니다.
걱정/부정	I'm worried~, I'm afraid~, I'm concerned~,	저는 ~이러한 [문제점]이 걱정입니다.
	We (I) have a problem~	우리 (저)는 ~이러한 [문제점]이 있습니다.
	We (I) have a hard time~	우리 (저)는 ~이러한 [문제점]으로 힘듭니다.
	The problem is~	[문제점]은 ~입니다.
	부정적 동사, 동사+not	[동사]를 하지 못해서 [명사]에 문제가 있습니다.
예측	I think~, I guess~	~이러한 [문제점]이 있을 거라 생각합니다.
	It looks like~, It seems that~	~이러한 [문제점]이 있을 것 같습니다.
사실	I was told~, I was informed~, I heard~,	~이러한 [문제점]이 있다고 들었습니다.
너무 많은	way too much, too many, enough, a large amount of~, more~,	너무 많은 [키워드] 들이 있습니다.
너무 적은	only, not enough, a little, a lack of, few, at all,	너무 적은 [키워드] 들이 있습니다.
뜸들이기	Well, Um, we have ~	음, 그러니까, [문제점]이 있습니다.
요청	I want~, I hope~, I'd like to~, we need~, we can~, think about~	~이러한 [요청 사항]이 필요합니다.
		~이러한 [요청 사항]을 생각해주십시오.
의문사	how (what) to 동사~, how (what) we 동사~,	~어떻게 (무엇을) 하면 [요청 사항]을 할 수 있을까요?
해결 방안	plans for (to)~, ideas about~, come up with a solution to~,	[요청 사항]에 대한 아이디어를 알려주시기 바랍니다.
		[요청 사항]에 대한 계획을 최대한 빨리 알려주세요.
회의 상황	I have one last issue, point, problem to discuss~,	마지막 안건은 ~이러한 [문제점]을 다뤄야 합니다. [문제점]은 ~이러합니다.
	Let's talk about an issue with~,	[문제점]에 대해 이야기 나눠봅시다.
	Another topic I'd like to discuss is~,	제가 논의하고자 하는 또 다른 주제는 [문제점]입니다.
	Recently,~	최근에, ~이러한 [문제점] 생겼습니다.
동의	That's right,~, That's true,~	당신말이 맞아요, [화자A의 이름]씨,

> **Secret Code** ▶ 복선: 앞으로 일어날 사건에 대하여 미리 청자에게 넌지시 암시하는 서술

빈출 문제 총정리

1. **홍보 및 고객유치**
   - 극장: 손님이 줄고 있음, 티켓 가격인하는 제외, 홍보 방법은?
   - 서점: 책이 인기가 없음, 웹사이트 + 포스터 홍보는 제외, 홍보 방법은?

2. **해결책 제시하기**
   - 회사: 음악 축제 준비중, 작년 보다 2배 많은 참석자 예상, 자원봉사자 구해야 함, 해결책은?
   - 은행: 지점에서 4시간 거리의 신규 지점 오픈 예정, 본사 직원들이 직접 신규 지점의 신입 사원들 교육 원함, 해결책은?
   - 회사: 점심시간 직후에 30분짜리 다양한 운동 제공, 임직원 참여율 저조, 해결책은?

3. **직원 문제, 교육 방안**
   - 회사: 교육 세션을 이미 진행했으나 직원 능력 저조, 판매 부진, 방법은?
   - 회사: 직원에게 새 프로그램 교육해야 함, 시간이 부족, 방법은?
   - 회사: 재택 근무할 5명만 뽑아야 하는데, 많은 인원이 신청, 누구를 선택해야 할까?
   - 가게: 손님이 재고를 찾는데 어려워함, 직원 증원은 제외한 방안은?

4. **공간, 시설 부족**
   - 카페: 인테리어 공사 예정, 공사 기간 동안 고객을 잃고 싶지 않음, 방법은?
   - 병원: 건강 특강에 많은 인원이 몰려 제일 큰 방을 사용해도 역부족, 수용 인원이 넘음, 방법은?

5. **서비스, 일정 문제**
   - 호텔: 난방 시스템이 고장, 투숙객 항의에 대한 해결 방법
   - 컨퍼런스: 2개의 회의가 오전에 중복, 장소와 시간 조정은 제외한 해결 방법은?
   - 피트니스 센터: 새 수업이 인기가 많음, 트레이너 모두 바쁨, 무료세션 + 증원 제외, 기존 멤버를 위한 해결 방안은?

PART 1

PART 2

PART 3

PART 4

PART 5

PART 6

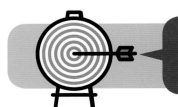

Propose a solution
전략 다지기

PART
05

전략1 ▶ 만사형통 해결 답변틀

도입 (25초)	첫인사		해결책을 요청한 사람과 내 이름 말하기
	문제 요약	① 문제 상황	명사, 동명사를 사용하여 문제점을 "~이 걱정된다며?" 정도로 간단히 운을 띄우고 because 뒤에 문제점을 좀 더 상세히 한 문장으로 요약해 정확히 문제를 인식했음을 보여줌
		② 요청 상황	듣기 내용에서 화자가 요청한 동사(구)를 넣어 요청 상황 요약
		③ 도움 확인	도움을 부탁 받았음을 확인하는 암기 문장
본론 (20~25초)	① 해결책 요청유형		해결책과 그에 따른 예상 결과를 1~2개 정도 넣고, 아이디어로 승부
	② 조언 요청유형		해결책 1개와 해결 방법을 순차적으로 조언
	③ 선호 선택유형		2개 옵션 중 선호하는(할 말이 많은) 1개를 선택하고 이유 설명
	④ 불만 접수유형		전화 온 직원에게 고객에게 사과, 보상 및 해결 방안을 순차적으로 설명
안심 연결 (3초)			Don't worry. Everything will be OK. 걱정하지 마세요. 모든 일이 잘 될 겁니다.
마무리 (7~17초)	마무리 1		아이디어 이메일로 보낼테니 10분 후 확인하시고 궁금한 것은 알려주세요.
	마무리 2		제가 더 도울 수 있을 것 같으니 오늘 이따가 더 얘기합시다. 안녕히 계세요.
	마무리 3		질문 있으시면 알려주세요. 안녕히 계세요.

도입 답변틀

첫인사와 문제점을 요약하는 도입 답변틀을 정확히 암기하세요. 인식한 문제점에 대해 정확하고 명료하게 요약하세요.

첫인사 (5초)		Hello, ___화자(A) 이름___ . This is ___내 이름___ speaking. 안녕하세요, (화자A) 이름. 저는 (내 이름) 입니다.
문제 요약 (20초)	문제 상황	You said you're worried about ___(동)명사 문제점___ because ___문제 요약___ 당신께서는 (문제 요약) 때문에 ((동)명사 문제점)이 걱정된다고 하셨습니다.
	요청 상황	but, you don't know how to ___요청 동사구___ 하지만 (요청 동사구)를 어떻게 할지 모릅니다.
	도움 확인	so, you want me to help you out, right? 그래서 제가 도와드리기를 원하신다고 말씀하신 것이 맞으시죠?

도움 확인 연음 발음

- so, you want me to help you out, right?
  쏘유 [원-]미루 헬-뿌[아-]웃, 롸[-잇]?

본론 4종 답변틀

문제 유형에 따라 달라지는 본론 4종 답변틀을 자연스럽게 연결되도록 큰소리로 암기하세요.

① 해결책 요청유형 : 해결책과 그에 따른 예상 결과를 1~2개 정도 넣고, 아이디어로 승부하세요.

해결책1 + 결과1 (10초)	Why don't we ___해결책___ ? so that ___결과___ . (해결책)을 하는 것은 어떨까요? 그렇게 하면 (결과) 할 수 있을 겁니다.
해결책2 + 결과2 (10초)	Also (Plus, On top of that), ___추가 해결책___ 또한 (게다가, 그 외에도) If not, ___다른 해결책___ 그렇지 않으면, We need ~. / We should~. / I think it's a good idea to ~. 우리는 ~이 필요합니다. / 우리는 ~을 해야 합니다. / 저는 ~을 하는 것이 좋은 아이디어라고 생각합니다. In this way, ~ / That way, ~/ Then, we can ~. 이렇게 하면, / 그러면 우리는 ~을 할 수 있습니다. 생략 It might be really effective. 그것은 정말 효과적일 수도 있습니다.

② **조언 요청 유형 :** 해결책 1개와 해결 방법을 순차적으로 조언하는 것이 중요합니다.

해결책 (5초)	Why don't we ~? ~을 하는 것은 어떨까요?
단계별 해결 순서 (15초)	so that ~. 그러면 ~ That way, we can ~. 그렇게 하면, 우리는 ~을 할 수 있습니다. Then, we also need ~. 그 다음, 우리는 ~또한 필요합니다. After all, I'm sure ~. / we'll be able to ~. 결국에는, ~을 장담합니다. / 우리는 ~을 할 수 있을 겁니다. 생색 I hope this helps. 이 아이디어가 도움이 되길 바랍니다.

③ **선호 선택 유형 :** 2개 옵션 중 말을 많이할 수 있는 것을 선택하고 이유를 설명해주세요.

선호1+이유 (10초)	I think ___선택한 조건___ is better, because ~. 저는 (선택한 조건)이 더 낫다고 생각합니다. 왜냐하면 ~ 이기 때문입니다.
반대1+이유 (10초)	On the other hand, if you choose ___선택 안한 조건___ , it would be ~. 반면에, 만약 당신이 (선택 안한 조건)을 선택한다면, ~ 할 것입니다.

④ **불만 접수 유형 :** 전화 온 직원에게 고객에게 사과, 보상 및 해결 방안을 순차적으로 설명하세요.

사과+설명 (10초)	간접 사과 First of all, we should apologize for the situation to our customer(s) and explain what happened. 가장 먼저, 이 상황에 대해 사과를 해야 하며, 무슨 일이 있었는지 설명해야 합니다. 직접 사과 First of all, I'm sorry for the inconvenience. 가장 먼저, 불편을 끼쳐 드려 죄송합니다.
해결+보상 (10초)	새 제품 Then, send a ___새 제품___ by express delivery service. 그 다음, 새로운 (물건)을 특급 배달 서비스로 보내야 합니다. 전문가 call an expert who can solve this problem. 이 문제를 해결할 수 있는 전문가를 부릅니다. 보상 Also, don't forget to email him (her) a 20% discount coupon as compensation. 또한 잊지 말고 이메일로 20퍼센트 할인 쿠폰을 보상으로 보내는 것 잊지 마세요.

마무리 3종 답변틀

도입과 본론의 양에 따라 상대방을 배려하는 듯한 안심 문구로 연결해 마무리 3종 답변틀 중 1개로 마무리합니다. 아래 답변틀을 암기해 시간에 맞게 활용하세요.

· **안심 연결 :** 본론에서 마무리로 넘어갈 때 사용하세요.

안심 연결 (3초)	Don't worry. Everything will be OK. 걱정하지 마세요. 모든 일이 잘 될 것입니다.

· **마무리 1:** 아이디어를 이메일로 보낼테니 10분 후 확인하시고 궁금한 것은 알려주세요.

마무리1 (12초)	I have more ideas. I'll send them by email right away. 제게 더 많은 아이디어가 있습니다. 지금 바로 이메일로 보내 드리겠습니다. Please check it out in 10 minutes and if you have any questions, just let me know. Talk to you later. Bye! 10분 후에 확인해보시고 질문이 있으시면, 제게 알려만주세요. 이따 얘기해요. 안녕히 계세요!

· **마무리 2:** 제가 더 도울 수 있을 것 같으니 오늘 이따가 더 얘기합시다. 안녕히 계세요.

마무리2 (8초)	I think I can help you more. Let's talk about this issue later today. Bye! 제가 더 많은 도움을 드릴 수 있을 것 같습니다. 오늘 이따가 이 문제에 관해 얘기해보시죠. 안녕히 계세요!

· **마무리 3:** 질문 있으시면 알려주세요. 안녕히 계세요.

마무리 3 (6초)	If you have any questions, please let me know. 질문이 있으시면, 제게 알려주십시오. Have a great day. Bye! 좋은 하루 보내시기 바랍니다. 안녕히 계세요!

PART 1
PART 2
PART 3
PART 4
PART 5
PART 6

 **전략 2 ▶ 만사형통 해결팁** 🔊 MP3 Part 5_만사형통 해결팁

Part 5 답변틀 구조가 정리되었다면, 다양한 주제와 설정에도 언제나 먹히는 만사형통 해결팁을 암기하세요.
답변틀에 넣어 1분 답변을 연습하면 Part 5 훈련도 끝납니다. 큰소리로 암기하고 고득점의 문을 열어보세요.

🎖 홍보 패키지

고객 유치를 위해 서비스, 시스템, 제품의 홍보 방안을 물을 때

특별 행사 열자	run special (VIP) promotions / programs / events / parties for 대상. 대상을 위한 특별 (VIP) 행사 / 프로그램 / 이벤트 / 파티를 열어봅시다.
전단지+쿠폰	make & hand out some fliers with free-trial coupons to our customers. 고객들에게 무료 체험 쿠폰이 붙어있는 전단지를 만들어 돌려봅시다.
문자, 이메일로 쿠폰 보내자	send special discount coupons (promo codes) to our regular customers by text message or email. 우리의 단골 고객들에게 문자나 이메일로 특별 할인 쿠폰 (판촉 코드)를 보냅시다.
온라인 광고	use an SNS such as Facebook or Twitter. use free advertising websites or texting apps. 페이스북이나 트위터와 같은 SNS를 사용해 봅시다. 무료 광고 사이트나 문자 앱을 사용해 봅시다.
신개발	develop new manuals / systems / programs / services / procedures for 대상. 대상을 위한 신규 설명서 시스템 / 프로그램 / 서비스 / 절차를 만들어 봅시다.

 ▶ Secret Code ▬▬ 질문에 따라 달라질 수 있는 키워드

Joanne's TIP

관사, 정관사 사용
- 단어 앞에 관사 사용에서 실수 가능성 높음 → 답변 키워드는 복수로 말할 것!
- 관사 a, the의 사용이 불확실 하다면 → 소유격 our 로 바꿔 말할 것!

🏅 행사명 패키지

행사의 종류, 당일 바로 열 수 있는 행사를 요구할 때

경품, 자선 모금	hold a lucky draw event (fundraising party). 제비 뽑기 (모금 파티)를 열어봅시다.
제품 시연	hold a product demonstration for customers. 고객들을 위한 제품 시연회를 열어봅시다.
무료 시식	let people sample our 음식. 우리의 음식을 사람들에게 무료 시식할 수 있게 합시다.
연예인 초청	invite local bands / celebrities / authors / special guest speakers. 지역 밴드 / 연예인 / 저자 / 특별 강사를 초대해봅시다.
1+1 프로모션	run buy-one-get-one-free promotions at the same time. 1+1 행사를 동시에 진행해봅시다.

 질문에 따라 달라질 수 있는 키워드

추가로 붙이는 문장

- It would be easy to go viral & attract more people.
  입소문이 나고 사람들을 더 끌어들이기 쉬워질 겁니다.
- It would be fun & enjoyable. 재밌고 즐거울 겁니다.
- It would be very helpful. 아주 도움이 될 겁니다.
- It might be efficient, I guess. 효율적일 것 같습니다.

🏅 공지 패키지

회사, 조직, 지역 단체에게 어떤 정보 (문제 상황)를 알리려고 할 때

공지를 띄우자	post a notification on our website about 물품 / 기기 / 시설 / 상황의 문제. 우리 웹사이트에 물품 / 기기 / 시설 / 상황의 문제에 대한 공지를 올립시다.
이메일 보내자	send an email or text message to people about the issue. sending a mass email with a 20% discount coupon would be effective. 사람들에게 이 문제에 대한 이메일 또는 문자를 보냅시다. 20퍼센트 할인 쿠폰을 대량 이메일에 붙여 보내면 효과적일 겁니다.
포스터로 공지하자	put up posters announcing these issues on the bulletin boards or our website. put a (warning) notice about this issue 어디에. 게시판이나 우리 웹사이트에 이 문제들을 알리는 포스터를 올립시다. 어디에 이 문제들에 대한 (경고) 공지를 올립시다.

PART 1
PART 2
PART 3
PART 4
PART 5
PART 6

🎖 공지 3단계

웹사이트 공지 ➡ 사람들의 문제 인식 ➡ 문제 해결: 단계별 공지 방안이 필요할 때

① 웹사이트에 알리자	announce the issue on our website 우리 웹사이트에 이 문제를 알립시다.
② 문제를 모두 알게 될거야	so that people can be aware of the situation faster. 그렇게 하면, 사람들이 더 빨리 상황에 대해 인식할 수 있겠죠.
③ 문제가 해결 될거야	In the end, everything will be OK. 결국, 다 잘 마무리될 겁니다.

🎖 설문 조사 패키지

어떤 상황에 대해 직원, 고객의 의견 또는 아이디어가 필요할 때

설문 조사를 하자	hold a survey on our website. collect customer feedback by using an SNS and free texting apps. 우리 웹사이트에서 설문 조사를 진행해봅시다. SNS나 무료 문자 앱을 이용해 고객의 의견을 모아봅시다.

 질문에 따라 달라질 수 있는 키워드

🎖 교육, 규칙 패키지

직원, 고객의 매너, 행동, 태도에 지속적인 잘못이 있어 규칙과 교육이 필요할 때

워크숍 열자	run a special workshop on how to 요청 동사 (before or after office hours). (업무 시간 전 또는 후에) 어떻게 (요청 동사) 할지에 대한 특별 워크숍을 열어봅시다.
트레이닝 세션 열자	run special online training sessions for 대상 so that they can learn about our 제품 / 문제 / 상황 better and faster. 대상을 위한 온라인 교육 과정을 열면 그들은 우리의 제품 / 문제 / 상황에 대해 더 면밀하고 빠르게 알 수 있겠죠.
핸드아웃, 매뉴얼 주자	provide handouts and manuals for our employees (customers). 우리의 직원들 (고객들)에게 유인물과 설명서를 제공합시다.
이메일로 자료 주자	email related materials to them. 그들에게 관련 자료를 이메일로 보냅시다.
인강을 올리자	upload video tutorials to our website for them. 그들을 위해 우리 웹사이트에 동영상 강의를 업로드 합시다.
(안 따르면)벌금주자	If they don't follow rules, you should charge a penalty. 만일 그들이 규칙을 지키지 않으면, 벌금을 부과해야 합니다.

 질문에 따라 달라질 수 있는 키워드

🎗 공간, 물품 부족 패키지

· 사람이 너무 많거나 사업장이 협소해 공간이 부족할 때

더 큰 장소를 찾자	book(reserve) a bigger space like a convention center, a college auditorium or a local movie theater. 컨벤션 센터, 대학교 대강당 또는 동네 극장 같은 큰 공간을 예약해(빌려) 봅시다. use a park near our venue. 우리의 행사 장소 인근 공원을 사용합시다
시간대를 나누자	split the event into two sessions; one in the afternoon and the other in the evening. 행사를 두 타임으로 나눠봅시다: 하나는 오후에, 다른 하나는 저녁에 합시다.
근처 지점을 이용해	use our company branch nearby. It's only a 5-minute walk from our store. 우리 회사 인근 지점을 사용합시다. 그 곳은 우리 매장에서 5분 거리에 있어요.
좌석을 더 마련하자	add as many tables and chairs as possible. 가능한 많은 테이블과 의자를 추가합시다.
촬영해 다른 장소에서 상영하자	record the event and play it at the 다른 장소. 그 행사를 녹화해서 다른 장소에서 틀어봅시다.

· 차가 너무 많아 주차 공간이 부족할 때

차 없이 다녀 + 교통비 줄게	use public transportation (a public parking lot nearby, a company shuttle service). No worries, we'll cover the fees. 대중 교통 (인근 공영 주차장, 사내 셔틀 버스 서비스)를 사용합시다. 비용은 지급되니 걱정하지 마세요.

🎗 시간, 예산, 인력 부족 패키지

· 시간이 부족할 때

마감일을 연기하자	extend the deadline for another week. 마감일을 한 주 더 연장해봅시다.
오버타임 하자	work overtime this weekend. That way, we can meet the deadline. 이번 주말에 연장 근무 합시다. 그러면, 우리는 마감일을 맞출 수 있습니다.

· 예산이 부족할 때

온라인으로 구매해	buy 물건 on the internet at a reasonable price and save some money. (물건)을 합리적인 가격에 온라인으로 구매하고 돈을 좀 아껴봅시다.
추가 예산 줄 수 있어	I can allocate additional funds for 요청 사항. 제가 (요청 사항)을 위한 추가 예산을 지급할 수 있어요.

PART 1
PART 2
PART 3
PART 4
PART 5
PART 6

· 인력이 부족할 때

전문가를 고용하자	hire some specialists (experts) with experience in this field. 관련 업계 종사 경험이 있는 전문가들을 채용합시다.
자원봉사자 찾자	find more volunteers (part-timers) who have related experience. 관련 경험이 있는 자원봉사자 (시간제 근무자)을 더 찾아봅시다.

🎗️시스템, 시설 불량 패키지

사업장의 시스템, 시설에 문제가 생겨 직원, 고객의 불만이 있을 때

사과 후, 상황 설명해	First of all, We should apologize for the situation to our customer(s) and explain what happened. 우선, 우리 고객에게 사과부터 하고 상황에 대해 설명해야 합니다.
다른 지점 문의	Ask our company branches nearby if we can use(borrow, send~) 우리가 사용할 수(빌릴 수, 보낼 수) 있는지 우리 회사 인근 지점에 문의해 봅시다.
새 것을 당장 보내줘	Send a new 물품 / 기기 to 대상 right away. 새 물품 / 기기를 대상에게 당장 보냅시다.
내가 해결 할게	I've had a similar situation before. No problem, I got this. 이전에도 비슷한 상황들을 겪어 봤어요. 걱정 마세요, 제가 알아서 처리할게요. I can handle it. 제가 해결할 수 있어요.

 **Secret Code** 질문에 따라 달라질 수 있는 키워드

🎗️보상, 동기부여 패키지

직원의 성과에 보상, 동기 부여 하고 싶을 때

예산 O 금전적 혜택 주자	provide (offer) better company benefits such as special incentives, bonus, paid vacation or gift vouchers. 특별 장려금, 보너스, 유급 휴가 또는 상품권 등의 더 좋은 사내 혜택을 제공해봅시다.
예산 X 기분 좋게 동기 부여	provide (offer) paid vacation, an extra day off. 유급 휴가, 추가 휴일을 제공해봅시다. hold an office party. 사내 파티를 열어봅시다 give them thank you cards. 그들에게 감사 카드를 전달합시다. 생색 That way, we would reward their hard work. 그것은 그들의 고생에 대한 보상이 될 겁니다.

🏅 선택 패키지

정규 직원, 승진, 프로젝트를 위해 누군가를 뽑아 선택해야 할 경우, 선택 기준을 물을 때

인터뷰를 열자	We should hold an interview and ask related questions to them. 우리는 인터뷰를 열고 그들에게 관련 질문을 물어봐야 합니다. **생색** That way, we would find the best one (people). 그러면, 우리는 적임자 (적격인 사람들)을 찾게 될 겁니다.
발표를 시키자	ask them to give a presentation and show their abilities. 그들에게 프레젠테이션을 하게 하고 그들의 능력을 보이게 시켜봅시다.
추천 받자	get recommendations from their supervisors (managers, coworkers). 그들의 상사 (매니저, 동료)로부터 추천을 받읍시다.
업무 역량 살펴보자	check their work performance and previous experience. 근무 실적과 이전 경력을 확인해봅시다.

PART 1

PART 2

PART 3

PART 4

PART 5

PART 6

Propose a solution
자신감 다지기

PART
05

✒️ 유형1 ▶ 홍보 문제

1. 나의 직책/장소 파악

지시문 화면에서 나의 직책과 전화 오는 장소를 파악해두세요.

> ### Respond as if you are <u>the marketing coordinator</u>.
> ㄴ 내 직책: 마케팅 담당자

2. 핵심 키워드 듣기　🔊 MP3 Part 5_01

우선, 지문없이 원어민 성우의 MP3만 들어 보면서 핵심동사와 명사, 문제점과 옵션 사항이 얼마나 들리는지 아래 빈칸에 적어보세요.

- 화자 이름

- 직책

- 장소

- 화자 이름

- 핵심 키워드 (동사/명사)

- 총정리 멘트

---

3. 답변 완성 🔊 MP3 Part 5_02

만사형통 답변틀과 해결팁을 이용해 답변을 완성해보세요.

도입	첫인사	Hello, ___제니___ . This is ___내 이름___ speaking.
	문제 요약	You said you're worried about ___학생들에게 여행 상품을 마케팅 하는 것___ because ___상품 판매가 감소하고 있어서요___ but, you don't know how to ___판매를 촉진할 새로운 전략을 찾을지___ . so, you want me to help you out, right?
본론	해결책 1 할인 쿠폰	Why don't we 학생들에게 문자나 이메일로 할인 쿠폰을 보내보면 어떨까요?
	해결책 2 SNS 사용	Also, we can ___SNS도 사용할 수 있어요___ .
	결과	That way, more students would buy them.
	해결책 3 전단지 + 쿠폰	Plus, we should ___학생들에게 전단지를 뿌려봅시다___ near the colleges.
	결과	In this way, our sales would be increasing again.
마무리	마무리	제게 더 많은 아이디어가 있습니다. 지금 바로 이메일로 보내드리겠습니다. 10분 후 확인해보시고, 질문 있으시면 제게 알려만주세요. 좋은 하루 보내시기 바랍니다. 안녕히 계세요.

4. 정리

위 답변을 큰소리로 2번 읽어 정리하세요.

5. 마무리

자신감이 들 때, 60초를 재며 시간 내 답변할 수 있는 길이로 조정하여 마무리하세요.

 **유형 2** ▶ **공지 문제**

1. 나의 직책/장소 파악

지시문 화면에서 나의 직책과 전화 오는 장소를 파악해두세요.

> **Respond as if you are <u>the facility manager</u>.**
>
> └ 내 직책: 시설 관리 담당자

2. 핵심 키워드 듣기 🔊MP3 Part 5_03

아래 전화 내용은 오직 음성으로만 듣게 됩니다. 지문으로 최신 출제 유형을 파악한 후 원어민 성우의 MP3를 들으며 듣기 포인트를 찾아 아래 빈칸에 적어보세요.

도입	Hi, this is Simon, the facility manager at Madison Ave Park. Since you're my assistant manager, I need your help with a problem we are facing.
본론	As you probably know, we hold monthly festivals for young adults in our center square for free. The problem is that the festivals have become so popular and many young adults attend the festivals every month. So, our park gets extremely crowded on those days. We find a lot more trash and increased number of cans in our parking lots. And it is clear that our visitors have difficulties walking around in the park. What steps can we take to better manage this large number of people?
마무리	We want to make sure that our free festivals for young adults at the park remain an enjoyable experience for our visitors. Please call me with your plan. Again, it's Simon.

• 화자 이름

• 직책

• 장소

• 요청 내용

• 핵심 키워드 (동사/명사)

• 옵션 사항

• 총정리 멘트

---

3. 답변 완성 (MP3) Part 5_04

만사형통 답변틀과 해결팁을 이용해 답변을 완성해보세요.

PART 1
PART 2
PART 3
PART 4
PART 5
PART 6

도입	첫인사	Hello, 싸이먼 . This is 내 이름 speaking.
	문제 요약	You said you're worried about 주차장에 쓰레기가 많은 것 because 매달 청소년을 위한 페스티벌을 열어서요 but, you don't know how to 많은 인파를 관리하는 것 , so, you want me to help you out, right?
본론	해결책 1 공지 3단계	Why don't we 우리 웹사이트에 공지문을 올려 사람들이 빨리 알게 될 거고, 모든 일이 괜찮아질 겁니다.
	해결책 2 법, 규칙	Also, we should 새로운 법과 규칙을 만듭시다.
	해결책 3 포스터, 벌금	Plus, we need to 포스터를 붙이다 announcing these issues near 주차장. If the festival attendees 규칙을 따르지 않는다면, 벌금을 부과하셔야 합니다.
마무리	마무리	질문 있으시면 제게 알려주세요. 안녕히 계세요.

4. 정리

위 답변을 큰소리로 2번 읽어 정리하세요.

5. 마무리

자신감이 들 때, 60초를 재며 시간 내 답변할 수 있는 길이로 조정하여 마무리하세요.

1. 나의 직책/장소 파악

지시문 화면에서 나의 직책과 전화 오는 장소를 파악해두세요.

> **Respond as if you are <u>the sales assistant manager</u>.**
>
> └ 내 직책: 판매 담당 대리

2. 핵심 키워드 듣기 🔊 MP3 Part 5_05

아래 회의 내용은 오직 음성으로만 듣게 됩니다. 지문으로 최신 출제 유형을 파악한 후 원어민 성우의 MP3를 들으며 듣기 포인트를 찾아 아래 빈칸에 적어보세요.

Woman A	Before we end our meeting, let's talk about an issue with our sales staff. Recently, customers have reported that many salespeople are not knowledgeable about all of our electronic gadgets that are being sold at the store.
Man B	That's true, Veronica. Our sales people don't have up-to-date information about our latest models of smartphones, e-readers and other bestselling products. Of course, they have basic training and know general information about our products, though.
Woman A	But, we need a way to keep them knowledgeable about our newly-launched gadgets and models that come in regularly. As you know, our meeting time today is almost over so please think about this issue further and call me back with your suggestions. Thanks.

- 화자 이름
- 직책
- 장소

- 요청 내용
- 핵심 키워드 (동사/명사)
- 옵션 사항

- 총정리 멘트

3. 답변 완성 🔊 MP3 Part 5_06

만사형통 해결 답변틀과 해결팁을 이용해 답변을 완성해보세요.

PART 1
PART 2
PART 3
PART 4
PART 5
PART 6

도입	첫인사	Hello, ___베로니카___ . This is ___내 이름___ speaking.
	문제 요약	You said you're worried about ___우리 판매 사원들___ because ___그들이 우리 전자 제품들에 대해 잘 모르기 때문이죠___ , but, you don't know how to ___신제품에 대해 잘 알고 있게 만들다___ , so, you want me to help you out, right?
본론	해결책 1 워크숍	Why don't we ___이 문제에 대해 판매 사원들에게 알리고 신제품에 대한 특별 교육 세션을 열어봅시다___ whenever we have newly-launched products.
	해결책 2 온라인 교육과정	Also, we should ___특별 온라인 교육과정을 운영하다___ for them whenever we have ___신제품___ .
	결과	In the end, ___우리의 영업 사원들이___ will be more knowledgeable and deal with customers better.
	해결책 3 핸드아웃, 메뉴얼	On top of that, we should ___신제품에 대해 설명해 놓은 핸드아웃과 매뉴얼을 줍시다___ after the training sessions.
	안심 연결	Don't worry. Everything will be OK.
마무리	마무리	제가 더 많은 도움을 드릴 수 있을 것 같습니다. 오늘 이따가 이 문제에 관해 얘기해보시죠. 안녕히 계세요!

4. 정리

위 답변을 큰소리로 2번 읽어 정리하세요.

5. 마무리

자신감이 들 때, 60초를 재며 시간 내 답변할 수 있는 길이로 조정하여 마무리하세요.

 **유형 4** 공간 문제

1. 나의 직책/장소 파악

지시문 화면에서 나의 직책과 전화 오는 장소를 파악해두세요.

> ### Respond as if you are <u>the gallery manager.</u>
> ∟, 내 직책: 미술관 담당자

2. 핵심 키워드 듣기 (◁) MP3) Part 5_07

아래 전화 내용은 오직 음성으로만 듣게 됩니다. 지문으로 최신 출제 유형을 파악한 후 원어민 성우의 MP3를 들으며 듣기 포인트를 찾아 아래 빈칸에 적어보세요.

도입	Hi, it's Todd, the owner of Omega Art Gallery. Since you're the manager, I need your help.
본론	As you know, the gallery walls are out of style, so I am planning to replace the wallpaper. Our gallery is quite spacious and it will take about a few weeks to paper the walls in all sections and hallways. We don't want to close the entire gallery while the wallpaper replacement is being done because we'll lose a large number of customers. At the same time, I am very afraid that our customers will be inconvenienced when visiting our gallery while this renovation is going on.
마무리	Please call me back with a plan to reduce inconvenience for our customers while this wallpaper replacement is taking place. Again, it's Todd.

- 화자 이름
- 직책
- 장소

- 요청 내용
- 핵심 키워드 (동사/명사)
- 옵션 사항

- 총정리 멘트

3. 답변 완성 🔊(MP3) Part 5_08

만사형통 답변틀과 해결팁을 이용해 답변을 완성해보세요.

PART 1
PART 2
PART 3
PART 4
PART 5
PART 6

도입	첫인사	Hello, ___터드___ . This is ___내 이름___ speaking.
	문제 요약	You said you're worried about ___벽지를 바꾸는 것___ because ___손님들이 공사에 불편함을 느낄 것 같아서요___ but, you don't know how to ___벽지 보수 공사에 불편함을 감소시키다___ so, you want me to help you out, right?
본론	해결책 1 밤시간 이용	Why don't we ___밤 시간에 벽지를 바꿔봅시다___ . Then, it wouldn't be a problem.
	해결책 2 월요 휴무 이용	___월요일 휴무를 이용하는 건 어떨까요?___
	해결책 3 고객 할인	We should probably close one section at a time and ___30% 할인하다___ to all of our customers.
	안심 연결	Don't worry. Everything will be OK.
마무리	마무리	제게 더 많은 아이디어가 있습니다. 지금 바로 이메일로 보내드리겠습니다. 10분 후 확인해보시고, 질문 있으시면 제게 알려만주세요. 좋은 하루 보내시기 바랍니다. 안녕히 계세요.

4. 정리

위 답변을 큰소리로 2번 읽어 정리하세요.

5. 마무리

자신감이 들 때, 60초를 재며 시간 내 답변할 수 있는 길이로 조정하여 마무리하세요.

1. 상대의 직책

지시문 화면에서는 가끔 상대의 직책이 나오는 경우도 있으니 함께 파악해두세요.

> ### Respond to a voice message from <u>the marketing director.</u>
> ㄴ 상대방 직책: 마케팅 담당 이사

2. 핵심 키워드 듣기 (MP3) Part 5_09

아래 전화 내용은 오직 음성으로만 듣게 됩니다. 지문으로 최신 출제 유형을 파악한 후 원어민 성우의 MP3를 들으며 듣기 포인트를 찾아 아래 빈칸에 적어보세요.

도입	Hi, this is Michele, the director of client relations here at MX E-reader Company. Since you are a product manager, I need your advice.
본론	We are planning to demonstrate our state-of-the-art E-readers to our prospective clients. We have two different plans to choose from. We could fly a few people from their company to come and see our E-readers; that would give a great personal touch and they could see our products in person. Alternatively, we could hold an online meeting. This way, we could save money and invite as many clients as we can. Which option do you think is better when holding our first meeting with our important potential customers? Should we fly them here or have an online meeting? why?
마무리	Please call me back when you come up with ideas. Again this is Michele at extension 104.

> • 화자 이름
>
> • 직책
>
> • 장소
>
>
> • 요청 내용
>
> • 핵심 키워드 (동사/명사)
>
> • 옵션 사항
>
>
> • 총정리 멘트

3. 답변 완성 🔊 MP3 Part 5_10

만사형통 답변틀과 해결팁을 이용해 답변을 완성해보세요.

도입	첫인사	Hello, ___미쉘___ . This is ___내 이름___ speaking.
도입	문제 요약	You said you're worried about 가망 고객에게 최신 전자 리더기를 because you don't know what to choose between 고객을 비행기로 모셔오는 것 또는 온라인 회의를 여는 것, so, you want me to help you out, right?
본론	해결책 1 선호 1+이유	I think ___온라인 회의를 여는 것___ is better because, as you mentioned before, ___우리가 돈도 아끼고 더 많은 고객을 초대할 수 있으니까요. 우리가 예산이 부족하기 때문에 이 방법이 지금은 더 효과적입니다___ .
본론	부연 설명	We don't even know whether they would buy our new e-reader or not after attending the product demonstration. ___온라인 미팅 후 가장 관심을 보이는 VIP 들을 모셔 옵시다___ .
본론	안심 연결	This way might be more efficient.
마무리	마무리	___걱정 마세요. 제가 더 도울 수 있을 것 같으니 오늘 이따가 더 얘기합시다. 안녕히 계세요___ .

4. 정리

위 답변을 큰소리로 2번 읽어 정리하세요.

5. 마무리

자신감이 들 때, 60초를 재며 시간 내 답변할 수 있는 길이로 조정하여 마무리하세요.

PART 1
PART 2
PART 3
PART 4
PART 5
PART 6

Propose a solution
순발력 다지기

PART
05

🔊 MP3 Part 5_11

1.

TOEIC Speaking	Question 10 of 11

TOEIC Speaking	Question 10 of 11

Respond as if you are the branch manager.

In your response, be sure to

• show that you recognize the problem, and
• propose a way of dealing with the problem.

PREPARATION TIME	RESPONSE TIME
00:00:45	00:01:00

2.

PART 1
PART 2
PART 3
PART 4
PART 5
PART 6

TOEIC Speaking

Question 10 of 11

Respond as if you are in the HR meeting.

In your response, be sure to

• show that you recognize the problem, and
• propose a way of dealing with the problem.

PREPARATION TIME	RESPONSE TIME
00:00:45	00:01:00

3.

TOEIC Speaking · Question 10 of 11

Respond as if you are the assistant manager.

In your response, be sure to

• show that you recognize the problem, and
• propose a way of dealing with the problem.

PREPARATION TIME	RESPONSE TIME
00:00:45	00:01:00

4.

TOEIC Speaking — Question 10 of 11

Respond as if you are the assistant manager.

In your response, be sure to

- show that you recognize the problem, and
- propose a way of dealing with the problem.

PREPARATION TIME	RESPONSE TIME
00:00:45	00:01:00

5.

MP3) Part 5_15

EIC Speaking

Question 10 of 11

OEIC Speaking

Question 10 of 11

Respond as if you are the assistant manager.

In your response, be sure to

- show that you recognize the problem, and
- propose a way of dealing with the problem.

PREPARATION TIME	RESPONSE TIME
00:00:45	00:01:00

6.

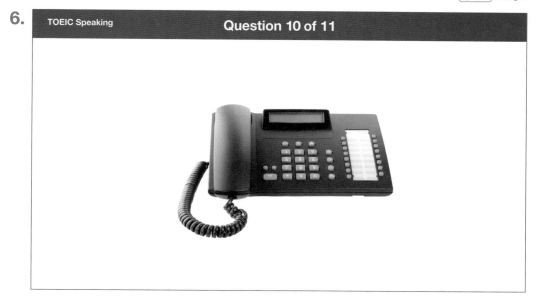

Respond as if you are the head of Human Resources.

In your response, be sure to

- show that you recognize the problem, and
- propose a way of dealing with the problem.

PREPARATION TIME	RESPONSE TIME
00:00:45	00:01:00

PART 1
PART 2
PART 3
PART 4
PART 5
PART 6

• 명사

promotion   행사
hand out   유인물, 전단지
coupon   쿠폰
promo code   판촉 코드
regular customer   단골 고객
text message   문자
procedure   절차
fundraising party   모금 파티
demonstriation   시연회
special guest speaker   특별 강사
buy-one-get-free   1+1
notification   게시문
mass eamil   대량 이메일
bulletin board   게시판
notice   공지
situation   상황
survey   설문 조사
office hours   업무 시간
material   자료
upload   업로드
regulation   규정
deposit   보증금
confirmation   확인
college auditorium   대학교 대강당
local   지역
movie theater   극장
split   나누다
company branch   회사 지점
transportation   이동수단
deadline   마감
work overtime   연장근무, 야근
supervisor   관리자

shipment   물품 배송
candidate   후보
maintenance   정비

• 동사

develop   만들다
announce   발표하다, 알리다
encourage   독려하다, 장려하다
provide   제공하다
charge a penalty   벌금을 부과하다
record   녹화하다
renovate   개조하다
extend   연장하다
allocate   할당하다
apologize   사과하다
explain   설명하다
exchange   교환하다
replace   교체하다
borrow   빌리다
reward   보상하다
inquire   문의하다
evaluate   평가하다

• 어구

in the end   결국에는
online training session   온라인 교육 과정
reasonable price   합리적인 가격
save money   돈을 아끼다
related experience   관련 경험
paid vacation   유급 휴가
extra day off   추가 휴일
technical problem   기술 문제
mileage credit points   마일리지 포인트

PART 1

PART 2

PART 3

PART 4

PART 5

PART 6

 시험장에서 겪을 수 있는
함정 포인트

1. 듣기 함정

듣기 시험의 승패는 아래 2가지에 달려있습니다.

[1] 복선이 들리면 집중, 핵심 키워드를 듣기

[2] 키워드 정확히 암기하기

막연히 다 듣겠다, 모두 외우겠다는 의욕에 앞서 지나간 것에 집착하다 보면 지금과 다음에 들어야 할 부분까지 놓치게 됩니다. 복선 암시 문구가 나오면 집중해서 핵심 키워드를 놓치지 않아야 하고, 입으로 작게 중얼거려놓으면 답변 준비할 때 생각이 나니까 중얼중얼 따라하기 전략 (shadowing)을 꼭 활용하세요. 지문을 만나기 전, 성우가 파트 소개를 하고 있는 동안에 마음을 차분하게 다잡고 크게 심호흡도 한번 하면서 긴장을 풀어두세요. 첫 도입 15초 동안 나오는 핵심 키워드는 무조건 답변에 넣어야 한다는 것 기억하세요.

2. 의역 (paraphrasing) 함정

핵심 키워드는 절대 한 번만 나오지 않습니다. 중간중간 몇 번에 걸쳐 반복적으로 나오는데 이때, 같은 단어로 나올 때도 있지만 같은 뜻을 가진 다른 단어로 바꿔 말해줍니다. 이것을 의역 (paraphrasing)이라고 합니다. 혹시, 도입에서 핵심 키워드를 놓쳤다 하더라도 비슷한 뜻의 단어가 계속 반복해 나온다면 가장 쉬운 동의어로 잘 기억했다가 답변에 꼭 넣어 말해주세요.

3. 답변틀 적용 함정

기억해둔 핵심 키워드와 문제점들을 답변틀에 넣을 때 실수가 일어나지 않게 주의하세요. 자연스럽게 답변틀을 쓰지 못하면 암기한 노력이 허사가 된다는 것 잊지마세요.

4. 어버버 함정

Part 5가 어려운 이유는 듣기 때문도 있지만, 들은 걸 얼마나 정확히 요약하는가, 암기한 것 중 어떤 해결책을 떠올려 적재적소에 답변틀과 연결하는가, 얼마나 자연스러운 전화 음성 녹음처럼 말하는가가 더 어려운 과제라고 생각합니다. 말하다가 중간에 어버버 함정에 빠질 수도 있지만, 이때 당황해서 계속 시간을 허비하게되면 이미 짜놓은 뒷부분의 전략에 변수가 생겨 시험을 망칠 수 있습니다. 이 파트는 돌발이든 돌발이 아니든 그저 연습하고 훈련한 딱! 그만큼 점수가 나오는 파트입니다. 어버버 함정에 빠지는 순간 최대한 간결하고 빠르게 빠져나와야 합니다. 마무리 답변틀까지 견고하게 다 말하고 끝내야 하니 초관리를 잘해서 딱 시간에 맞춰 녹음을 끝내세요.

PART 06

Express an opinion

의견 제시하기

TOEIC SPEAKING

Lv.6

Question 11

Express an opinion

미리 보기

문제 유형

Part 6은 수험자에게 특정 주제에 대한 의견을 묻는 1문제가 제시되고 그에 대한 의견을 서론, 본론, 결론의 형식으로 설득력 있게 말하는 파트입니다. 준비 시간 30초 동안 유형별 빈출 및 돌발 문제들에 사용할 아이디어와 말하기 스타일을 미리 준비해두어야 하는 토익스피킹 전체 6파트 중 가장 난이도가 높은 파트입니다.

구성

문항 수	1문제
문제 번호	Question 11
준비 시간	30초
답변 시간	60초

유형별 출제 비율

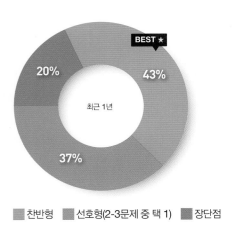

BEST ★

43%

20%

최근 1년

37%

■ 찬반형 ■ 선호형(2-3문제 중 택 1) ■ 장단점

주제별 출제 비율

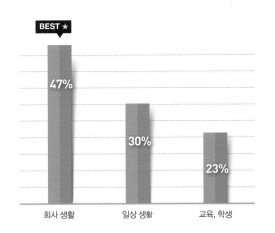

BEST ★

47%

30%

23%

회사 생활   일상 생활   교육, 학생

PART
06

PART 1

PART 2

PART 3

PART 4

PART 5

PART 6

평가 기준

- 발음, 억양, 강세, 목소리의 볼륨과 톤
- 문법
- 어휘
- 일관성
- 완성도

평가 점수

- 5점

ETS 채점 포인트

- 질문의 의도를 정확히 이해하고 그에 대해 일관적인 답변을 하는가?
- 서론, 본론, 결론의 형식을 통해 체계적이고 짜임새 있게 말하는가?
- 정확한 표현과 어휘로 말하는가?
- 문법적 실수가 얼마나 적은가?
- 얼마나 유창하고 자연스럽게 발음, 억양, 강세 등을 주는가?

PART 6 고득점 전략

1. 질문이 화면에 나왔을 때, 질문을 한번에 빨리 독해하는 것이 좋습니다. 유형별로 질문의 형식은 정해져 있으니 독해 실력이 부족한 학습자는 사전에 미리 빈출 질문들의 뉘앙스를 최대한 파악해두세요.

2. 11번 문제를 위해 준비한 뻥설정과 만사형통팁을 확실하게 사용하려면 더 많이 말할 수 있는 조건을 선택해야 합니다. 최신 문제들은 반복적으로 나오니 이미 브레인스토밍해둔 구조가 있다면 초반부터 적용하세요. 아이디어들을 다 외워놓고 정작 실제 시험에선 한 번도 연습하지 않은 새로운 이야기로 풀어가게 된다면 문법 실수는 물론이고 구조적으로도 허술한 답변을 하게 됩니다.

3. 뻔뻔한 설정과 거짓말에 능숙해지세요. 채점자는 문제 내용에 대해 근본적으로 이해했는지, 설득력 있게 처음부터 끝까지 일관되고 체계적으로 말하는지와 같은 부분을 기대하고 있다는 것을 명심하세요.

4. 질문에 따라 60초 답변 시간이 길 수도 짧을 수도 있으므로 말하면서도 지속해서 초시계를 보면서 시간 내 모두 답변을 마쳐야 합니다.

훈련생 주의 사항

1. 전략 다지기의 11번 답변틀, 3종 구조, 뼹설정, 만사형통팁, 시작 문장틀, 어휘 등을 소리 내 반복 암기, 훈련하세요.

2. 찬반형, 선호형, 또는 장단점의 질문 유형은 출제 방식과 뉘앙스가 거의 비슷합니다. 교재로 훈련 시, 새로운 질문의 형식을 보면 잘 인지해두었다가 같은 유형의 질문을 만나면 질문의 의도와 주제만 파악해서 바로 브레인스토밍 작업으로 넘어가 준비 시간을 아낄 수 있게 하세요.

3. 본론 전개 시 암기해둔 모든 내용을 무조건 쓰겠다는 작정으로 최대한 활용해야 합니다. 장문으로 말해야 고득점에 유리하지만, 생각은 쉽게 풀어가려고 노력하세요.

4. 시험 전 미리 최신 기출 문제들의 아이디어를 충분히 정리해두고 한 번 풀었던 문제도 반복 훈련하여 완벽한 수준의 답변으로 끌어올려 두세요.

5. 순발력 다지기에서 문제를 풀 때 균등하게 초를 분배하는 훈련으로 마무리하세요.

PART 1

PART 2

PART 3

PART 4

PART 5

PART 6

시험 진행 순서

TOEIC Speaking

Question 11: Express an Opinion

Directions: In this part of the test, you will give your opinion about a specific topic. Be sure to say as much as you can in the time allowed. You will have 30 seconds to prepare and have 60 seconds to speak.

❶ 디렉션

Part 6 시험 진행 방식을 설명하는 안내문을 화면에 보여준 뒤 이를 음성으로 들려줍니다.

TOEIC Speaking   **Question 11 of 11**

Which of the following is the most effective way for a company to support its employees' health? Choose one of the options provided, and give reasons or examples to support your opinion.

- Give employees a daily break for exercise
- Provide healthy food options
- Offer workshops on health-related topics

Give specific reasons or examples to support your opinion.

PREPARATION TIME
00:00:30

❷ Question 11 준비 시간

화면에 11번 문제가 나타나며 문제를 읽어준 후 "Begin preparing now."라는 음성과 함께 삐 소리가 나면 30초의 준비 시간이 주어집니다.

TOEIC Speaking   **Question 11 of 11**

Which of the following is the most effective way for a company to support its employees' health? Choose one of the options provided, and give reasons or examples to support your opinion.

- Give employees a daily break for exercise
- Provide healthy food options
- Offer workshops on health-related topics

Give specific reasons or examples to support your opinion.

RESPONSE TIME
00:01:00

❸ Question 11 답변 시간

준비 시간이 끝나면 "Begin speaking now."라는 음성과 함께 삐 소리가 나면 60초의 답변 시간이 주어집니다.

Express an opinion

기본기 다지기

PART

06

TOEIC Speaking | **Question 11 of 11**

Which do you think is a more effective way to increase employees' job satisfaction: giving more chances to go on business trips, or letting employees work on a flexible schedule?

 **기본기 1** ▶ **질문 유형 파악하기**

질문의 유형

● 찬반형 (agree / disagree)

제시된 지문에 찬성인지 반대인지를 묻는 질문

Do you agree or disagree with the following statement?
"Since people use the internet and computers more than before, less people go to public places like a park or a beach?"

당신은 다음 말에 대해 찬성하나요, 아니면 반대하나요?
"사람들이 인터넷과 컴퓨터를 예전보다 많이 사용하면서부터, 공원 또는 해변과 같은 공공장소에 덜 간다."

PART 1

PART 2

PART 3

PART 4

PART 5

PART 6

● **선호형 (preference)**

• 2개 조건 중 1개 선택형: 2개의 조건 중 더 선호하는 것을 고른 이유를 묻는 질문

Which do you think is a more important quality in a business partner: having good technical skills or being a good leader?

당신은 사업 파트너에게 훌륭한 전문 기술 또는 훌륭한 리더 중에서 어느 것이 더 중요한 자질이라고 생각하나요?

• 3개 조건 중 1개 선택형: 3개의 조건 중 가장 선호하는 것을 고른 이유를 묻는 질문

Which of the following do you think is the biggest benefit of working for a start-up company?
- Chances to learn various skills
- Close relationships with colleagues
- Opportunities for quick promotions

다음 중 어느 것이 생긴지 얼마 안 된 회사에서 일하는 것의 가장 큰 장점이라고 생각하나요?
- 다양한 기술을 배울 기회
- 동료직원들과의 친밀한 관계
- 빨리 승진하는 기회

● **장단점 (advantage / disadvantage)**

특정 주제의 장점 혹은 단점의 이유를 묻는 질문

What are the disadvantages of working in a team?

팀으로 일하는 것의 단점은 무엇인가요?

기본기 2 ▶ 준비 시간 30초 활용법

Part 6는 순발력과 생각의 전환이 필요한 파트로써, 서론의 방향을 할 말이 더 많은 쪽으로 잡아야 본론에서 더욱 많은 이유와 근거를 붙일 수 있습니다.

1. 화면에 질문이 뜨는 순간부터 지문 읽는 성우의 목소리는 무시하고 속독으로 질문을 읽어 한번에 이해

2. 즉각적으로 할 말이 많은 조건을 선택한 후, 뻥 설정과 관련 경험, 만사형통팁 그 외 추가 어휘를 말할 순서대로 구상 (필요에 따라 간단한 노트테이킹)

3. "Begin speaking now. Beep~"까지 준비 시간으로 활용, 1초 정도 쉬고 답변 시작

🖋️ 기본기 3 ▶ 답변 시간 60초 활용법

본론을 얼마나 짜임새 있게 전개해가는지가 고득점의 승패를 결정합니다. 반복이 심하거나 머뭇거리지 않을 수 있게 본론 안에서 몇 개의 이유나 설명으로 전개할 것인지 준비 시간에 미리 정리해 두었다가 답변 시 유연하고 자연스럽게 본인의 생각을 말하는 훈련을 해두세요.

아래 60초 말하기 전개법과 답변 시간 활용법을 숙지하시고 문제들에 적용해보세요.

본론 설정 구조 3종

● 기본 구조

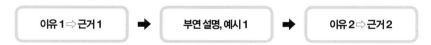

주장에 대한 아이디어와 이유가 많이 생각날 때 사용하세요. 이유와 근거를 2~3개 덩어리로 정해놓고 first → second → at last의 조건 순서로 말합니다. 중간에 부연 설명이나 예를 들어 확장시킬 수도 있습니다.

● 뻥 경험 구조

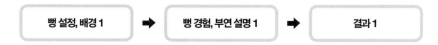

주장에 대한 배경 지식이나 경험이 전혀 없을 때 사용하세요. 질문에서 물어본 주제에 대해 본인이 겪었던 혹은 겪고 있는 상황처럼 대입시켜 긍정적 혹은 부정적 경험처럼 꾸며내는 방법입니다. 아이디어가 없어도 주관적인 예시나 경험을 지어내 실제적 근거로 활용할 수 있으므로 돌발 문제에 적용 범위가 넓고 쉽게 말을 이어갈 수 있습니다.

PART 1
PART 2
PART 3
PART 4
PART 5
PART 6

● **역 조건 구조**

| 이유 1 | ➡ | 반대 조건을 선택하지 않은 이유 1 | ➡ | 반대 조건을 선택하지 않은 이유 2 |

주장에 대한 지식, 경험, 아이디어가 없을 때 사용하세요. 선택한 조건의 이유를 한 가지 정도만 짧게 하고 대신 반대 조건을 왜 선택하지 않았는지를 부각함으로써 내가 고른 조건이 그나마 낫다는 것을 뒷받침하는 설정입니다. 자주 사용되진 않지만, 시간이 남고 할 말이 없을 때 추가로 활용하면 효율적입니다.

🖋 기본기 4 ▸ 핵심 연결어구 활용기

시간은 길고 할 말은 없는 것이 Part 6 난제입니다. 이때, 앞, 뒤 문장을 자연스럽게 연결해 주고 예시나 근거로 확장해 구조적으로 설득력을 높여주는 연결어구만 잘 써도 7~8초를 메울 수 있습니다. 고득점으로 한 단계 업그레이드시켜주는 마법의 본드 연결어 사전에서 종류별로 마음에 드는 것을 1~2개씩 골라 표시하고 암기해 주세요.

도입	
• I prefer to A than to B 나는 B보다 A를 선호한다	• A is better than B A가 B보다 낫다
강조	
• absolutely, definitely 분명히 • in fact 사실상	• in any event 좌우간, 여하튼 간에 • naturally 당연히
인과 관계	
• because ~때문에 • due to ~때문에 • since ~이니까, ~이므로	• because of ~때문에 • that is because 그건 ~때문입니다 • that is why 그건 ~이유 때문입니다
경험	
• from the viewpoint of ~의 관점에서 • from my point of view 내 관점에서 볼 때 • in my opinion 내 견해로는 • in my case 내 경우에는 • for example 예를 들어서 • personally 개인적으로	• for me 내 경우에는 • from my experience 내 경험으로는 • It is often said that ~ 종종 ~라는 말이 있다 • many people believe that~ 　많은 사람들이 ~라고 생각한다

지피지기면 백전백승. Part 6에서는 어떤 질문이 자주 나오는지 미리 아이디어를 정리해두세요.
최근 1년간 가장 많이 나온 빈출 문제 순입니다. 어떤 이유를 들면 좋을까요? 한 번씩 생각해보세요.

● **자질 문제**
- 좋은 친구의 자질로 가장 중요한 것은 무엇인가요? (지식 / 차분함 / 사교성 / 신뢰 / 유머)
- 기업에 지원하는 사람 (면접에서 구직자)가 가져야 할 능력은 무엇인가요?
  (분야에 대한 열정 / 다양한 업무 조율 능력 / 소통 능력 / 자신감 / 분야에 대한 지식)
- 당신이 사장이라면, 어떤 사람을 뽑고 싶어요? (동료와 잘 어울리는 사람 / 배우는 능력이 빠른 사람)
- 일을 시작하는데, 파트너를 골라야 합니다. 파트너에게 있어 가장 중요한 능력 또는 태도는
  무엇이라고 생각하나요?
- 사업 파트너로서 위험을 감수하는 능력이 중요하다는 것에 동의하나요?
- 비즈니스 리더는 중요한 결정을 할 때, 그들의 직원들로부터 조언을 얻어야 하나요?

● **다수(소수) 대인 관계의 장, 단점**
- 여러 사람이 같이 일하는 것이 좋다는 것에 동의하나요?
- 운동을 혼자 하기보다는 여럿이 하면 좋은 점은 무엇인가요?
- 사람들은 여러 가지 일을 한꺼번에 할 때 더 생산적이라는 것에 동의하나요?
- 사람들과 함께 여행 가는 것의 단점은 무엇인가요?

● **최신 기술 관련**
- 현재 스마트폰이 컴퓨터를 대체할 수 있다는 것에 동의하나요?
- 미래에 사람들은 대부분의 쇼핑을 온라인으로 할까요?
- 기술의 발전이 아이들의 교육을 발전시켰나요?
- 학교에서 휴대전화를 쓰게 하면 장점 / 단점은 무엇인가요?

● **일상 생활 (여가, 음식, 운전)**
- 학생들에게 일 년에 한 번 긴 방학 혹은 여러 번 짧은 방학 중 어떤 것이 더 좋을까요?
- 아이들이 여가시간에 운동을 해야 하나요?
- 요즘 사람들이 과거에 비해 건강식에 관심이 더 많이 있을까요?

● **기존 환경 vs. 새로운 환경**
- 직장인이 직장을 자주 바꾸면 좋은 / 안 좋은 점은 무엇인가요?
- 대학생이 해외에서 공부하면 좋은 / 안 좋은 점은 무엇인가요?
- 젊은 사람들이 부모와 같이 사는 것이 아닌 혼자 살때의 장점/단점은 무엇인가요?

● **경험, 사회적 관념**
- 사람이 행복한 삶을 살아가는 데 즐거운 직업을 갖는 것이 필수적인가요?
- 대학생은 회사에서 인턴십 같은 단기 근무 경험을 꼭 해야 한다는 것에 동의하나요?

PART 1

PART 2

PART 3

PART 4

PART 5

PART 6

• 누군가가 동료와 의견 마찰이 생겼을 때, 그 문제를 바로 해결해야 하나요, 아니면 무시해야 하나요?

● 광고 관련
• 유명인을 고용해서 광고하는 것이 물건을 팔기에 효과적일까요?
• 제품에 관한 정보를 주기 위해 광고를 하는 것에 대한 단점은 무엇인가요?
• 광고를 어디에 하면 가장 효과적일까요? (TV 쇼들 사이에 / 영화관에서 영화 나오기 전 / 라디오)
• 라디오 광고의 장점은 무엇인가요?

● 긍정적 영향, 보상, 만족감
• 학생들의 직업 선택에 누가 더 많은 영향을 줄까요? (부모님 / 대학교수)
• 다음 중 회사가 어떻게 하면 직원들의 만족감이 더 높아진다고 생각하나요?
  (서면의 긍정적인 피드백 / 직원 감사 행사 개최)
• 상점에서 가장 크게 영향을 미치는 것은 무엇일까요? (고급 제품 / 좋은 판매 사원)

● 정보 파악
• 신문과 TV 뉴스 중 세계 뉴스를 파악하기 위해 어떤 것이 더 좋은가요?
• 의사를 보기 전, 건강 관련 정보를 인터넷에서 찾으면 안 좋은 점은 무엇인가요?

● 교육 관련
• 학교에서 학생이 성공하기 위해 선생님과 부모님 중에 누구의 역할이 더 큰가요?
• 고등학생들이 컴퓨터 수업을 들어야 한다고 생각하나요?
• 학생들이 정규 수업외에 문화 수업(박물관 견학, 공연 등)을 듣는 것의 장점은 무엇인가요?
• 선생님은 1:1 개인 과외 수업을 제공해야 한다는 것에 동의하나요?
• 고등학교에서 어떻게 하면 교육의 질을 높일 수 있을까요? (학교 수업일수 늘리기 / 교사 교육 /
  교사에게 돈을 더 지급 / 교실에 최신 기술 도입 / 더 많은 과목 제공)

● 전공 관련
• 전공과 상관없는 일을 선택할 때 안 좋은 점은 무엇인가요?
• 새로 졸업한 학생들이 전공과 무관한 일을 하는 것의 장점은 무엇인가요?

● 나이 제한
• 13세 이하의 어린이들에게 스마트폰 사용을 허용해야 하나요?
• 16살이 운전해도 될까요?

● 용돈 관련
• 부모가 자식들이 방 청소와 같은 집안일을 했을 때, 용돈을 주는 것의 장점은 무엇인가요?
• 아이들이 매주 용돈을 받는 것의 단점에 대해 말해보세요.

Express an opinion
전략 다지기

PART
06

🖋 **전략1** ▶ **만사형통 11번 답변틀**

1분 동안 질문 유형에 따라 답변하는 순서입니다. 서론과 결론의 문장은 실수없이 암기해주시고 본론의 시작 문장과 전개 구조는 편하게 활용하세요.

> **찬반형 문제**
> Do you agree or disagree~? ~에 찬성 혹은 반대하나요?

서론	I agree (disagree) that S + V S + V에 찬성 (반대) 합니다. I have some reasons to support my opinion. 주장을 뒷받침할 몇 가지 이유가 있습니다.

	1. 기본 구조	**2. 뻥 경험 구조**	**3. 역 조건 구조**
본론	• 이유 1 First, First of all ～ 첫째, 무엇보다도~ • 이유 2 Second, Also, ~ 둘째, 또한,~ • 이유 3 At last, Moreover, ～ 마지막으로, 게다가,~	• 뻥 경험, 경험, 인과 In my case, 제 경우에는, For me, 제게는, For example, 예를 들면	• 이유 1 The main reason is that ～ 주된 이유는~ • 다른 조건의 반대 이유 1 In contrast, Conversely, However 그에 반해서, 역으로, 그러나 • 다른 조건의 반대 이유 2 Also, moreover, In addition,~ 또한, 더욱이, 게다가

결론	For these reasons, so, ～ 이러한 이유로, 그래서, ~ These are why I think S should V ～ 이것이 제가 왜 S가 V해야 한다고 생각하는 이유입니다. I absolutely agree (disagree) with the statement. 이 입장에 전적으로 동의 (반대) 합니다.

PART 1
PART 2
PART 3
PART 4
PART 5
PART 6

선호형 문제

(1) 2조건 중 택 1

Which do you prefer ~; A or B?

A 와 B 중에 어느 것을 선호하나요?

Do you prefer A or B?

당신은 A 와 B 중에 어떤 것을 선호하나요?

(2) 3조건 중 택 1

What is the most important ~?

~중에 무엇이 가장 중요한가요?

Choose one from among A, B and C?

A, B, C중에 하나를 고르세요.

서론

(1) 2조건 중 택 1: I'd prefer ~   저는 ~을 선호합니다.

(2) 3조건 중 택 1: The most important factor is ~.   가장 중요한 요소는 ~입니다.

I have several (some) reasons for this.   여기에는 몇 가지 이유가 있습니다.

본론

1. 기본 구조	2. 뻥 경험 구조	3. 역 조건 구조
• 이유 1 First, First of all ~ 첫 번째로, 무엇보다도	• 뻥 경험, 경험, 인과 For example, 예를 들어 Personally, 개인적으로 To be specific, 자세히 말하자면 On top of that, 그와 더불어	• 이유 1 It's because ~ 왜냐하면~
• 이유 2 Seond, Also ~ 두 번째로, 또한		• 다른 조건의 반대 이유 1 In contrast, Conversely, However 그에 반해서, 역으로, 그러나
• 경험 In my case, 제 경우에는, For me, 제게는, personally, 개인적으로,		• 다른 조건의 반대 이유 2 Also, moreover, In addition 또한, 더욱이, 게다가

결론

For these reasons, so, ~   이러한 이유로, 그래서 ~

(1) 2조건 중 택 1: A is much better.   A가 훨씬 좋습니다.

(2) 3조건 중 택 1: A is the best.   A가 가장 좋습니다.

장단점 문제

What are the advantages (disadvantages) of A?   A의 장점 (단점)은 무엇입니까?

서론	There are several advantages (disadvantages) of A. A의 장점 (단점)에는 몇 가지가 있습니다.

본론	**1. 기본 구조** • 이유 1 The reason is that ~ 그 이유는 ~ • 경험 For example, 예를 들면 For me, 제게는	**2. 뻥 경험 구조** • 뻥 경험, 부연 설명, 인과 In my case, ~ 제 경우에는, In this way, ~ 이렇게 하여 In this sense, ~ 이러한 점에서, As a result, ~ 결과적으로

결론	For these reasons, so, ~ 이러한 이유로, 그래서, ~ A is (not) beneficial. A는 유익합니다 / 유익하지 않습니다. A has some pros (cons). A는 몇 가지 장점 / (단점) 이 있습니다.

✒ 전략 2 ▶ 본론 설정 구조 3종

Part 6 만사형통 11번 답변틀이 모두 암기되셨다면 이제, 본론에서 활용 가능한 3종 설정구조를 적용해보겠습니다. 문제별 기본 설정, 뻥 경험, 역 구조 설정의 브레인스토밍 과정을 이해하고 질문의 유형별로 어떤 설정으로 말할지 본인에게 맞는 구조를 선택해주세요. 본론을 조직적이고 논리적으로 이끌고 가기 위해서 아래 설정과 패턴을 꼭 암기하세요.

> Which do you think is a more effective way to increase employees' job satisfaction:
> giving more chances to go on business trips, or letting employees work on a flexible
> schedule?
>
> 직원의 업무 만족도를 높이기 위해 어떤 방법이 더 효과적인가요: 출장의 기회를 늘린다, 또는 자율 근무 시간제로 일하게 한다.

1. 기본 설정 구조

서론	내 주장	출장의 기회를 늘린다
본론	이유 1 근거 + 만사형통팁	더 많은 것을 배울 수 있다. 외국인 동료와 대인 관계 늘리고 견문을 늘린다. 영어를 배울 수 있다.
	부연 설명 이유 2 + 만사형통팁	업무 외 시간에 스트레스 풀 수 있다. 일이 끝난 후 관광 명소와 맛집에서 기분을 전환한다.
결론	결론	직장인에게 많은 출장은 큰 혜택이다.

● **답변 예시**

서론

I think a more effective way to increase employees' job satisfaction is giving more chances to go on business trips.

이유 1
근거
+ 만사형통팁

The main reason is that you can learn more things abroad.
When you work with foreign colleagues, you would enhance your social network and broaden your perspective and knowledge. Also, you could learn English faster while working with them.

부연 설명
이유 2
+ 만사형통팁

Moreover, you would get rid of stress during off-hours.
After hours, you might visit several tourist attractions and refresh yourself.

결론

For these reasons, it's a good benefit for employees to go on more business trips to increase their job satisfaction.

🔍 **Secret Code** ▶ 빨간 선, **파란 단어** 질문과 주제에 따라 변경

2. 뻥 경험 구조

서론	내 주장	출장의 기회를 늘린다
본론	뻥 설정	나는 회사원이다. 출장을 자주 가는 편인데 내게 많은 득이 된다.
	뻥 경험 1 + 만사형통팁	더 많은 것을 배울 수 있다. 외국인 동료와 대인 관계 늘리고 견문을 늘린다. 영어를 배울 수 있다.
	뻥 경험 2 **부연 설명** + 만사형통팁	업무 외 시간에 스트레스 풀 수 있다. 일이 끝난 후 관광 명소와 맛집에서 기분을 전환한다.
결론	결론	많은 출장은 나에게 큰 혜택이다.

● **답변 예시**

서론   I think a more effective way to increase employees' job satisfaction is giving more chances to go on business trips.

뻥 설정   In my case, I work for KMD company these days and often go on business trips. I think it is beneficial for me.

뻥 경험 1
+ 만사형통팁   For example, I learn more things abroad.
When I work with foreign colleagues, I enhance my social network and broaden my perspective and knowledge.
Also, I can learn English faster while working with them.

뻥 경험 2   Moreover, I get rid of stress during off-hours.
부연 설명   After hours, I visit several tourist attractions and refresh myself.
+ 만사형통팁

결론   For these reasons, it's a good benefit for me to go on more business trips to increase my job satisfaction.

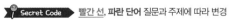 Secret Code ▶ 빨간 선, **파란 단어** 질문과 주제에 따라 변경

 Joanne's TIP

뻥 경험 구조 활용
- 암기해 가는 뻥 설정 패턴으로 돌발 문제 대부분 커버 가능
- 본론의 도입 부분에 '난 누구, 여긴 어딘지' 정확한 설정으로 채점자를 이해시킨 후 본인 경험처럼 자연스레
  이어가는 것이 관건

3. 역 조건 설정 구조

서론	내 주장	출장의 기회를 늘린다
본론	**이유 1** + 만사형통팁	외국인 동료와 대인 관계나 견문을 늘리고, 영어도 배울 수 있다.
	부연 설명 1 다른 조건의 반대 이유 1	외국인 동료와 일하면서 영어를 빨리 배울 수 있다. 자율 근무 시간제는 비효율적이다.
	부연 설명 2 다른 조건의 반대 이유 2	회의 시간을 조정하기 힘들고, 업무 일정을 관리하기 힘들다. 일찍 출근해도 늦게 퇴근해야 한다.
결론	결론	직장인에게는 많은 출장이 자율 근무 시간제를 주는 것보다 낫다.

● **답변 예시**

서론

I think a more effective way to increase employees' job satisfaction is giving more chances to go on business trips.

이유 1
+ 만사형통팁
When you work with foreign colleagues, you would enhance your social network and broaden your perspective and knowledge.

부연 설명 1
Also, you could learn English faster while working with them.

다른 조건의
반대이유 1
On the other hand, working on a flexible schedule is not efficient.

부연 설명 2
Because it is not easy to fix a time for a meeting and to manage each employee's work schedule.

다른 조건의
반대이유 2
Besides, you would not get off work on time anyway even if you came to the office early.

결론

For these reasons, going on more business trips is better for employees' job satisfaction.

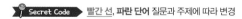 **Secret Code** ▶ **빨간 선**, **파란 단어** 질문과 주제에 따라 변경

역 조건 설정 구조 활용
• 자주 활용하진 않지만 주장한 조건의 이유가 별로 없을 때 반대 조건을 왜 택하지 않았는지를 설명함으로써 설득력이 올라간다.

1. 회사 관련 유형

● 협업 루트

장점	1 _____에서 동료와 일함 ➡	2 견문 지식 패키지 ➡	3 도움 받고 빨리 끝남
	4 업무완성O, 목표 달성O ➡	5 성취감O, 직업만족O ➡	6 이윤 창출

①	I work for 회사명 with my colleagues nowadays.	저는 요즘 동료들과 (회사명)에서 일합니다.
②	It's beneficial to learn new things from others and share my feelings and ideas with them. In this way, I can broaden my perspective and knowledge.	다른 사람들에게 새로운 것을 배우는 것과 제 감정과 아이디어를 공유하는 것은 유익합니다. 이렇게 하면, 제 관점과 지식을 넓힐 수 있습니다.
③	I tend to get help from them in many ways and finish work faster.	저는 동료들에게 여러 가지 방법으로 도움을 받아 일을 빨리 끝내려는 경향이 있습니다.
④	In this way, I can complete my work on time and achieve goals.	이렇게 하면, 제 시간에 일을 끝낼 수 있고 목표를 달성할 수 있습니다.
⑤	On top of that, it gives me feel a sense of accomplishment and makes me feel satisfied with my job.	그 외에도, 성취감을 느끼게 해주며 제 직업에 만족감을 느끼게 해줍니다.
⑥	As a result, our company(I) made more profits and had better output last month.	결과적으로, 저희 회사는(저는) 지난달 더 많은 수익과 좋은 결과를 냈습니다.

단점	1 _____에서 동료와 일함 ➡	2 동료 때문에 업무 과부하 ➡	3 과부하 근거 (업무 4종)
	4 성취감X, 직업 만족X ➡	5 업무 완성X, 목표 달성X ➡	6 최종 결정이 느림

①	I work for 회사명 with my colleagues nowadays.	저는 요즘 동료들과 (회사명)에서 일합니다.
②	and get a heavy workload because of them.	그리고 동료들 때문에 과도한 업무량을 얻었습니다.
③	For example, I usually leave the office after 9 p.m. since I have to attend meetings and communicate with them all day long.	예를 들면, 회의에 참석하고 하루 종일 의사소통을 해야 하므로 저는 보통 사무실에서 저녁 9시 이후에 퇴근합니다.
④	In this way, it takes a lot of time to deal with problems or make decisions.	이렇게 하면, 문제 해결 및 의사 결정 시 시간이 오래 걸립니다.
⑤	As a result, I cannot complete my work on time and achieve my goals.	결과적으로, 제 업무를 끝내지 못해서 목표를 성취할 수 없었습니다.
⑥	Unfortunately, I neither get a sense of accomplishment nor feel satisfied with my job.	안타깝게도, 성취감도 느끼지 못하고 제 직업에 만족감을 느끼지도 못합니다.

● 업무 스트레스 루트

1 일을 오래 집중할 수 없음 ➡	2 스트레스 받음 ➡	3 직업 만족X

①	I can't focus on my work for a long time.	저는 오랫동안 일에 집중할 수가 없었습니다.
②	Because I tend to get stressed out too much these days.	왜냐하면, 요즘 너무 많은 스트레스를 받는 경향이 있기 때문입니다.
③	So, I don't feel satisfied with my job.	그래서 제 직업에 만족하지 않습니다.

● 직원의 자질

1 _____에서 임직원 / 동료와 일함 ➡	2 협업루트 ➡	3 긍정적 / 개인적 경험

➡ 4 [뼁 경험] 안 좋은 상황 속에서 발휘된 그의 능력 ➡	5 성공적

①	I work for 회사명 and my boss(coworker), Jake has 00능력.	저는 (회사명)에서 일하며 제 상사(동료), Jake씨는 00능력을 가지고 있습니다.
②	When my team members work with him, his 00능력 helps us to complete the work on time and achieve the goal.	우리 팀원이 Jake씨와 일할 때 그는 일을 제시간에 끝내며, 목표를 달성하게 도와줍니다.
③	Personally, I have been helped by him in many ways recently, so I think a successful leader should be just like him. I feel satisfied with my job since I have a sense of accomplishment after working with him.	개인적으로 저는 최근에 그에게 여러 가지 방법으로 도움을 받아서 성공적인 리더는 딱 Jake 씨 같아야 한다고 생각합니다. 저는 그와 일하고 나서부터 성취감이 생겼기 때문에 제 직업에 만족합니다.
④	For example, about 2 months ago, we had a serious sales problem. We were very disappointed and frustrated about the matter. We didn't know how to deal with it, so everyone got stressed out too much. However, he encouraged and motivated us, solving the issue with his 00능력, and then, naturally, we could solve it quickly together. Thanks to his 00능력, our team has made a lot of profits since then.	예를 들어 2달쯤 전에, 우리는 심각한 매출 문제가 있었습니다. 이 문제에 대해 매우 실망하고 좌절했습니다. 그 일을 어떻게 처리해야 하는지 몰랐고, 모든 사람이 너무 많은 스트레스를 받았습니다. 하지만 Jake 씨가 용기를 주었고 동기를 부여해서 그의 00능력으로 문제를 해결하였고 그 이후 우리는 자연스럽게 그 일을 빠르게 해결할 수 있었습니다. 그의 00능력 덕분에, 우리 팀은 그 이후에 많은 이윤을 남겼습니다.
⑤	In this way, 00능력 is the best for a successful leader.	이렇게 해서 00능력이 성공적인 지도자의 자질 중 최고라고 생각합니다.

PART 1
PART 2
PART 3
PART 4
PART 5
PART 6

2. 일상 생활 유형

● 온라인 정보 루트

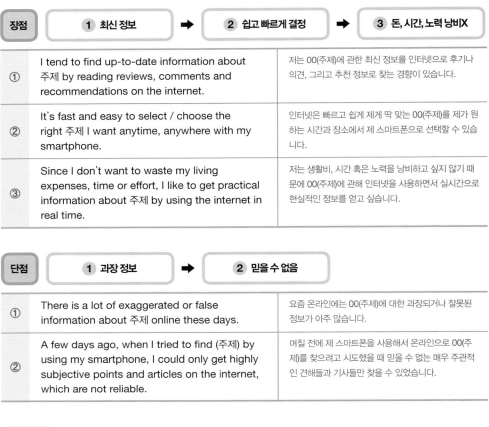

장점	1 최신 정보 ➡ 2 쉽고 빠르게 결정 ➡ 3 돈, 시간, 노력 낭비X	
①	I tend to find up-to-date information about 주제 by reading reviews, comments and recommendations on the internet.	저는 00(주제)에 관한 최신 정보를 인터넷으로 후기나 의견, 그리고 추천 정보로 찾는 경향이 있습니다.
②	It's fast and easy to select / choose the right 주제 I want anytime, anywhere with my smartphone.	인터넷은 빠르고 쉽게 제게 딱 맞는 00(주제)를 제가 원하는 시간과 장소에서 제 스마트폰으로 선택할 수 있습니다.
③	Since I don't want to waste my living expenses, time or effort, I like to get practical information about 주제 by using the internet in real time.	저는 생활비, 시간 혹은 노력을 낭비하고 싶지 않기 때문에 00(주제)에 관해 인터넷을 사용하면서 실시간으로 현실적인 정보를 얻고 싶습니다.

단점	1 과장 정보 ➡ 2 믿을 수 없음	
①	There is a lot of exaggerated or false information about 주제 online these days.	요즘 온라인에는 00(주제)에 대한 과장되거나 잘못된 정보가 아주 많습니다.
②	A few days ago, when I tried to find (주제) by using my smartphone, I could only get highly subjective points and articles on the internet, which are not reliable.	며칠 전에 제 스마트폰을 사용해서 온라인으로 00(주제)를 찾으려고 시도했을 때 믿을 수 없는 매우 주관적인 견해들과 기사들만 찾을 수 있었습니다.

● 동업 루트

장점	1 빨리 끝남 ➡ 2 스트레스X, 효율 높음	
①	It is fast and easy to narrow down to a final decision, because my friend knows me the best.	빠르고 쉽게 최종 결정으로 좁힐 수 있습니다. 왜냐하면, 제 친구가 저를 제일 잘 아니까요.
②	You can work and socialize with your best friend at the same time, and then it leads to less stress and better work efficiency.	제일 친한 친구와 일하고 어울리는 것을 동시에 할 수 있으며, 그것은 더 적은 스트레스와 더 나은 업무 효율을 가져옵니다.

단점	1 친구와 싸움 ➡ 2 일의 속도가 느림	
①	If you keep fighting with your friend, you might lose him (her).	만약 친구와 계속 싸운다면 친구를 잃을 수도 있습니다.
②	It would be very slow and difficult to finish your work due to unnecessary chit chat.	불필요한 수다 때문에 업무 속도가 느려지고 끝내기 어려워질 수도 있습니다.

3. 교육, 학생 관련 유형: 인터넷의 활용 루트

PART 1
PART 2
PART 3
PART 4
PART 5
PART 6

장점	1 친구와 소통 ➡	2 구매 저렴 ➡	3 정보 무료
	4 스트레스 패키지 ➡	5 온라인 교육 ➡	6 반복 청취

①	Children would be able to make more friends online and learn social skills, communication skills.	아이들은 온라인에서 더 많은 친구들을 만들고, 사회성과 의사소통 기술을 배울 수 있을 것입니다.
②	Students can buy things at a reasonable price on the internet.	학생들은 인터넷에서 합리적인 가격에 물건을 살 수 있습니다.
③	It's economical to find practical information on the internet for free.	인터넷에서 현실적인 무료 정보를 찾는 것은 경제적입니다.
④	While communicating with others online, kids can get rid of stress.	온라인에서 다른 사람들과 교류하는 동안 아이들은 스트레스를 해소할 수 있습니다.
⑤	It saves time to take online courses whenever I need. For example, I can take a class at night or during lunch time by using my smartphone. It's easy and convenient for me.	제가 언제든 필요할 때 온라인 수업을 듣는 것은 시간을 절약할 수 있습니다. 예를 들면, 저녁 혹은 점심 시간에 스마트폰을 사용해서 수업을 들을 수 있습니다. 저는 그것이 쉽고 편리합니다.
⑥	Taking online courses allows me to study at my own pace. If I don't understand some points, I can re-play the parts as much as I want.	온라인 수업을 듣는 것은 제 속도에 맞춰 공부할 수 있게 해줍니다. 만약 제가 어떤 부분을 이해하지 못했다면 그 부분만 제가 원하는 만큼 다시 볼 수 있습니다.

단점	1 온라인 중독 ➡	2 나쁜 것 배움 ➡	3 건강에 해로움

①	Students could be easily exposed to violent contents or adult commercials online.	학생들은 온라인에서 폭력적인 내용 혹은 성인 광고에 쉽게 노출될 수 있습니다.
②	Naturally, it might give them a chance to learn bad language or see violent clips, and I don't think that is helpful for teenagers' mental health.	자연스럽게 욕설과 폭력적인 영상을 보는 기회를 주게 될 수도 있으며 청소년들의 정신 건강에 도움이 되지 않는다고 생각합니다.
③	Moreover, it is also bad for their eyesight and physical development. Kids, today, never work out outdoors, and become overweight playing online games or watching video clips with their smartphones. It causes adult diseases in the end.	게다가 시력과 신체 발달에 좋지 않습니다. 오늘날 어린이들은 밖에서 운동하지 않으며, 스마트폰으로 비디오 영상을 보거나 온라인 게임을 하다가 과체중이 됩니다. 결국 그것은 성인병의 원인이 됩니다.

전략 4 ▶ 만사형통팁 묶음 가이드

토익스피킹 시험은 파트별 채점자가 다르다는 사실, 알고 계셨나요? Part 3에서 썼던 만사형통 패키지를 Part 6에서 그대로 다시 써도 된다는 뜻입니다. 본론에서 이유를 말할 때 바로 사용할 수 있어서 쉽고 논리적으로 풍부한 본론을 만드는데 이보다 쉬운 방법은 없을 겁니다. 만사형통팁은 조건에만 맞으면 몇 개씩 함께 엮어 말할 수 있다는 것이 최대 장점이었죠? 11번 문제에 활용 가능한 만통팁은 말하는 순서를 정해서 말하는 연습을 해보세요.

Part 3의 만사형통팁 확장 가이드(p.92)를 떠올려 아래 순서대로 말합니다. 질문의 뉘앙스나 의도에 따라 순서나 내용이 조금 늘어나거나 줄어들 수 있지만 조건만 잘 암기해두면 11번 문제도 쉬워집니다. 툭 치면 나올 수 있을 정도로 만사형통팁 가이드 2~3가지는 암기하여 문제를 풀 때 브레인스토밍 단계에서 적용하는 연습을 해보세요. 만사형통팁을 암기했다면 시험 중 노트테이킹으로도 유용하게 활용할 수 있습니다.

Scratch Paper

구매 가이드

• 내 취미 = 구매 → 인터넷 패키지 → save T/E

• 돈 패키지 → save L → economical

• 스트레스 패키지 → 그건 내게 중요해!

정보 + 교육 가이드

• 인터넷 패키지 → save T/E

• 돈 패키지 → don't waste M → economical

• 문화 패키지 → 중요해!

• 견문 지식 패키지

소통 가이드

• 내 취미 = 대화 → 인터넷 패키지 → save T/E → 중요해!

• 돈패키지 → don't waste M → economical

• 문화패키지

• 견문 지식 패키지

• 사회성 패키지 → I'm a people-person

• 스트레스 패키지

PART 1

PART 2

PART 3

PART 4

PART 5

PART 6

전략5 ▶ 시작 문장틀

Part 6 만사형통 답변틀, 뻥설정, 가이드까지 정리가 되었다면 뜸들임을 막아주는 시작문장틀을 장착하세요. 어, 어…하면서 시간을 낭비하면 외워간 부분은 정작 시간 안에 말할 수 없습니다. 정확하고 빠르게 말을 시작해주는 시작문장틀로 시험장 기선 제압 훈련을 시작해 보세요.

- I think it is a way to~   ~을 하는 방법이라고 생각합니다

- I think it can bring (키워드) to you   당신에게 (키워드)를 가져올 수 있다고 생각합니다

- I usually (동사)   저는 주로 (동사) 합니다

- It could help you save money & time   돈과 시간을 절약할 수 있도록 도움이 될 수 있습니다

- It gives me an opportunity to (동사)   (동사)를 하는 기회를 줍니다

- Thanks to the internet, ~   인터넷 덕분에

- It's because~   왜냐하면~

- It is more important that~   ~은 좀 더 중요합니다

- It is good (easy, hard) for me to (동사)   저에게 (동사)를 하는 것은 좋습니다 (쉽습니다, 어렵습니다)

- It is better to (동사)   (동사)를 하는 것이 낫습니다

- I would definitely (동사)   저는 (동사)를 반드시 할 것입니다

- I don't need (have) to (동사)   저는 (동사)를 할 필요가 없습니다

- I can't afford   저는 형편이 되지 않습니다

- I can manage   저는 관리할 수 있습니다

- I like (동사+ing)   저는 (동사+ing)를 좋아합니다

Joanne's TIP

It 가주어, 동명사로 문장을 시작하는 연습은 필수

- It is nice to work abroad.
- Working abroad would be nice.

11번을 살리는 브레인스토밍 활용법

전반적인 Part 6 전략 암기가 끝나갑니다. 이제, 작전에 적용해 보겠습니다. 적재적소에 논리적으로 암기한 내용을 최대한 활용하기 위해서는 브레인스토밍을 통해 빠르게 작전을 짜야 합니다. 작전 구상과 확장 순서에 대해 알아보겠습니다.

브레인스토밍 순서 - 준비 시간 30초

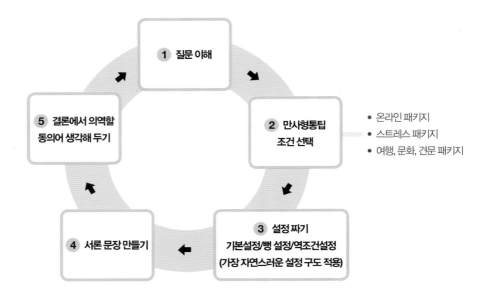

- 온라인 패키지
- 스트레스 패키지
- 여행, 문화, 견문 패키지

돌려쓰는 시작 문장

- I can / usually / tend to (동사)
- I don't want to/ need to / have to (동사)
- It's easy (그 외 형용사) for me to (동사)
- It makes me (동사 / 형용사)

멘붕을 메우는 필러

- 그건 중요해: It works for me. / It means a lot to me.
- 그건 안중요해: It doesn't work for me. / It doesn't mean a lot to me.
- 내 취미는 ~라서: My hobby is ~ so 암기된 이유 전개
- ~게 하면 ~게 될 것이다: If, When 조건, ~ 암기된 이유 전개

브레인스토밍 (brainstorming)이란?
특정 주제에 대해 다양한 아이디어와 생각을 동시다발적으로 제시하는 것

전략 자문 자답
strategic self Q&A

1. **답변틀과 설정으로 구도를 잡으려고 애쓰고 있나요?**
   늘 연습하던 설정과 만사형통팁 가이드를 활용하지 않으면 그때그때 말을 만들어 내야 하므로 스스로 멘붕에 빠지게 됩니다. 어느 정도 정형화된 답변틀과 내용으로 맞춰 연습하다 보면 어느 순간 학습자 스스로에게 편한 말하기 순서나 패턴으로 입에 붙게 되고 이때부터 자신감도 상승하게 됩니다.

2. **만사형통팁 가이드를 그냥 몽땅 말해버리고 있나요?**
   만사형통팁 가이드를 묶음 단위로 암기한 것은 일반적인 문제들의 답변에 활용할 수 있기 때문입니다. 다시 말해, 어떤 문제에서나 100% 맞는 것은 아니라는 뜻이죠. 문제의 의도와 질문 뉘앙스에 따라서 종종 만사형통팁 가이드를 부분적으로 사용해야 할 때가 생깁니다. 이것은 설정 구조도 마찬가지입니다. 공식처럼 구문을 암기한 본질적인 이유는 기본적으로 말할 거리를 입에 붙여놓고 조금씩 변형을 하는 것에 있으니 몽땅 그대로 말한다는 개념에서 한 단계 나아가 변형해보는 훈련까지 마무리해주세요.

3. **초시계를 재고 연습하나요?**
   60초는 어느 정도 길이가 되기 때문에 초감각을 훈련해두지 않으면 실제 시험장에서 시간이 남거나 모자랄 수 있습니다. 처음에 브레인스토밍과 설정을 선택해 연습할 땐 천천히 해보고 어느 정도 연습이 된 후 부터는 실전감을 증대시키기 위해 실제 시험장과 같은 조건으로 60초 초재기를 하면서 문제를 풀어보는 훈련이 꼭 필요합니다.

4. **답변을 녹음하여 들어보나요?**
   기술적인 부분이 연마되었다면 학습자 자신의 목소리와 어투는 어떤지, 문법적으로 자꾸 틀리는 부분이나 어떤 부분에서 늘 막히는지 등 본인의 약점(weakness)을 미리 파악해서 강점(strength)으로 바꾸는 마무리 작업까지 완료해주세요. 고난도 파트인 만큼 발음, 억양, 강세는 물론 시제와 수일치, 일관성, 전달력과 유창성까지 모든 기술이 평가된다는 것을 잊지 마세요.

5. **지속적인 반복 암기가 되고 있나요?**
   교재 안의 최신 문제들을 통한 훈련이 끝나면 시험 전까지 자투리 시간에 체득한 설정 구조와 말하기 패턴을 꾸준히 반복 암기하세요. 문장들이 길다 보니 며칠만 지나도 금방 잊히기 쉽습니다. 정확한 암기와 훈련만 있으면 어떤 문제에서도 막힘없이 대답할 수 있는 밑천을 넉넉히 확보할 수 있습니다.

PART 1
PART 2
PART 3
PART 4
PART 5
PART 6

Express an opinion
자신감 다지기

PART
06

✎ **유형 1** ▶ **직장 생활 관련** 🔊 MP3 Part 6_01

Which of the following is the most effective way for a company to improve the health of its employees?
Choose one of the options provided, and give reasons or examples to support your opinion.
- Give employees a daily break for exercise
- Provide healthy food options
- Offer workshops on health-related topics

다음 중 회사가 직원의 건강을 위해 가장 효과적으로 할 수 있는 것은 무엇입니까? 구체적인 이유와 예시를 들어 주장하세요.
·매일 운동할 수 있는 휴식 시간 주기
·건강식 제공하기
·건강 관련 주제로 워크숍 열기

1. 문제 유형을 파악하고 내 의견을 정해보세요.

문제 유형: 선호형

의견: Give employees a daily break for exercise

2. 본론 구조(기본, 뻥 설정, 역 조건 중 택일)를 선택하여 브레인스토밍 해보세요.

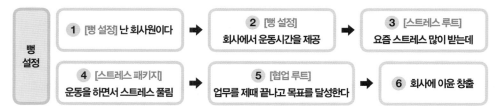

뻥 설정	**1** [뻥 설정] 난 회사원이다 → **2** [뻥 설정] 회사에서 운동시간을 제공 → **3** [스트레스 루트] 요즘 스트레스 많이 받는데
	4 [스트레스 패키지] 운동을 하면서 스트레스 풀림 → **5** [협업 루트] 업무를 제때 끝나고 목표를 달성한다 → **6** 회사에 이윤 창출

3. 답변에 알맞은 표현을 찾아보고 말할 내용을 순서대로 적어보세요.

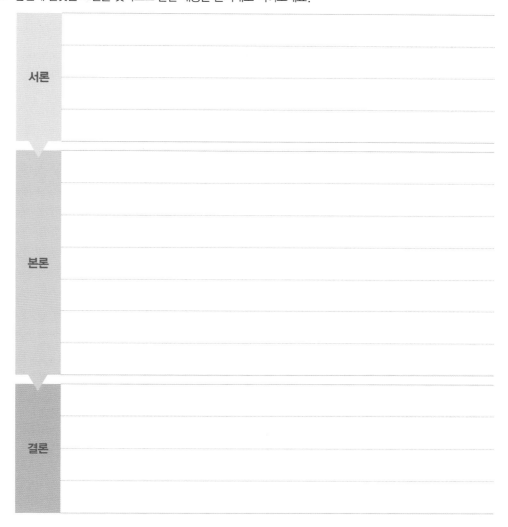

PART 1

PART 2

PART 3

PART 4

PART 5

PART 6

4. 위 답변을 해설서의 답변과 비교해보고 수정한 뒤 큰소리로 2번 읽어 전반적인 구조를 활용할 수 있도록 입에 익히세요.

5. 어느 정도 자신감이 들 때, 답변 시간 60초를 재면서 시간 내에 답변할 수 있는 내용으로 조정하여 마무리합니다.

표현사전 **provide** 제공하다 / **play basketball** 농구를 하다 / **coworker=colleague** 직장 동료 / **in the nearby park** 근처 공원에서 / **heavy workload** 과다한 업무 / **all day long** 하루 종일 / **tend to** ~하는 경향이 있다 / **get stressed out** 스트레스 받다 / **concentrate on** ~에 집중하다 / **That goes for everyone else, too.** 그건 다른 사람들도 마찬가지 입니다. / **made more profits and had better output** 더 많은 이익과 더 좋은 결과를 만들었다. / **work out** 운동하다

Which of the following extracurricular activities would be more important for high school students to take part in: learning foreign languages or learning how to play musical instruments? Why?
Give specific reasons or examples to support your opinion.

다음 과외 활동 중 고등학생들이 참여하기에 더 중요한 활동은 어떤 것인가요? 외국어 배우기 또는 악기 연주법 배우기
그 이유는 무엇인가요?
구체적인 이유와 예시를 들어 의견을 뒷받침하세요.

1. 문제 유형을 파악하고 내 의견을 정해 보세요.
   문제 유형: 선호형 (2개중 택일)
   의견: learning how to play musical instruments

2. 본론 구조(기본, 뻥 설정, 역 조건 중 택일)를 선택하여 브레인스토밍 해보세요.

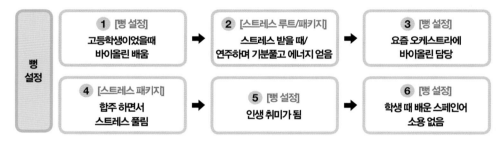

뻥
설정

1 [뻥 설정]
고등학생이었을때
바이올린 배움

➡

2 [스트레스 루트/패키지]
스트레스 받을 때/
연주하며 기분풀고 에너지 얻음

➡

3 [뻥 설정]
요즘 오케스트라에
바이올린 담당

4 [스트레스 패키지]
합주 하면서
스트레스 풀림

➡

5 [뻥 설정]
인생 취미가 됨

➡

6 [뻥 설정]
학생 때 배운 스페인어
소용 없음

PART 1

PART 2

PART 3

PART 4

PART 5

PART 6

3. 답변에 알맞은 표현을 찾아보고 말할 내용을 순서대로 적어보세요.

서론	
본론	
결론	

4. 위 답변을 해설서의 답변과 비교해보고 수정한 뒤 큰소리로 2번 읽어 전반적인 구조를 활용할 수 있도록 입에 익히세요.

5. 어느정도 자신감이 들 때, 답변 시간 60초를 재면서 시간 내에 답변할 수 있는 내용으로 조정하여 마무리합니다.

표현사전 **musical instrument** 악기 / **take part in** ~에 참여하다, 참가하다 / **energize** 활기를 주다 / **orchestra** 오케스트라, 관현악단 / **get rid of stress** 스트레스를 해소하다 / **refresh** 생기를 되찾게 하다 / **enjoyable** 즐거운 / **lifelong** 일생의, 평생 동안의 / **be no use to somebody** ~에게 쓸모가 없다

Which do you think is a more important qualification for a new employee to succeed: confidence or knowledge of the field? Why?
Use specific reasons and examples to support your opinion.

신입 사원이 성공하기 위해 가져야 할 더 중요한 능력은 무엇인가요? 자신감 또는 분야에 대한 지식
그 이유는 무엇인가요?
구체적인 이유와 예시를 들어 주장하세요.

1. 문제 유형을 파악하고 내 의견을 정해보세요.

문제 유형: 선호형

의견: knowledge of the field

2. 본론 구조(기본, 뻥 설정, 역 조건 중 택일)를 선택하여 브레인스토밍 해보세요.

기본 설정

1 업무 지식이 있으면 업무 빨리 처리 ➡ 2 다른 업무를 더 할 수 있다 ➡ 3 생산적인 직원이 될 수 있다

4 동료를 도울 수 있고, 지식을 나눌 수 있다 ➡ 5 친한 인맥 관계 형성 ➡ 6 업무 지식으로 회사에 이윤 창출

뻥 설정

1 [뻥 설정] 난 회사원이다 ➡ 2 [뻥 설정] 인턴쉽 덕에 업무 지식이 좀 있다 ➡ 3 [협업 루트] 업무를 제때 끝내고 목표를 달성한다

4 동료를 도울 수 있고, 지식을 나눌 수 있다 ➡ 5 [스트레스 패키지] 기분이 즐겁고 행복 ➡ 6 내 업무 지식으로 회사에 이윤 창출

3. 답변에 알맞은 표현을 찾아보고 말할 내용을 순서대로 적어보세요.

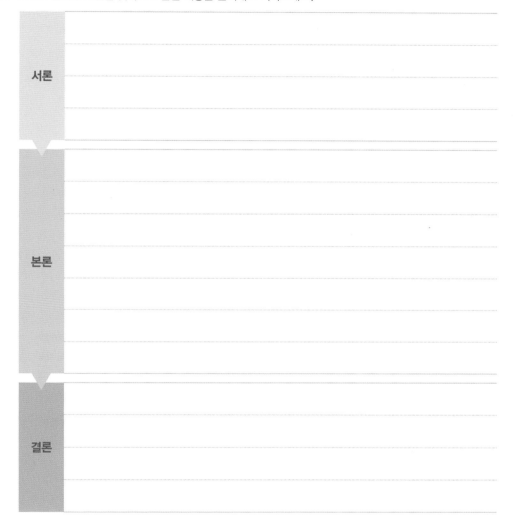

서론	
본론	
결론	

4. 위 답변을 해설서의 답변과 비교해보고 수정한 뒤 큰소리로 2번 읽어 전반적인 구조를 활용할 수 있도록 입에 익히세요.

5. 어느 정도 자신감이 들 때, 답변 시간 60초를 재면서 시간 내에 답변할 수 있는 내용으로 조정하여 마무리합니다.

표현사전 **extra work** 추가 업무 / **become a productive worker** 생산적인 직원이 되다 / **work efficiency** 업무 효율 / **he knows what to do and how to solve problems** 그는 뭘 해야 하고 어떻게 문제를 풀지 안다. / **job-related knowledge** 업무 관련 지식 / **get along with others well at work** 직장에서 다른 사람들과 잘 지내다. / **make more profits** 이윤을 창출하다 / **Thanks to my ~** 나의 ~덕분에, / **newcomers** 신입생들, 신입 직원들 / **work friends** 직장 동료 / **career** 직업, 직장 생활

유형4 ▶ 여가 활동 🔊 MP3 Part 6_04

Do you agree or disagree with the following statement that "it is more beneficial for students to have one long vacation than several short breaks in a year."?
Give specific reasons and examples to support your opinion.

학생들이 한 번에 긴 방학을 보내는 것이 짧은 몇 번의 휴강 기간을 갖는 것 보다 유익하다는 것에 동의합니까, 혹은 동의하지 않습니까? 구체적인 이유와 예시를 들어 주장하세요.

1. 문제 유형을 파악하고 내 의견을 정해보세요.

   문제 유형: 찬반형

   의견: agree (have one long vacation)

2. 본론 구조(기본, 뻥 설정, 역 조건 중 택일)를 선택하여 브레인스토밍 해보세요.

3. 답변에 알맞은 표현을 찾아보고 말할 내용을 순서대로 적어보세요.

PART 1
PART 2
PART 3
PART 4
PART 5
PART 6

서론	
본론	
결론	

4. 위 답변을 해설서의 답변과 비교해보고 수정한 뒤 큰소리로 2번 읽어 전반적인 구조를 활용할 수 있도록 입에 익히세요.

5. 어느 정도 자신감이 들 때, 답변 시간 60초를 재면서 시간 내에 답변할 수 있는 내용으로 조정하여 마무리합니다.

표현사전 I'm in college 저는 대학생 입니다. / go travelling abroad 해외 여행가다 / tourist attractions 관광 명소 / amazing scenery 놀라운 풍광 / I'm a people-person 저는 사교적인 사람입니다. / tourism management 관광 경영학 / broaden my perspective & knowledge 견문과 지식을 넓히다 / valuable time 소중한 시간 / focus on my work 내 일에 집중하다 / go on a trip 여행가다 / short breaks 짧은 휴강 기간

유형5 ▶ 인터넷 관련 🔊 MP3 Part 6_05

> What are the disadvantages of shopping online compared to shopping at a store?
> Give specific reasons and examples to support your opinion.
>
> 가게에서 쇼핑하는 것보다 온라인 쇼핑하는 것의 단점들은 무엇입니까?
> 구체적인 이유와 근거를 들어 주장하세요.

1. 문제 유형을 파악하고 내 의견을 정해보세요.

문제 유형: 장단점형

의견: the disadvantages of shopping online

2. 본론 구조(기본, 뻥 설정, 역 조건 중 택일)를 선택하여 브레인스토밍 해보세요.

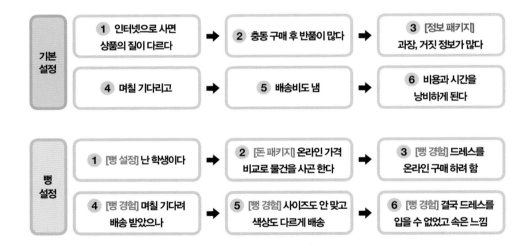

기본 설정

1 인터넷으로 사면 상품의 질이 다르다 ➡ **2** 충동 구매 후 반품이 많다 ➡ **3** [정보 패키지] 과장, 거짓 정보가 많다

4 며칠 기다리고 ➡ **5** 배송비도 냄 ➡ **6** 비용과 시간을 낭비하게 된다

뻥 설정

1 [뻥 설정] 난 학생이다 ➡ **2** [돈 패키지] 온라인 가격 비교로 물건을 사곤 한다 ➡ **3** [뻥 경험] 드레스를 온라인 구매 하려 함

4 [뻥 경험] 며칠 기다려 배송 받았으나 ➡ **5** [뻥 경험] 사이즈도 안 맞고 색상도 다르게 배송 ➡ **6** [뻥 경험] 결국 드레스를 입을 수 없었고 속은 느낌

3. 답변에 알맞은 표현을 찾아보고 말할 내용을 순서대로 적어보세요.

PART 1

PART 2

PART 3

PART 4

PART 5

PART 6

서론	
본론	
결론	

4. 위 답변을 해설서의 답변과 비교해보고 수정한 뒤 큰소리로 2번 읽어 전반적인 구조를 활용할 수 있도록 입에 익히세요.

5. 어느 정도 자신감이 들 때, 답변 시간 60초를 재면서 시간 내에 답변할 수 있는 내용으로 조정하여 마무리합니다.

표현사전 **What I mean is that** 내 말은~ / **return** 반품하다 / **impulsively** 증흥적으로 / **unreliable and false** 믿을 수 없고 가짜인 / **reviews, comments and recommendations** 의견, 댓글, 추천글 / **at online shopping sites (at online retail stores)** 온라인 쇼핑 사이트에서 / **pay a delivery charge** 배달비를 내다 / **feel deceived** 속은 느낌이 들다 / **exaggerated information** 과장 정보 / **It didn't fit me after all.** ~이 전혀 몸에 맞지 않다 / **compensation** 보상 / **let down** 실망

Express an opinion
순발력 다지기

 MP3 Part 6_06

1.

TOEIC Speaking	Question 11 of 11

For a company, what are the advantages of using online media such as social networking sites or blogs to communicate with customers?
Give specific reasons or examples to support your opinion.

PREPARATION TIME	RESPONSE TIME
00:00:30	00:01:00

 MP3 Part 6_07

2.

TOEIC Speaking	Question 11 of 11

Do you agree or disagree with the following statement?
"People should give up time with friends or family to achieve a professional goal."
Give specific reasons or examples to support your opinion.

PREPARATION TIME	RESPONSE TIME
00:00:30	00:01:00

3.

MP3 Part 6_08

TOEIC Speaking

Do you think teachers need to make classes enjoyable for young students?
Give reasons or examples to support you opinion.

PREPARATION TIME	RESPONSE TIME
00:00:30	00:01:00

MP3 Part 6_09

4.

TOEIC Speaking

When you go on a trip, where do you like to go: a place you have been to or a place you have never been to?
Give specific reasons and examples to support your opinion.

PREPARATION TIME	RESPONSE TIME
00:00:30	00:01:00

PART 1
PART 2
PART 3
PART 4
PART 5
PART 6

5.

TOEIC Speaking

Question 11 of 11

In the last ten years, which of the following has been improved most by advances in technology? Give specific reasons and examples to support your opinion.

- Education
- Transportation
- Advertising

PREPARATION TIME	RESPONSE TIME
00:00:30	00:01:00

6.

TOEIC Speaking

Question 11 of 11

What do you think is the most important characteristic of a friend?

- Intelligence
- Generosity
- Sense of humor

Give reasons or examples to support your opinion.

PREPARATION TIME	RESPONSE TIME
00:00:30	00:01:00

시험장에서 겪을 수 있는
함정 포인트

1. 초시계 함정
60초 시간이 너무 긴듯하지만 막상 서론, 본론, 결론으로 구조를 잡고 본론에서 한두 가지 이유만 말해도 시간이 빠듯합니다. 11번 문제는 배당점수가 다른 3점짜리 문제보다 높으므로 60초를 내 모두 답변하지 않으면 감점률도 상대적으로 높아집니다. 물론 급하게 마무리해서 10초나 남는 것도 득점에 좋지 않죠. 최대한 시간을 균등하게 맞춰 훈련을 해두고 시험장에서는 적당한 속도감을 가지고 설정 구조와 어휘를 안정적으로 사용해야 합니다.

2. 삼천포 함정
처음 본론의 시작은 질문에 대한 이유를 잘 말하며 시작했는데 설정과 만사형통팁 가이드를 따라가다 보니 마무리에서 질문의 요지에 벗어난 다른 이야기를 하고 있거나 상관없는 이유로 끝난 경험이 있으신가요? 암기한 대로만 공식을 사용할 경우 삼천포로 빠질 수 있습니다. 답변 중간중간 지속해서 적합한 이유와 근거로 말하고 있는지 계속 점검해야 합니다.

3. 어버버 함정
답변틀과 설정, 어휘가 어설프게 암기되었다면 빠르게 흘러가는 시간의 압박에 못 이겨 어버버 함정에 말리게 됩니다. 만들려고 했던 문장이 정리가 안되거나 단어가 갑자기 생각이 안나서 막힌다면 "Um, I mean ~" 하고 새로운 문장으로 다시 시작해 쉽게 마무리한 후 차라리 다른 이유나 경험을 말해주세요. "어, 어.." 하면서 시간을 보내는 것 보다는 할 수 있는 말을 한마디라도 더 하는 것이 좋은 점수를 받는 데 유리합니다.

4. 돌발 함정
시험 시, 돌발 문제를 만나면 대부분의 수험생들은 거의 제대로 말도 못하고 시간을 보내버리기 쉽습니다. 자신을 돌발이라는 함정으로 몰아가지 마세요. 천천히 생각해보면 분명 할 말이 있기 마련입니다. 여러분에게 어려우면 다른 사람에게도 어렵다는 뜻이니 차분하게 암기한 내용을 어떻게 붙일지 생각해보고 그래도 모르겠다면 본인 경험이나 이야기로 바꾸어 질문에 최대한 답변해주는 것만으로도 승산이 있습니다. 당황하면 늘 일어나는 수 일치, 시제 일치, 문법 실수는 최소화하세요. 근거가 약한 많은 말 보다는 본질적인 이유를 설명하는 짧은 문장이 더 낫습니다. 이전부터 알고 있었던 어휘를 총동원하여 작정하고 말하는 자세가 돌발 탈출의 열쇠입니다.

과목별 스타 강사진 영입, 기대하세요!

시원스쿨LAB 강사 라인업

20년 노하우의 토익/토스/오픽/아이엘츠/지텔프/텝스 기출 빅데이터 심층 연구로
빠르고 효율적인 목표 점수 달성을 보장합니다.

시험영어 전문 연구 조직

시원스쿨어학연구소

시험영어 전문

TOEIC/TOS/OPIc
IELTS/G-TELP/TEPS 등
공인 영어시험 콘텐츠 개발 경력
10년 이상의 국내외
연구원들이 포진한
전문적인 연구 조직입니다.

빅데이터

본 연구소 연구원들은
매월 각 전문 분야의 시험에 응시해
시험에 나온 모든 문제를
철저하게 해부하고,
시험 별 기출문제 빅데이터 분석을 통해
단기 고득점을 위한
학습 솔루션을 개발 중입니다.

264,000시간

각 분야 연구원들의 연구시간
모두 합쳐 264,000시간
이 모든 시간이 쌓여
시원스쿨어학연구소가
탄생했습니다.

시원스쿨LAB 빅토스 라인업

토익스피킹 시험 규정 변경 사항 완벽 반영

최신 기출 트렌드를 완벽 반영한 **토스 왕초보 맞춤 기본서!**	**토익스피킹 기초부터 중급까지** **8일 만에 훈련 완료!**	**다양한 최신 유형 모의 고사를 통해** **시험 감각 극대화**
· 필요한 만큼만 학습하여 목표 점수 달성 가능 · 시험에 나오는 문제 위주로 공부할 수 있는 기본 가이드북	· 파트별로 바로 사용 가능한 단어, 문장, 해결책 등을 집중적으로 다룬 핵심 코스 · 단기간 목표 달성이 가능한 전략서	· 최신 경향의 문제들을 유사하게 복원해 낸 모의고사로 시험 감각 향상 · 효율적인 목표 달성이 가능한 실전서

최대 600%

토스 미친환급반

초단기 스펙 완성을 위한 단 하나의 선택!

출석 NO 성적 NO		최대 600% 현금 환급		출석 NO 성적 NO
사자마자 50%	or	**최대 600%**	or	**수강연장 180일**
성적표만 제출하면 수강료 반 값 현금 환급!		수강+성적+친구추천 미션에 따라 최대 600% 환급		환급 대신 수강기간 연장 목표 달성을 위해 180일 무료!

토익스피킹 최고 등급 Lv.8 달성한

시원스쿨LAB 수강생의 후기!

여러분도 할 수 있습니다!

토익스피킹 최고 등급 Lv.8 달성

조앤박 선생님의 강의를 들으면서,
만사형통 팁 등을 숙지하였고 덕분에
토익스피킹 레벨 8이라는 점수를 얻을 수 있었습니다.

김*혜 수강생 / 토익스피킹 Lv.8 달성

TOEIC
SPEAKING
정답&해설

기출 빅데이터로 만든 토익스피킹 Lv.6 만능 답변 전략

Contents

Read a Text Aloud
자신감 다지기
PART 01

  뉴스 본문 P.42

In local news, ↗ / (the Elton Earth Club / has announced its accomplishments / over the past **two** years. ↘ // The group cleaned up (**eighty** parks / in **Elton** City and **nearby** towns), ↗ / (planted **hundreds** of trees), ↗ / and (promoted **several different** types of recycling **programs**). ↘ // Amazingly, ↗ / the group accomplished this / with only thirty-**four** members! ↘ // If you are **interested** in joining the group, ↗ / please visit their **Website**. ↘ //

지역 뉴스 입니다. Elton Earth 클럽이 지난 2년 동안의 업적을 발표하였습니다. 이 그룹은 Elton시와 타운 근처 80개의 공원을 청소하고 수백 그루의 나무를 심었으며 여러 종류의 재활용 프로그램을 홍보하였습니다. 놀랍게도 단지 34명의 인원으로 이 업적을 달성했다고 합니다! 이 그룹에 들어가는 것에 관심이 있다면 웹사이트에 방문해주세요.

표현사전 **announce** 공지하다 / **accomplishment** 업적, 공적 / **accomplish** 완수하다 / **nearby** 인근의 / **plant** 심다 / **recycling** 재활용하는 / **amazingly** 놀랍게도

유형2 안내 방송 본문 P.43

Attention, ↗ / all shoppers / **here** / at Bellaire Mall. ↘ // We will be **closing** / in approximately / **thirty** minutes. ↘ // However, ↗ / (some newly-opened clothing stores), ↗ / (Leo's Café) ↗ / and (Le Grand Restaurant) / will remain open / until later in (the) evening. ↘ // Thank you for shopping / at Bellaire Mall. ↘ //

Bellaire 몰의 모든 쇼핑객 여러분들께서는 주목해주세요. 대략 30분 후에 문을 닫을 예정입니다. 하지만 몇몇 신규 개장한 옷 가게, Leo 카페 그리고 Le Grand 레스토랑은 저녁 늦게까지 영업할 것입니다. Bellaire 몰에서 쇼핑해 주셔서 감사합니다.

표현사전 **attention** 집중 / **shopper** 쇼핑객 / **approximately** 대략 / **newly-opened** 신규 개장한 / **clothing store** 옷가게 / **remain** 계속 남아있다

PART 1

PART 2

PART 3

PART 4

PART 5

PART 6

 **유형3** ▶ **방송문** 본문 P.44

Next on the show, ↗ / I'll be speaking with Jackie Hewitt, ↗ / a world-famous musical actress, ↗ / about her latest musical, ↗ / The Song of Pine Trees. ↘ // The musical has been praised / widely / by critics and theatergoers / for (its interesting characters), ↗ /(beautiful stage sets) ↗ / and (incredible songs). ↘ // After a short break, ↗ / she will sing / the main theme song of the musical for us. ↘ //

다음 순서로는 세계적인 뮤지컬 여배우인 Jackie Hewitt과 그녀의 최신 뮤지컬인 소나무의 노래에 대해 이야기를 나눌 예정입니다. 이 뮤지컬은 비평가와 극장에 자주 가는 사람들에게 흥미로운 캐릭터와 아름다운 무대 세트 그리고 믿어지지 않을 정도의 노래로 폭넓게 찬사 받고 있습니다. 짧은 휴식 뒤에 그녀는 우리를 위해 뮤지컬의 메인 테마곡을 부를 예정입니다.

표현사전 **world-famous** 세계적으로 유명한 / **latest** 가장 최신의 / **pine tree** 소나무 / **praise** 칭찬하다 / **widely** 폭넓게 / **critic** 비평가 / **theatergoer** 극장에 자주 가는 사람 / **character** 인물 / **stage set** 무대 세트 / **incredible** 믿을 수 없는 / **theme song** 테마 곡, 주제가

유형4 ▶ **사회자 멘트** 본문 P.45

Welcome to Digital Innovation, ↗ / the radio program / where we discuss the latest technology. ↘ // On today's show, ↗ / we'll be talking with / Roxie Cabrera, ↗ / a computer programmer. ↘ // Roxie / has been involved / in the creation of many (leading smartphones), ↗ / (e-book readers), ↗ / and (television monitors). ↘ // Please join me / in welcoming Roxie to the show. ↘ //

최신 기술에 관해 토론할 라디오프로그램인 디지털 혁신에 오신 여러분들을 환영합니다. 오늘 방송에서 우리는 컴퓨터 프로그래머인 Roxie Cabrera씨와 이야기를 나눌 것입니다. Roxie씨는 사람을 주도하는 많은 스마트폰, 전자책 리더기 그리고 티비 모니터 개발에 참여하였습니다. 다같이 Roxie씨를 환영해주세요.

표현사전 **innovation** 혁신 / **technology** 기술 / **today's show** 오늘 방송 / **involve** 참여하다, 관련되다 / **creation** 창조, 창작 / **smartphone** 스마트폰 / **e-book** 전자책

억양 ↗, ↘   끊어 읽기 /   (묶어 읽기)   (디 발음)   강세

1.

본문
P.46

Now, ↗ / an update on your weekly weather. ↘ // We can expect (a pleasant breeze), ↗ / strong sunshine, ↗ / and low humidity this weekend. ↘ // If you're preparing for a picnic, ↗ / don't forget to bring a hat and sunscreen. ↘ // Starting Monday afternoon, ↗ / we'll see dark clouds developing, and those clouds will bring (light rain showers) ↗ / on Tuesday. ↘ //

주간 날씨 정보를 업데이트 해드립니다. 이번 주 말에는 상쾌한 바람, 강한 햇빛 그리고 낮은 습 도를 예상합니다. 만약 소풍을 준비하신다면 모 자와 선크림을 챙기는 것을 잊지 마세요. 월요일 오후부터는 먹구름이 생기는 것을 볼 수 있으며 이 구름은 화요일에 약한 소나기를 동반할 예정 입니다.

> **발음 사전** an update [어넙:데잇] / weekly [위:끌리] / expect [익쓰빽:뜨] / humidity [휴미:러리] / clouds [클라-우즈] / bring light rain [브링 라잇 뤠-인]

2.

Once again, ↗ / thanks for being (here) ↗ / at (the) International Aircraft Convention. ↘ // Our next speaker will be Matt Brice, ↗ / a materials engineer ↗ / who develops lightweight metals ↗ / for aircraft parts. ↘ // In his talk (today), ↗ Matt will discuss (his research) ↗ , (current resource challenges) ↗ , and (the) future of the aircraft market). ↘ //

국제 항공기 컨벤션에 오신 여러분들께 다시 한 번 감사 드립니다. 우리의 다음 연사는 무게가 적게 나가는 소재로 항공기 부품을 개발한 재료 공학자인 맷 브라이스씨 입니다. 오늘 연설에서 맷씨는 그의 연구와 최근의 자원 부족 그리고 항 공기 시장의 미래에 대해 논의할 것입니다.

> **발음 사전** the international [디 인터네셔널] / materials [머터-뤼얼즈] / light weight [라잇 웨-잇] / metals [메:럴즈] / talk [토크] (X) [터-ㅋ] (O) / discuss [디쓰꺼-스] / current [커렌-트] (X) [커:뤈트] (O) / challenges [췔-런지즈] / the aircraft [디 에-얼크뤠ft]

3. Thank you for purchasing your new pair of (Alpha Sound audio speakers.) ↘ // This video guide will demonstrate ↗ / how to install and set up the product. ↘ // Use (the black cable ↗ / to connect the speakers to each other) ↗ , (the white one to connect ↗ / to the electrical outlet) ↗ , and (the red one ↗ / to connect to the MP3 device's audio output.) ↘ // After you connect the components, ↗ / press purple button ↗ / on the back of the product.↘ // Enjoy the best quality of sound ↗ / at home. ↘ //

알파 사운드 오디오 스피커를 구매해주셔서 감사 드립니다. 이 비디오 가이드는 제품을 어떻게 설치하고 설정하는지 시연할 것입니다. 검정색 케이블을 사용하여 양쪽 스피커에 연결하고 하얀색 케이블은 콘센트에, 빨간 케이블은 MP3의 오디오 출력 장치에 연결합니다. 부품들을 연결한 다음에는 제품 뒤에 있는 보라색 버튼을 누르세요. 최고 품질의 사운드를 집에서 즐기세요.

 purchasing [펄-:처씽] / **alpha** [아어-f아] / **speaker** [스삐-꺼얼] / **video**[v위-디오] / **demonstrate** [데:먼스투뤠잇] / **white** [화이트] (X) [와이트] (O) / **the electrical outlet** [디 일렉-트뤼컬 아-웃릿]

- connect를 contact 라고 잘못 읽지 않게 주의
- the MP3 [디 엠피뜨뤼]: M이

4. From small ceremonies to luxurious black tie galas, ↗ / Alexandria Hotel and Resort will / create pleasant memories ↗ / for you and your guests ↗ / on your wedding day. ↘ // We provide many exquisite touches and details ↗ / to make your wedding ↗ / (a once-in-a-lifetime) , ↗ /(one-of-a-kind day.) ↘ //

작은 기념식에서부터 고급스러운 정장차림 행사까지, Alexandria 호텔과 리조트는 당신의 결혼식날 당신과 하객들에게 기분 좋은 기억을 만들어 드릴겁니다. 저희는 많은 세심한 마무리와 디테일을 제공함으로써 당신의 결혼식을 생애 단 한번 있을 특별한 날로 만들어드립니다.

 luxurious [럭져-뤼어쓰] / **galas** [갤-라쓰] / **Alexandria** [알렉쌘-드뤼아] / **resort** [뤼소올트] / **pleasant** [플레-즌ㅌ] / **exquisite** [익쓰뀌-짓]

- ceremony는 예외적으로 뒤에서 4번째 앞의 모음에 강세, [쎄-러머니]
- a-once-in-a-lifetime, one-of-a-kind 사이 대쉬(dash)는 읽지 않는다.

5. Is it time to schedule annual maintenance of your car? ↗ / (Four Wheels Car Repair Center) will be happy to check (the engine), ↗ (tires), ↗ and (brakes) ↘ on your cars. ↘ // Our highly-trained mechanics ↗ / have many years of experience ↗ /and can (diagnose) and (fix) all the problems ↗ / that you have with your car. ↘ // We are open seven days a week (from 9 a.m. to 7 p.m.) ↘ // Why wait? ↘ // Call us (now) ↗ / to make your appointment (today.) ↘ //

당신의 차의 연간 유지보수를 해야 할 시간인가요? 네 바퀴 차 정비소 센터는 당신 차의 엔진, 타이어 그리고 브레이크를 성심껏 확인해드릴 것입니다. 고도로 훈련된 정비공들의 다년간의 경험으로 여러분 차에 있는 모든 문제를 진단하고 고칠 수 있습니다. 영업시간은 일주일 내내 오전 9시부터 오후 7시까지 입니다. 무엇을 기다리십니까? 오늘 전화해서 예약하세요.

발음사전 mechanics [매캐-닉쓰] / experience [익쓰삐-어뤼언쓰] / diagnose [다-이그노즈]

Joanne's 고득점 포인트

- the 발음 주의 the annual [디 애-뉴얼]
- Four Wheels Car Repair Center 한번에 묶어 읽기 wheels [윌즈] X [위어-얼즈] O

6. Attention ↗ , shoppers. ↘ // We'd like to remind you ↗ / about (today's additional discounts) on all (coats), ↗ / (dresses), ↗ /and (shoes). ↘ // You can get them ↗ / at thirty percent off the regular price, ↗ / so what are you waiting for? ↘ // For assistance with (colors), ↗ / (sizes) ↗ / or (styles), ↗ / feel free to ask any of our staff members. ↘ // As always, ↗ / we thank you for shopping with us. ↘ //

모든 쇼핑객 여러분께서는 주목해주세요. 오늘 추가 할인 하는 모든 코트 제품, 드레스 그리고 신발에 대해 다시 한 번 알려드립니다. 정상 가격에서 30 퍼센트 할인된 가격에 구매하실 수 있습니다, 무엇을 기다리고 계십니까? 색상, 사이즈 혹은 스타일과 관련해서 도움이 필요하시면 어떤 직원에게라도 언제든 물어보세요. 저희 매장에서 쇼핑해주셔서 항상 감사드립니다.

발음사전 shoppers [샤-뻘즈] / we'd like [위두 라이크] (X) [위ㄷ 라잌] (O) / thirty percent off [떠-리 펄센-ㅌ 어f]

Joanne's 고득점 포인트

- the regular price: price를 frice [f으프롸-이쓰]로 발음 되지 않게 주의
- feel free: f에 이어 [f으뤼-이] 발음 주의, 두 단어 섞어 읽지 않게 주의
- assistance를 assistant로 발음하지 않게 주의

전략 자문자답
strategic self Q&A

1. 암기된 공식을 최대한 적용하여 읽으려고 애쓰고 있나요?

공식을 암기만 하고 적용하지 않으면 무용지물. 수험자가 원래 가지고 있던 발음과 억양 그대로 연습하지 말고 원어민의 발음과 억양을 이어폰으로 지속적으로 듣고 따라하면서 말하기 기본기 를 업그레이드 시켜놓아야 합니다.

2. 속삭이듯 작게 말하고 있나요?

속삭이듯 소심한 목소리로 연습중이신가요? 그럼, 시험장에서 절대 크고 자신감 있는 목소리가 나오지 않습니다. 목소리가 작은 경우, 다른 수험자의 우렁찬 목소리에 주눅이 들어 실수하게 되 거나 녹음기에 목소리가 잘 녹음되지 않아서 좋은 점수를 받기 힘들어집니다. 자신감 있는 뉘앙 스와 목소리로 연습할 수 있는 곳이면 그 어떤 곳이라도 상관없습니다. 지금, 바로 그 곳으로 가 서 연습하세요.

3. 초시계를 재고 연습하나요?

45초라는 시간은 지문을 읽기에 충분한 시간이지만 그래도 토익스피킹은 제한된 시간 내 답변 을 해야하는 시험인 만큼 실전감을 증대시키기 위해 실제 시험장과 동일한 조건하에 문제를 풀 어보는 훈련이 꼭 필요합니다. 이 읽기 파트가 다른 파트들에 비해 가장 쉽기 때문에 이 문제들 에서는 만점을 받아야 목표 레벨에 가까워진다는 사실 잊지 마세요. 완벽하게 준비합시다.

4. 답변을 녹음하여 들어보나요?

본인의 답변이 채점자에게 어떻게 들리는지 알아야 합니다. 연습을 많이 하는 것이 중요한 것 이 아니라 제대로 하고 있는가가 더 중요하다는 뜻이죠. 발음, 억양 등에 치명적인 문제가 있다 면 결국 채점자가 알아듣지 못해 점수를 받지 못합니다. 기술적인 부분이 연마되었다면 학습자 스스로의 목소리와 어투는 어떤지, 자꾸 틀리는 발음이나 어색한 억양은 없는지 등 본인의 약점 (weakness)를 미리 파악해서 강점(strength) 로 바꾸는 마무리 작업까지 완료해주세요.

PART 1
PART 2
PART 3
PART 4
PART 5
PART 6

Describe a picture
자신감 다지기

PART 02

유형 1 ▶ 실내, 소수 인물 중심 사진 　본문 P.74

> **표현사전**
>
> **meeting room** 회의실 / **with necklaces** 목걸이를 한 /
> **with a ponytail** 머리를 묶은 / **with glasses** 안경을 쓴 /
> **with a watch** 시계를 찬 / **with a beard** 턱수염이 난 /
> **in a checked shirt** 체크무늬 셔츠를 입은

도입	This is a picture of a meeting room. A company worker in the middle wearing a suit is sitting at the table and pointing at the computer monitor while talking about something.	이것은 회의실의 사진입니다. 가운데에 있는 회사원은 정장을 입고 테이블에 앉아 있으며 무엇인가를 말하면서 컴퓨터 모니터를 가리키고 있습니다.
본론	Next to him, a man on the right in a checked shirt is standing and leaning forward while holding a piece of paper. A woman with a ponytail wearing a blue dress and necklaces is listening to him in the back.	그의 옆에, 오른쪽에 체크무늬 셔츠를 입은 남자는 서서 종이를 들고 몸을 앞으로 숙이고 있습니다. 파란 드레스를 입고 목걸이를 한 머리를 묶고 있는 여자가 뒤에서 그의 말을 듣고 있습니다.
마무리	There are some documents, a mug, etc. on the table in the foreground. Some windows can be seen in the far back and the people look serious.	전경에는 몇몇 문서들과 머그잔 등등이 테이블 위에 있습니다. 몇 개의 창문이 저 멀리 뒤에 보이고, 사람들이 심각해 보입니다.

🔍 Secret Code ▶ 파란 글씨 위치 표현　빨간 글씨 키워드

- with로 사람들이 치장한 상태를 추가로 표현할 수 있다.
- 항상 말하는 사람(action) ⇨ 듣는 사람(reaction) 순으로 동선을 잡는다.
- 배경에 별 묘사 거리가 없다면 핵심 인물 3명의 세부 묘사에 승부를 건다.

유형 2 야외, 소수 인물 중심 사진 본문 P.75

표현사전

outdoor market 야외 시장 / **wearing heavy clothes** 두꺼운 옷을 입은 / **in winter clothes** 겨울 옷을 입은 / **market stall** 가판대 / **different types of** 다양한 종류의 / **vegetables (veggies)** 야채 / **vendor** 노점 상인 / **in a woolen hat (a beanie)** 털 모자 (비니 모자)를 쓴 / **holding a plastic bag** 비닐봉지를 들고

도입	This is a picture of an outdoor market. A man in the foreground wearing heavy clothes is standing and looking for some vegetables while holding a black bag.	이것은 야외 시장의 사진입니다. 전경에는 한 남자가 두꺼운 옷을 입고 서 있으며 까만 가방을 들고 야채를 찾고 있습니다.
본론	In front of him, different types of fresh vegetables are displayed on the market stalls in the middle. Behind them, a female vendor in winter clothes and a beanie is holding an orange plastic bag while smiling.	그의 앞에는 다양한 종류의 신선한 야채가 시장 진열대 중간에 진열되어 있습니다. 그의 뒤에는 한 여자 상인이 미소 지으며 오렌지색 비닐봉지를 들고 있으며 겨울옷을 입고 비니를 쓰고 있습니다.
마무리	Some bags, etc. can be seen in the far back. I'd like to visit this place someday.	저 멀리에는 몇몇 가방들 등등이 보입니다. 저는 언젠가 이곳에 방문해보고 싶습니다.

Secret Code 파란 글씨 위치 표현 빨간 글씨 키워드

- wearing 대신 in을 사용할 수 있다.
- '그의 앞에 가판', '가판 뒤에 상인'처럼 대상과 대상 사이를 전치사구로 자연스럽게 이어주면 남자에 in the foreground, 상인에 in the middle 처럼 대상별 전치사 구를 중복할 필요없고 동선상으로도 더욱 명확한 위치 표현이 가능하다.
- 사람이 2명 밖에 없는 사진은 각 인물에 최대한 세부적인 묘사로 승부를 건다.

표현사전

crosswalk 횡단보도 / **crossing at the crosswalk** 횡단
보도를 건너고 있는 / **with glasses and a tie** 안경을 쓰고 넥
타이를 멘 / **with big ear rings** 큰 귀걸이를 한 / **holding a
cup of coffee** 커피 한 잔을 들고 / **traffic signal** 신호등 /
holding a plastic bag 비닐봉지를 들고

도입	This is a picture of a crosswalk. Four company workers wearing suits are crossing at the crosswalk.	이 사진은 횡단보도의 사진입니다. 정장을 입고 있는 네 명의 회사원들이 횡단보도를 건너고 있습니다.
본론	A man on the left wearing glasses and a tie is talking on the phone. A woman in the middle wearing big ear rings is holding a cup of coffee, and a woman and a man on the right are holding their bags.	왼쪽에 있는 안경을 쓰고 넥타이를 맨 한 남자가 통화하는 중입니다. 가운데에 있는 큰 귀걸이를 착용한 한 여자가 커피 한 잔을 들고 있으며, 오른쪽에 있는 한 여자와 남자가 그들의 가방을 들고 있습니다.
마무리	I can see a traffic signal in the back. Colorful fences, cars and trees can be seen in the far back. Overall, they look very busy.	뒤에는 교통 신호등이 보입니다. 다양한 색의 울타리들, 차들과 나무들이 저 멀리에 보입니다. 전반적으로 그들은 매우 바빠 보입니다.

🔍 **Secret Code** ▶ 파란 글씨 위치 표현 　빨간 글씨 키워드

Joanne's
고득점
포인트

- 인물들의 의상이나 행동을 교집합으로 묘사할 수 있다면 전체적 묘사 후 핵심적인 인물의 세부 묘사를 추가하면 득점에 유리!
- with glasses and a tie처럼 2가지 상태 표현을 나열식으로 말할 때 수 일치 주의
- 여자와 남자 couple이 보이면 무조건 a woman and a man are ~로 주어를 시작한다.
  couple은 단수 처리를 해야 하므로 오히려 실수할 확률이 높은 단어
- 핵심 대상이라면 꼭 색상 묘사가 필요하지만, 후방에 색상이 많을 때는 colorful로 한 방에 처리한다.

유형 4 야외, 3-D 구도, 다수 인물, 사물, 배경 혼합 사진 본문 P.77

표현사전

beach (sandy beach) 해변가 (모래사장) / **tourist** 관광객 / **light clothes (summer clothes)** 얇은 옷 (여름 옷) / **wooden bridge** 목조 다리 / **on the left in the foreground** 좌측 전방에 / **food stand** 노점 / **next to the railing** 난간 옆에 / **the waves are crashing onto the beach.** 해변가로 파도가 치고 있다. / **amusement park** 놀이 동산 / **Ferris wheel** 대관람차 / **on the deck** 갑판(상판)위에

도입	This is a picture of a beach. On the left in the foreground, a lot of tourists wearing light clothes are walking along the wooden bridge over the sea while holding their bags.	이것은 해변의 사진입니다. 좌측 전방에, 많은 관광객들이 얇은 옷을 입고 그들의 가방을 들고서 바다 위 목조다리를 따라 걷고 있습니다.
본론	A food stand with a purple-colored parasol is located on the bridge. Next to the railing, I can see the blue sea on the right and the waves are crashing onto the beach. Above them, there is an amusement park which has colorful rollercoasters and a Ferris wheel on the deck in the back.	보라색 파라솔이 있는 노점이 다리 위에 위치해 있습니다. 난간 옆에는 푸른 바다가 오른쪽에 있고 해변가로 파도치는 것이 보입니다. 그 위에는 다양한 색의 롤러코스터와 관람차가 있는 놀이공원이 뒤쪽 갑판 위에 있습니다.
마무리	A sandy beach, buildings, and trees can be seen in the far back. Overall, the place looks fun, so I'd like to visit this place someday.	모래사장, 건물들 그리고 나무들이 저 멀리 보입니다. 전반적으로 사람들이 즐거워보여서 저는 언젠가 이곳에 방문해보고 싶습니다.

Secret Code 파란 글씨 위치 표현   빨간 글씨 키워드

Joanne's 고득점 포인트

- beach 발음 주의, 돌발 장소들의 어휘를 완벽히 암기해두자.
- 옷의 두께를 봐서 두꺼우면 겨울옷(winter clothes)으로 얇으면 여름옷(summer clothes)으로 활용!
- 이런 사진은 앞 ⇨ 옆 ⇨ 뒤 ⇨ 저 멀리 의 순으로 큰 구도상 덩어리로 자른다.
  이때, 특정 사물, 인물이 있다면 1문장 정도는 세부 묘사로 자세한 표현 능력을 보여줄 것!
- zoom-out 된 이런 유형의 사진들은 자세한 세부 묘사를 하기 힘든 대신 사진 속에는 다양한 사물이 보인다.
  어휘력으로 승부할 것!
- 사람들이 편해 보이면 relaxed, 경치가 좋아 보이면 '가보고 싶다'로 마무리하는 것이 진리!

Describe a picture
순발력 다지기

PART
02

순발력 1 실내, 소수 인물과 사물 혼합 사진 본문 P.78

표현사전

sweater 스웨터 / crouch down 쭈그리고 앉다 / kneel down 무릎을 꿇다 / alarm clock 알람 시계 / hair is tied in a ponytail 묶은 머리를 하고 있다 / potted plant 화분 / suitcase 여행 가방 / stacked 쌓여진 / move in 이사 오다

도입	This is a picture of a room. A bearded man wearing a sweater is crouching down and finding something in the brown box.	이것은 방 사진입니다. 수염이 있는 스웨터를 입은 남자가 쭈그리고 앉아서 갈색 상자에서 무엇인가를 찾고 있습니다.
본론	A woman wearing casual clothes is kneeling down while holding a small alarm clock. Her hair is tied in a ponytail. She is looking inside the box while smiling. A potted plant is located on a small table in the foreground. I can see a white suitcase behind the man, and different sizes of brown boxes stacked in the back.	평상복을 입은 여자가 무릎을 꿇고 작은 알람 시계를 들고 있습니다. 그녀의 머리는 하나로 묶여 있습니다. 그녀는 미소 지으며 상자 안을 들여다보고 있습니다. 앞쪽에는 작은 테이블 위에 화분이 있습니다. 남자의 뒤에는 하얀 여행 가방과 다양한 크기의 갈색 상자가 뒤쪽에 쌓여 있는 것이 보입니다.
마무리	Overall, they look happy, because it seems like they are moving in.	전반적으로 그들은 행복해 보입니다. 왜냐하면 이사 오는 것처럼 보이기 때문입니다.

Joanne's 고득점 포인트

- 요즘은 특수하거나 제한된 공간에서 2~3명의 상호 액션과 상태를 찍은 사진이 빈출
- 꾸밀 것이 별로 없는 사진은 자잘한 디테일이 생명
- 모두 다 꾸밀 순 없지만 같은 위치, 상태의 사물끼리 묶어 묘사하면 전반적으로 묘사한 느낌을 줄 수 있어 효율적이다.

PART 1

PART 2

PART 3

PART 4

PART 5

PART 6

순발력 2 — 실내, 다수 인물과 배경 혼합 사진

표현사전

break room 휴게실 / **walk toward the right** 오른쪽을 향해 걸어가다 / **look at her cell phone** 그녀의 핸드폰을 보고 있다 / **mug** 머그잔 / **stool** 스툴(의자) / **work on a computer** 컴퓨터를 하다 / **beside a column** 기둥 옆에 / **behind the archways** 아치형입구 뒤에 / **hang from the ceiling** 천장에 매달려 있다

도입	This is a picture of a break room. A woman on the left, wearing casual clothes is walking towards the right. She is looking at her cell phone while holding a green mug.	이것은 휴게실의 사진입니다. 평상복을 입은 왼쪽에 있는 여자는 오른쪽을 향해 걸어가고 있습니다. 그녀는 녹색 머그잔을 들고 핸드폰을 보고 있습니다.
본론	In the middle, a female student is sitting at a large table and studying alone while reading a book. Several empty chairs and stools are located around the table. A woman in a blue shirt is standing and working on a computer on the right. Behind her, two men are sitting at a column and reading something in the back.	가운데에는 한 여학생이 큰 테이블에 앉아 있으며 책을 읽으면서 혼자 공부하고 있습니다. 몇 개의 빈 의자와 스툴이 테이블 주변에 위치해 있습니다. 파란 셔츠를 입은 여자가 오른쪽에서 컴퓨터를 하고 있습니다. 그녀의 뒤에는 두 명의 남자가 기둥에 앉아있으며 뒤에서 무엇인가를 읽고 있습니다.
마무리	There is another space behind the archways in the back. Some lights are hanging from the ceiling in rows. Overall, it looks like a nice, quiet place.	저 뒤에는 또 다른 공간이 아치형 입구 뒤에 있습니다. 천장에는 몇몇 전구들이 여러 줄로 매달려 있습니다. 전반적으로, 조용하고 좋은 장소 같아 보입니다.

Joanne's 고득점 포인트

- 5명 내외 사람과 사물이 많은 사진은 사람 그룹과 사물 그룹의 묘사 순서를 먼저 정할 것
- 'walking towards 위치'를 활용해 사람의 이동 방향도 묘사 가능
- 등받이가 있는 의자: chair, 등받이가 없는 의자: stool

순발력3 실내, 소수 인물 중심 사진

표현사전

wear a pink shirt 분홍색 셔츠를 입다 / **with a ponytail** 머리를 하나로 묶은 / **with both hands** 양손으로 / **on the left in the foreground** 왼쪽의 전방에 / **grab a glass of water** 물잔을 잡다 / **flower pot** 화분 / **standing menu** 세워져 있는 메뉴 / **place an order** 주문하다 / **write something on a notepad** 메모지에 무엇인가를 쓰다

도입	This is a picture of a café. A woman in the middle, wearing a pink shirt with a ponytail, is sitting at the table and looking at her friend while smiling. She is holding a mug with both hands.	이것은 카페 사진입니다. 가운데에 분홍색 셔츠를 입고 머리를 한 줄로 묶고 있는 여자가 테이블에 앉아서 미소 지으며 그녀의 친구를 보고 있습니다. 그녀는 양손으로 머그잔을 들고 있습니다.
본론	On the left in the foreground, her friend with short blond hair is talking about something while grabbing a glass of water. I can see a flower pot, a standing menu, a dessert and other things on the table. A man in the middle is sitting alone, and in the back, three women are sitting around a table and placing an order. A waiter wearing a uniform with a black tie is standing and writing something on a notepad.	전방의 왼쪽에 짧은 금발 머리를 한 그녀의 친구가 물컵을 들고서 무엇인가를 말하고 있습니다. 테이블 위에 화분, 세워져 있는 메뉴, 디저트 그리고 다른 것들이 보입니다. 가운데는 한 남자가 혼자 앉아 있으며 그 뒤에는 세 명의 여자가 테이블에 둘러앉아서 주문을 하고 있습니다. 유니폼을 입고 검정 넥타이를 맨 웨이터는 서서 메모지에 무엇인가를 적고 있습니다.
마무리	Windows and pictures of sandwiches can be seen in the far back. Overall, the people look relaxed.	창문들과 샌드위치 그림들이 저 멀리에 보입니다. 전반적으로 사람들이 편안해 보입니다.

Joanne's 고득점 포인트

- 사람들이 음료를 마시면 café, 식사하면 restaurant
- 공간감 있는 사진은 앞에서 뒤로 섹션을 나누어 묘사할 것
- wearing a pink shirt: shirts(셔츠)는 복수 표현이니 주의! 옷 색상은 잊지 말고 묘사해줄 것

PART 1

PART 2

PART 3

PART 4

PART 5

PART 6

순발력 4 ▶ 야외, 소수 인물과 배경 혼합 사진

표현사전

paved street 포장된 도로 / **basket** 바구니 / **red brick wall** 빨간 벽돌 벽 / **a cross-body bag** 옆으로 매는 가방 / **brake lever** 제동 레버 / **bicycle = bike** 자전거

도입	This is a picture of a street. Two girls wearing light clothes are riding their bicycles on the paved street in the middle.	이것은 거리의 사진입니다. 가운데에는 얇은 옷을 입은 두 소녀가 포장된 도로 위에서 그들의 자전거를 타고 있습니다.
본론	The girl on the left is carrying her red shopping bag in the basket on the front of the bicycle. I can see a red brick wall on the left. The girl on the right is wearing a black cross-body bag. Some shopping bags are hanging on the brake lever.	왼쪽에 있는 소녀는 자전거 앞의 바구니에 빨간 쇼핑백을 싣고 있습니다. 왼쪽에 빨간 벽돌이 보입니다. 오른쪽에 있는 소녀는 옆으로 매는 검정 가방을 착용하고 있습니다. 몇 개의 쇼핑백이 제동 레버에 걸려 있습니다.
마무리	In the back, there are different types of cars and beautiful buildings along the street. Overall, they look happy. (They are having fun riding bikes.)	뒤쪽에는 다양한 종류의 차들과 아름다운 건물들이 길을 따라 있습니다. 전반적으로 그들은 행복해 보입니다. (그들은 자전거 타는 것에 즐거워하고 있습니다.)

Joanne's
고득점
포인트

- 두 명의 여자로 집중된 사진에서는 인물별로 최대한 묘사해줄 것.
- 옆, 앞, 뒤 등 주변 사물로 넘어갈 때 전치사구를 활용해 위치 묘사를 정확히 할 것.

Respond to questions
자신감 다지기

PART
03

 유형 1 ▶ **동네** 본문 P.112

Imagine that a local community center is doing research in your town. You have agreed to participate in a telephone interview about your neighborhood.

지역 커뮤니티 센터에서 당신의 도시에서 조사를 하고 있다고 가정해보세요. 당신은 동네에 대한 전화 인터뷰에 참여하기로 동의하였습니다.

Q4	How long have you lived in your neighborhood? Do you live in a house or an apartment?	당신의 동네에서 얼마나 오래 살았나요? 주택에 살고 있나요, 아니면 아파트에 사나요?
A4	I've lived in Kangnam for 5 years. I live in my dad's house (a small apartment, a multiplex housing) with my sister (brother, family). It's a nice and cozy place and there is a large park near my home so I work out everyday.	저는 강남에 5년째 살고 있습니다. 저는 아빠의 집 (작은 아파트, 다세대 주택)에서 여자 자매(남자 형제, 가족)와 함께 살고 있습니다. 우리 집은 멋지고 아늑하며 집 근처에 큰 공원이 있어서 저는 매일 운동을 갑니다.

표현사전 **multiplex housing** 다세대 주택 / **cozy** 아늑한, 편리한 / **work out** 운동하다

Q5	Where is the best place to go in your neighborhood?	동네에서 가장 가기 좋아하는 장소는 어디인가요? 얼마나 자주 가나요?
A5	I think it's K-Shopping Mall because it has a big department store, a huge movie theater and a lot of decent restaurants. So you can find almost everything in there. It's good to spend some time with your friends or family in the mall.	제가 동네에서 가장 가기 좋아하는 장소는 K쇼핑몰이라고 생각합니다. 그곳에는 큰 백화점, 거대한 영화관과 괜찮은 레스토랑도 많이 있기 때문입니다. 따라서 (원하는) 모든 것을 찾을 수 있습니다. 친구들이나 가족들과 시간을 보내기에도 좋습니다.

표현사전 **department store** 백화점 / **huge** 거대한, 큰 / **decent** 괜찮은, 적절한

PART 1

PART 2

PART 3

PART 4

PART 5

PART 6

Q6	What would you like to have more of in your neighborhood? • restaurants • parks • bus stops	동네에 더 있었으면 하는 것은 무엇인가요? • 레스토랑 • 공원 • 버스 정거장
A6	**• restaurants** I'd like to have more restaurants in my neighborhood. There are only a few restaurants in my neighborhood like McDonald's or KFC. Unfortunately, I don't like burgers or fried chicken, so I usually eat out in other areas. I think I waste too much time and effort finding restaurants or getting there. If there were more restaurants selling international food like Japanese, Chinese or Mexican food near my place, it would be much easier for me to have nice meals every day. Also, I would get rid of stress and refresh myself while enjoying the food.	**• 레스토랑** 저는 동네에 더 많은 레스토랑이 있다면 좋겠습니다. 제 동네에는 McDonald's나 KFC와 같은 레스토랑만 몇 군데 있기 때문입니다. 아쉽지만 저는 버거나 프라이드 치킨을 좋아하지 않아서, 주로 다른 지역에 가서 외식을 합니다. 저는 제가 레스토랑을 찾거나 그곳까지 가는 데 굉장히 많은 시간과 노력을 낭비한다고 생각합니다. 만약 저의 집 근처에 일식이나 중식, 멕시코 음식과 같은 세계 음식을 파는 레스토랑이 많다면, 매일 아주 맛있는 식사를 하는 것이 훨씬 더 쉬워질 것입니다. 또한, 저는 음식을 즐기면서 스트레스를 풀고 기분전환을 할 수 있을 것입니다.
	• parks I'd like to have more parks in my neighborhood. In my case, my hobby is running, so I go to Rose Park near my place. Even though the park is very small, it's the only park in my neighborhood so I have no choice. If there were more parks with exercise equipment and more benches in my area, I would visit there more often and spend more time with my friends or family. While having a great time there, I would also get rid of stress and refresh myself.	**• 공원** 저는 동네에 공원이 더 있으면 좋을 것 같습니다. 저의 경우에, 취미가 달리기라서 집 근처의 Rose Park에 갑니다. 공원이 매우 작지만, 동네의 유일한 공원이기 때문에 다른 선택권이 없습니다. 만약 운동기구와 벤치를 보유한 공원이 더 많이 있다면, 저는 그곳에 더 자주 방문하여 친구들이나 가족들과 더 많은 시간을 보낼 것입니다. 그곳에서 좋은 시간을 보내는 동안, 저는 또한 스트레스를 풀고 기분전환을 할 수 있을 것입니다.
	• bus stops I'd like to have more bus stops in my neighborhood. In my case, I'm in college and don't have much money, so I take a bus to commute to school. Unfortunately, the nearest bus stop is 30 minutes away from my place, so it's a little hard to get there everyday. When it's raining or snowing, I have no choice but to take a taxi to go to school. If there were more bus stops, I wouldn't need to walk for a long time to get to the bus stop and the bus would have more room for me to have a seat during my commute.	**• 버스 정류장** 저는 동네에 버스 정류장이 더 있으면 좋을 것 같습니다. 저의 경우에, 저는 대학생이고 돈이 많지 않기 때문에 통학하는 데 버스를 타고 다닙니다. 안타깝게도, 제 집 근처에서 가장 가까운 정류장은 30분이 걸리는 곳에 있어서, 매일 다니기에는 조금 어려움이 있습니다. 비나 눈이 오면, 저는 택시를 타고 학교에 갈 수 밖에 없습니다. 만약 버스 정류장이 더 있다면, 버스 정류장까지 오래 걸어갈 필요도 없고 통학하는 동안 앉아서 갈 수 있을 것입니다.

표현사전 **international** 국제적인 / **meal** 식사, 끼니 / **exercise equipment** 운동 장비 / **commute** 통근하다, 통근(거리) / **have no choice but to ~** ~할 수밖에 없다

Imagine that someone wants to open a new bookstore in your neighborhood. You have agreed to participate in a telephone survey about bookstores.

누군가가 당신이 사는 지역에 새로운 서점을 열고 싶어 한다고 가정해보세요. 당신은 서점에 관한 전화 설문 조사에 참여하는 데 동의하였습니다.

Q4	How many bookstores are there in your town? How often do you go to a bookstore?	당신이 사는 곳에는 얼마나 많은 서점들이 있나요? 당신은 얼마나 자주 서점에 가나요?
A4	There are 2 big bookstores in my town and I go to one of them called Kyobo bookstore about once or twice a week. It's near my place and I go there to read some comic books or magazines.	제가 사는 곳에는 2개의 대형 서점들이 있으며, 저는 이 서점들 중에서 교보문고라고 불리는 서점에 일주일에 한두 번 갑니다. 이곳은 제 집에서 가까운 곳에 있으며, 저는 만화책이나 잡지를 읽으러 그곳에 갑니다.

표현사전 **comic books** 만화책

Q5	What are the benefits of buying a book rather than borrowing it from a library?	도서관에서 책을 대여하는 것보다 구매하는 것의 장점은 무엇입니까?
A5	If I buy a book, I can read it as much as I want anytime, anywhere. Also, I don't need to go to the library to return it. My hobby is collecting comic books, since I can get rid of stress while reading them.	책을 구매하면 언제 어디서든 제가 원하는 만큼 읽을 수 있습니다. 또한, 책을 반납하러 도서관에 갈 필요가 없습니다. 제 취미는 만화책을 모으는 것인데, 그 이유는 만화책을 읽는 동안 스트레스를 풀 수 있기 때문입니다.

표현사전 **benefits** 장점, 혜택 / **anytime, anywhere** 언제 어디서든 / **borrow** 빌리다 / **as much as I want** 내가 원하는 만큼

Q6	When buying books, do you prefer to get recommendations from your friends or from bookstore employees? Why?	책을 구입할 때, 당신의 친구나 서점 직원들로부터 추천을 받는 것을 선호하나요? 당신의 선택에 대한 이유는 무엇입니까?
A6	Yes, I prefer to get recommendations from my friends. In my case, I always ask my friends to suggest good comic books because they know what I like the best. So they can give me the most reliable comments and recommendations on finding a series of fun comic books. Also, since it doesn't cost anything, it's economical to get practical reviews from my friends.	네, 저는 친구들로부터 추천을 받는 것을 선호합니다. 제 경우에는, 항상 친구들에게 좋은 만화책을 추천해 달라고 요청하는데, 그 이유는 친구들은 제가 가장 좋아하는 것을 제일 잘 알기 때문입니다. 그래서 재미있는 만화책 시리즈를 찾는 데 있어 제게 가장 믿을 만한 의견을 제시해주고 추천도 해줍니다. 또한, 전혀 비용이 들지 않기 때문에, 친구들로부터 현실적인 의견을 듣는 것은 경제적입니다.

표현사전 **return** 반환하다 / **reliable** 믿을 만한 / **a series of fun comic books** 재미있는 만화책 시리즈 / **it doesn't cost anything** 그건 무료입니다. / **economical** 경제적인 / **practical reviews** 실질적인 평가

Imagine that you are talking on the phone with your friends or colleagues. You are talking about eating out.

당신의 친구나 동료 직원들과 전화로 이야기하는 중이라고 가정해보세요. 당신은 외식을 하는 것에 관해 이야기하고 있습니다.

Q4	When does your lunch time start and finish?	당신의 점심 시간은 언제 시작되고 끝나나요?
A4	The lunch time starts from 12 p.m. and finishes at 1 p.m. I usually go to a cafeteria called Lotte Food Mall near my place because the food is nice there.	제 점심 시간은 오후 12시에 시작해서 1시에 끝납니다. 저는 보통 집 근처에 있는 롯데 푸드 몰이라는 식당에 가는데, 그곳의 음식이 맛있기 때문입니다.

표현사전 **cafeteria** 구내 식당 / **near my place** 우리집 근처에

Q5	Would you like to celebrate your birthday in a restaurant at lunch time or dinner time? Why?	당신은 레스토랑에서 점심 시간에 생일을 기념하는 것을 더 좋아하시나요, 아니면 저녁 시간에 하는 것이 더 좋으신가요? 당신의 선택에 대한 이유는 무엇입니까?
A5	I think dinner time is better, because my friends and I can get rid of stress and refresh ourselves while having various foods and drinks. It works for me.	저는 저녁 시간이 더 낫다고 생각하는데, 제 친구들과 제가 다양한 음식과 음료를 즐기면서 함께 스트레스도 풀고 기분 전환도 할 수 있기 때문입니다. 이렇게 하는 것이 제게 효과가 있습니다.

표현사전 **celebrate** 축하하다 / **It works for me.** 저는 이게 좋아요. (이렇게 하는 것이 제게 효과가 있어요.)

Q6	Do you prefer to eat at the same restaurant or try a new restaurant? Why or why not?	당신은 같은 레스토랑에서 식사하기를 선호하시나요, 아니면 새로운 레스토랑에 가보는 것을 선호하시나요? 당신의 선택에 대한 이유는 무엇입니까?
A6	I prefer to eat at the same restaurant, because I can get a discount with my membership card. Also, I know my favorite dishes, so I don't need to waste time and money exploring new dishes. Plus, it's comfortable to eat in the familiar atmosphere of the same restaurant. In this way, it makes me feel good and happy when eating at the same place.	저는 같은 레스토랑에서 식사하는 것을 선호하는데, 제 회원 카드로 할인을 받을 수 있기 때문입니다. 또한, 저는 제가 좋아하는 음식을 알고 있기 때문에 새로운 음식을 먹어보기 위해 시간과 돈을 낭비할 필요가 없습니다. 게다가, 같은 레스토랑 내의 친숙한 분위기에서 식사하는 것이 편합니다. 그래서, 같은 곳에서 식사할 때 기분이 좋아지고 즐거워집니다.

표현사전 **get a discount with my membership card** 멤버쉽 카드로 할인 받다 / **favorite dish** 좋아하는 요리 / **explore** 찾다, 탐험하다 / **comfortable** 편안한 / **familiar atmosphere** 익숙한 분위기

PART 1
PART 2
PART 3
PART 4
PART 5
PART 6

Imagine that you are having a telephone interview with a magazine publisher about the internet.

당신이 잡지 출판 담당자와 인터넷에 관해 전화 인터뷰를 하고 있다고 가정해보세요.

Q4	When was the last time you used the internet and for how long did you use it?	당신이 마지막으로 인터넷을 사용한 것은 언제이며, 얼마나 오랫동안 사용하셨나요?
A4	I used the internet for about two hours yesterday on my smartphone to communicate with my friends on a free texting app called Kakaotalk and watch some video clips on YouTube.	저는 카카오톡이라고 불리는 무료 문자 메시지 앱으로 친구들과 이야기하고 유튜브에서 비디오 영상을 보기 위해 어제 2시간 동안 제 스마트폰으로 인터넷을 이용했습니다.

표현사전 **communicate with** ~와 대화하다 / **free texting app** 무료 문자 앱 / **video clip** 비디오 영상

Q5	Besides school or work, how often do you usually use the internet and what do you use it for?	학교 또는 직장 외에, 당신은 보통 얼마나 자주 인터넷을 이용하며, 무엇을 하는 데 이용하시나요?
A5	Well, I use the internet more than 10 times a day to buy things, chat with others, find up-to-date information or get educated by watching online lectures.	음, 저는 물건을 구입하거나 다른 사람과 이야기하기 위해, 또는 최신 정보를 찾아 보거나 온라인 강연을 시청함으로써 교육을 받기 위해 하루에 10번 이상 인터넷을 이용합니다.

표현사전 **more than 10 times a day** 하루에 열 번 이상 / **chat with others** 다른 사람들과 수다를 떨다 / **get educated** 교육받다 / **up-to-date** 최신의 / **online lectures** 온라인 강의

24

Q6	Do you think that the internet has made our lives better? Why or why not?	당신은 인터넷이 우리의 삶을 더 좋게 만들었다고 생각하나요? 당신의 선택에 대한 이유는 무엇입니까?
A6	Yes. I think that the internet has made our lives better. As I mentioned before, I usually buy things on the internet because it's easy to get a discount at online stores. Since I'm in college, I need to save on my living expenses. Thanks to the internet, I can use my smartphone to learn whatever I want for free, without spending too much time. For example, I tend to find practical reviews, comments and recommendations about traveling abroad online and it definitely works for me to prepare for my trip in advance. In this sense, the internet makes my life much easier.	네. 저는 인터넷이 우리의 삶을 더 좋게 만들었다고 생각합니다. 제가 조금 전에 언급한 바와 같이, 저는 보통 인터넷으로 물건을 구입하는데, 그 이유는 온라인 매장에서 쉽게 할인을 받을 수 있기 때문입니다. 저는 대학생이기 때문에 제 용돈을 아껴 써야 합니다. 인터넷 덕분에 저는 너무 많은 시간을 낭비하지 않고도 스마트폰을 사용해 제가 원하는 무엇이든지 무료로 배울 수 있습니다. 예를 들어, 저는 해외 여행에 관해 현실적인 후기나 의견 그리고 추천글을 찾아 보는 경향이 있는데, 제가 여행을 미리 준비하는 데 있어 분명 효과가 있습니다. 이러한 점에서, 인터넷은 제 삶을 훨씬 더 쉽게 만들어 줍니다.

표현사전 **As I mentioned before,** 아까 말했듯이, / **at online stores** 온라인 상점들에서 / **Thanks to the internet,** 인터넷 덕분에, / **for free** 무료로 / **practical** 실용적인 / **definitely** 확실히 / **in advance** 사전에 / **In this sense** 이러한 점에서

Respond to questions

순발력 다지기

P A R T
03

본문 **P.120**

1.

Imagine that a British IT magazine is doing research in your country. You have agreed to participate in a telephone interview about smartphone application.

영국의 IT잡지사에서 당신의 나라에 관해 조사를 하고 있다고 가정해 보세요. 당신은 스마트폰 앱에 관한 전화 인터뷰에 참여하기로 동의하였습니다.

Q4	How often do you use your smartphone?	핸드폰을 얼마나 자주 사용하나요?
A4	I use my iPhone everyday. I usually listen to music, chat with my friends, and find some information by using my smartphone. It's easy and convenient to use so I'm satisfied using it.	저는 제 아이폰을 매일 사용합니다. 저는 핸드폰으로 주로 음악을 듣거나, 친구들과 수다를 떨고, 정보를 찾습니다. 사용하기 쉽고 편리하기 때문에 저는 핸드폰을 사용하는 것이 만족스럽습니다.

표현사전 **chat** 이야기를 나누다, 수다를 떨다 / **convenient** 편리한, 간편한 / **satisfied** 만족하는

빈도 질문 뿐이라고 단답형 답변은 NG. 스마트폰 브랜드는 무엇이고, 얼마나 쓰는지, 무엇을 하느라 쓰는지 등 디테일이 살아있는 어휘력으로 승부할 것

Q5	What smartphone application did you use most recently? Why?	가장 최근에 사용한 앱은 무엇인가요? 그 이유는 무엇인가요?
A5	Well, let me think. Oh, I used Instagram about 2 hours ago to check out my friends' news feeds. While checking nice pictures or chatting with them, I can get rid of stress and refresh myself. It works for me.	음, 잠깐 생각을 좀 해보겠습니다. 아, 2시간 전 쯤에 친구들의 뉴스 피드를 확인하기 위해 인스타그램을 사용했습니다. 멋진 사진을 보고 친구들과 수다를 떨면서, 저는 스트레스를 풀고 기분 전환을 할 수 있습니다. 따라서 그것이 저에겐 괜찮습니다.

표현사전 **It works for me** (~이) 괜찮다, 좋다

최근 IT 발달로 인해 앱 관련 질문은 꾸준히 등장하는 단골 문제이다. 기존에 자주 사용하는 SNS명, 게임 앱, 사진 앱, 지도앱들 중 하나 정해두자. 그 앱을 이용하는 방법은 동사 어휘로, 이유는 만사형통팁으로 준비할 것.
시험장에서 북치고 장구치는 놀라운 경험은 그대만의 것!

PART 1

PART 2

PART 3

PART 4

PART 5

PART 6

Q6	When you go to a new place for the first time, do you use an application for directions? Why?	처음 가는 길을 찾을 때, 앱을 사용할 의향이 있나요? 그 이유는 무엇인가요?
A6	Yes, I use Google Maps. First of all, the Google Maps is free to use so I don't need to waste money purchasing a navigation app. It shows you how to get to the destination as fast as you can so you don't need to waste your time being lost on the street during your trip. It's the best app to save time and effort, I think. Also, you can find a lot of information and pictures of thousands of restaurants, shopping places and gas stations by using Google Maps. That way, you can choose the best option no matter what when finding the way.	네, 저는 구글 지도 앱을 사용합니다. 먼저, 구글 지도 앱은 무료이기 때문에 네비게이션 앱을 구매하느라 돈을 낭비할 필요가 없습니다. 이 앱은 목적지까지 가장 빠르게 갈 수 있는 방법을 알려주기 때문에 여행하는 동안 길을 잃어 시간 낭비를 할 필요가 없습니다. 시간과 노력을 절약할 수 있는 최적의 앱이라고 생각합니다. 또한, 구글 지도 앱을 사용하여 굉장히 많은 레스토랑과 쇼핑 장소, 그리고 주유소의 사진과 정보를 찾을 수 있습니다. 이를 통해, 길을 찾을 때 어떤 조건이더라도 최고의 선택을 내릴 수 있습니다.

표현사전 **free** 무료로 / **purchase** 구입하다, 구매하다 / **navigate** (지도 등을 보며) 길을 찾다 / **destination** 목적지, 도착지

요즘은 한 가지 주제로 출제하지 않고 '앱+길찾기'처럼 복합형으로 가는 추세다. 조건을 한정해 암기해 간 답변팁만 줄줄 읊어서는 득점과 멀어지는 구조다. 출제자의 의도를 간파하자. '길을 찾을 때 왜 굳이 앱을 사용할 건지?', '앱을 안 사용한다면 그 이유는 무엇이고 뭘 사용할건데 앱보다 좋다는 건지?' 디테일이 생명이다.

2.

Imagine that a journalist is writing an article on outdoor activity in your area. You have agreed to participate in a telephone interview about outdoor activity.

어떤 기자가 야외 활동에 관한 기사를 쓰고 있다고 가정해보세요. 당신은 야외 활동에 관한 전화 인터뷰에 참여하기로 동의하였습니다.

Q4	What is your favorite outdoor activity? When do you usually do it?	당신이 좋아하는 야외 활동은 무엇인가요? 주로 언제 그것을 하나요?
A4	I go on a picnic to Han River Park with my friends or family on weekends. We can eat, chat and relax together so it makes me feel good and happy.	저는 주말에 친구들이나 가족과 함께 한강에 나들이를 갑니다. 우리는 함께 먹고, 수다를 떨고 쉴 수도 있기 때문에 이것은 제 기분을 좋고 행복하게 만들어줍니다.

표현사전　**outdoor activity** 야외 활동, 실외 활동 / **go on a picnic** 나들이를 가다, 소풍을 가다

지시문에서 주제를 보자마자 바로 '오프라인 설정'과 '공원', 관련 만능 패턴과 스트레스 패키지를 떠올렸다면 벌써 반은 성공이다.

Q5	How long does it take to get to the nearest park? How often do you usually go there?	가장 가까운 공원까지 얼마나 걸리나요? 얼마나 자주 가나요?
A5	It takes about 10 minutes to get to Han River Park on foot. I go there about once or twice a week to work out or go on a picnic. It's a beautiful place to spend some time in the afternoon.	한강에 가는 데는 걸어서 10분 정도가 걸립니다. 저는 운동을 하거나 나들이를 하러 일주일에 한 번이나 두 번 정도 그곳에 갑니다. 한강은 오후에 시간을 보내기에 아름다운 장소입니다.

표현사전　**take** (시간이) 걸리다 / **on foot** 걸어서, 도보로

'얼마나 걸리나?' 문제는 'It takes 얼마나'를 시작 답변틀로 활용하자.
to Han River + on foot 처럼 전치사+키워드를 붙여 부연 설명의 달인이 되자.
• I go Han River (X), I go to Han River (O)
• I go to there (X), I go there (O)

PART 1

PART 2

PART 3

PART 4

PART 5

PART 6

Q6	Could you recommend a good outdoor activity that I might do in the park?	제가 공원에서 할 수도 있는 야외 활동을 추천해 주시겠어요?
A6	Sure. If you like playing basketball, you would love the large outdoor basketball court in Han River Park. There are water fountains and public toilets right next to the courts, so you can get rid of stress and refresh yourself while playing some games with your friends outdoors. Also, there are many beautiful places to take a picture in the park, so I recommend you to walk around and take some good pictures around sunset.	그럼요. 만약 당신이 농구를 좋아한다면, 한강 공원의 커다란 야외 농구장을 아주 좋아할 것입니다. 농구장 바로 옆에 식수대와 공공화장실이 있기 때문에, 야외에서 친구들과 농구를 하는 동안 스트레스를 풀고 기분 전환을 할 수 있습니다. 또한, 사진을 찍기에 아름다운 장소들도 많이 있기 때문에, 저는 해질녘에 그곳을 거닐며 사진을 찍기를 추천해드립니다.

표현사전　**outdoor** 야외의 / **water fountain** 식수대 / **recommend** 추천하다 / **sunset** 해질녘, 일몰

인정머리 없는 사람처럼 맞장구 한 마디 없이 할 말만 할텐가? Could you~? Would you~?로 질문 받으면 너그러움이 뚝뚝 떨어지는 목소리로 "그럼요! Sure, Of course!"로 시작하자. 이것저것 끌어다 많은 말을 해주려고 노력하고, 좋은 목소리 톤에, 맞장구까지 쳐주는데 왜 점수를 안 주겠는가? 채점관도 사람이다.

3.

Imagine that you are talking on the telephone to a new neighbor. She is asking questions about shopping for new shoes in the area.

당신이 새로 이사 온 이웃에게 전화로 이야기하는 중이라고 가정해보세요. 그 이웃이 지역 내에서 새 신발을 사기 위해 쇼핑하는 것에 관해 질문을 합니다.

Q4	Do you enjoy shopping for shoes? Why or why not?	당신은 신발을 사기 위해 쇼핑하는 것을 좋아하나요? 당신의 선택에 대한 이유는 무엇인가요?
A4	Yes, I'm fashion-conscious and shopping for shoes is my hobby. Collecting new shoes makes me feel good and happy.	네, 저는 유행에 민감해서 신발 쇼핑은 제 취미입니다. 새 신발을 모으는 것은 제 기분을 좋고 즐겁게 만듭니다.

표현사전 **fashion-conscious** 패션에 민감한 / **a new pair of shoes** 새 신발 한 켤레

신발 관련 질문은 수험생이 신발 종류와 명칭을 잘 모르거나 복수급에서 실수가 일어나기 때문에 변별력을 위한 단골 질문 중 하나이다. 문장을 좀 천천히 만들어 말하더라도 복수급에서 안 틀리는게 상책이다.

Q5	When was the last time you bought a new pair of shoes and what did you buy?	당신은 언제 마지막으로 새 신발을 구입했으며, 무슨 신발을 구입했나요?
A5	Well, I bought a new pair of Nike sneakers about 2 weeks ago at a department store near my place called Hyundai Department Store. I wear them every day.	그게, 저는 약 2주 전에 집 근처에 있는 현대백화점이라고 불리는 백화점에서 새 나이키 운동화를 한 켤레를 구입했습니다. 저는 그 신발을 매일 신습니다.

표현사전 **well** 그게, 저, 음, 그러니까 / **at the department store** 백화점에서 / **wear** 입다, 신다

'요즘 신발 안 샀는데...' 속마음은 그래도 답변은 뻔뻔하게 "2 weeks ago"로 간다.
오프라인 설정이나 온라인 설정 중 하나 골라 덧붙여 말해주면 시간도, 기분도, 점수도 만땅!

PART 1

PART 2

PART 3

PART 4

PART 5

PART 6

Q6	Could you recommend a good place to shop for shoes in your neighborhood? Why do you recommend that place?	당신이 거주하는 지역에서 신발 쇼핑을 하기 좋은 곳을 추천해주실 수 있나요? 그 장소를 추천하는 이유는 무엇인가요?
A6	Sure. As I mentioned before, I think Hyundai Department Store is the best place I'd like to recommend in my area, because it displays tons of brand new shoes every month on the entire second floor, so you can find any shoes you need. Also, it's easy to get a discount with a membership card. Moreover, thanks to the customer-friendly service from the staff there, you can get rid of stress and refresh yourself. I'm sure you will love the place, too.	물론입니다. 제가 조금 전에 언급한 바와 같이, 현대백화점이 제가 사는 곳에서 추천해 드리고 싶은 가장 좋은 곳이라고 생각하는데, 2층 전체에 매달 수많은 새신발들을 진열하기 때문에 원하시는 어떤 신발이든 찾을 수 있습니다. 또한, 회원 카드로 쉽게 할인을 받을 수 있습니다. 더욱이, 그곳의 직원들이 제공하는 고객 중심의 서비스 덕분에, 스트레스를 풀고 기분 전환을 할 수 있습니다. 당신도 그곳을 정말 마음에 들어 하실 거라고 확신합니다.

표현사전 **recommend** 추천하다 / **in your neighborhood** 당신의 동네에서 / **tons of** 엄청난 양의 / **customer-friendly service** 고객 중심 서비스 / **I'm sure you will love the place, too.** 당신도 그 곳을 좋아할 거라고 확신해요.

'추천.. 아, 어떡하지..' 마음 근육이 약하면 할 말이 없는 순간 와르르 무너진다. '그래, 신발 같은거 안 사지만 나의 창의력에 기름을 부어 너에게 보여주겠다!' 토익스피킹 시험장에선 방탄 마인드는 필수.
다양한 신발이 있고 내게 할인해주는 가상의 백화점에 가서 스트레스도 풀고 기분전환도 한다고 술술 풀어보자. 잘 못해도 자신감 있게 추천하면 듣는 사람도 불안하지 않다.

4.

Imagine that you are talking on the telephone with your friend about cooking.

당신이 요리에 관해 친구와 전화로 이야기하는 중이라고 가정해보세요.

Q4	Where do you usually eat your meals, and how often do you cook for yourself?	당신은 보통 어디서 식사를 하며, 얼마나 자주 직접 음식을 만드나요?
A4	I usually eat at home with my family members and I cook about once or twice a week since I'm interested in cooking these days.	저는 보통 가족과 집에서 식사를 하며, 요즘 요리를 하는 것에 관심이 있기 때문에 일주일에 한두 번 정도 음식을 만듭니다.

표현사전 **be interested in~** ~에 흥미있는 / **these days** 요즘에는

- 주제가 cooking 이므로 4,5,6번을 요리에 대해 물을 것을 예상할 것!
- 처음부터 요리가 싫다거나 외식을 자주 한다는 설정은 위험

Q5	What kind of dishes do you like to learn how to cook? Why?	당신은 무슨 종류의 음식을 만드는 방법을 배우고 싶은가요? 당신의 선택에 대한 이유는 무엇입니까?
A5	I like to learn how to cook traditional Italian dishes such as pasta, pizza and lasagna because they are delicious, easy to cook and nice to share with others.	저는 파스타나 피자, 그리고 라자냐와 같은 전통적인 이탈리아 음식들을 만드는 법을 배우고 싶은데, 이 음식들은 맛있고 만들기 쉬우며, 다른 사람들과 함께 나눠 먹기 좋기 때문입니다.

표현사전 **What kind of dishes** 무슨 종류의 음식 / **learn how to (동사)** ~을 하는 방법을 배우다 / **traditional** 전통적인
lasagna 라자냐

이유가 생각나지 않을 때는 음식 종류를 최대한 기억해 나열식으로 연결해주는 것만으로도 어휘력 점수를 상승시킬 수 있다. 이유는 간단한 것이라도 좋으니 마무리에 붙여 말해줄 것

PART 1
PART 2
PART 3
PART 4
PART 5
PART 6

Q6	Would you prefer to learn how to cook from your friends or from a cooking class? Why or why not?	당신은 친구로부터 음식을 만드는 법을 배우는 것을 선호하나요, 아니면 요리 강좌를 통해 배우는 것을 선호하나요? 당신의 선택에 대한 이유는 무엇입니까?
A6	I'd prefer to learn how to cook from my friends. In my case, my hobby is cooking and I usually cook with my friend, Ji-hyun, in my place, because she knows how to cook delicious food from simple recipes. Of course, it doesn't cost anything when I cook with her. If I attend a cooking class, I will probably have to spend extra money on the class materials and equipment. While cooking with my friend, I can get rid of stress and refresh myself. We can have a great time while cooking, so it makes me feel good and happy.	저는 친구를 통해 음식을 만드는 법을 배우는 것을 선호합니다. 제 경우에는, 취미가 요리이며 보통 제 친구인 지현이와 함께 저희 집에서 음식을 만드는데, 이 친구가 간단한 조리법으로 맛있는 음식을 만드는 방법을 알고 있기 때문입니다. 물론, 제가 이 친구와 음식을 만들 때는 전혀 비용이 들지 않습니다. 만일 제가 요리 강좌를 듣는다면, 아마 재료 및 장비를 구입하는데 별도의 돈을 낭비해야 할 것입니다. 제 친구와 음식을 만드는 동안, 저는 스트레스를 풀고 기분 전환을 할 수 있습니다. 음식을 만드는 동안 즐거운 시간을 보낼 수 있기 때문에 저는 기분이 좋아지고 즐거워집니다.

표현사전 **prefer to** ~보다 선호하다 / **cooking class** 요리 수업 / **my hobby** 내 취미 / **in my place** 우리집에서 / **simple recipes** 간단한 조리법 / **probably** 아마도 / **class materials and equiptment** 수업 자료와 도구

Joanne's
고득점
포인트

아무 전제나 설명 없이 만사형통팁을 바로 말하면 채점자는 무슨 이야기를 하는지 알아듣기 힘들다.
"내 취미는 ~인데, 그것을 하면~," 처럼 조건을 제시하고 이유를 말해야 설득력이 높아지니 참고!

Respond to questions using information provided

자신감 다지기

PART

04

 유형 1 ▶ 컨퍼런스 일정표 본문 P.148

Soccer Coach Association
24th Annual Soccer Conference
Greenfield Hotel
Friday, March 30th

Time	Schedule
8:30 a.m. – 9:00 a.m.	Registration
9:00 a.m. – 10:15 a.m.	Lecture: Designing and Developing Game Theory
10:15 a.m. – 12:30 p.m.	Discussion: How to Improve Intermediate Players' Strength and Durability
12:30 p.m. – 1:30 p.m.	Lunch with MVP Player, Jason Morrison
1:30 p.m. – 2:45 p.m.	Lecture: Management of Professional Soccer Teams
2:45 p.m. – 4:30 p.m.	Break time
4:30 p.m. – 6:00 p.m.	Workshop: Using the Exercise and Training Manuals for Intermediate Players
6:00 p.m. –	Social gathering

축구 코치 행사
제 24회 연례 컨퍼런스
그린필드 호텔
5월 30일 금요일

시간	일정
오전 8:30 – 오전 9:00	등록
오전 9:00 – 오전 10:15	강의: 디자인과 개발 게임 이론
오전 10:15 – 오후12:30	토론: 중급 선수들의 힘과 내구력 높이는 방법
오후 12:30 – 오후1:30	MVP 선수 제이슨 모리슨과 점심식사
오후 1:30 – 오후 2:45	강의: 전문 축구팀 경영
오후 2:45 – 오후 4:30	휴식 시간
오후 4:30 – 오후 6:00	워크숍: 중급 선수들을 위한 운동과 트레이닝 설명서 사용하기
오후 6:00 –	친목회

Hello, I'm Jill. I'm actually one of the soccer coaches participating in the 24th annual soccer conference. So I'd like to ask some information about the conference.

안녕하세요, 저는 질이라고 합니다. 사실 저는 24회 연례 축구 컨퍼런스에 참여하는 축구 코치들 중 한 명입니다. 그래서 컨퍼런스의 몇 가지 정보를 물어보고 싶습니다.

Q7	What is the date of the conference, and what time does the registration begin?	컨퍼런스는 언제 열리며 등록은 몇 시에 시작하나요?
A7	The conference will be held on Friday, March 30th at 8:30 a.m. at the Green Field Hotel.	컨퍼런스는 5월 30일 금요일 오전 8시 30분에 그린필드 호텔에서 열릴 것입니다.
Q8	I heard that we will have a chance to meet the MVP from 2017, Jason Morrison, during the conference. Am I right?	컨퍼런스가 열리는 동안 2017년 MVP 선수인 제이슨 모리슨씨를 만날 기회가 있다고 들었습니다. 맞나요?
A8	Yes, you will have lunch with the MVP Player, Jason Morrison at 12:30 p.m. Please keep that in mind.	네, 맞습니다. MVP 선수인 Jason Morrison씨와 12시 30분에 점심을 먹을 것입니다. 참고 부탁드립니다.
Q9	I'm especially interested in coaching for intermediate players. Could you tell me all the details about the sessions for the intermediate levels?	저는 중급 선수들을 가르치는 것에 특별히 관심이 있습니다. 중급 레벨을 위한 세션에 대해 자세히 말씀해 주시겠어요?
A9	OK. There is a discussion about how to improve intermediate players' strength and durability at 10:15 a.m. Also, you can attend a workshop on how to use the exercise and training manual for intermediate players at 4:00 p.m.	네. 오전 10시 15분에 중급 선수들의 힘과 내구력 높이는 방법에 대한 토론이 있습니다. 또한, 오후 4시에 중급 선수들을 위한 운동과 트레이닝 설명서를 사용하는 방법에 대한 워크숍에 참석할 수 있습니다.

표현사전 **conference** 컨퍼런스 / **registration** 등록 / **will be held** 열리다, 개최되다 / **have a chance** 기회를 갖다 / **MVP (most valuable player)** 최우수 선수 / **have lunch with** ~와 점심을 먹다 / **especially** 특히 / **Please keep that in mind.** 참고 부탁 드립니다. / **interested in** ~에 관심이 있는 / **intermediate player** 중급 선수

 **유형 2** ▶ 출장 일정표 본문 P.152

Itinerary for Matt Sorenson, Director	
Monday, June 3rd	
10:35 a.m.	Depart Madison (Midwest Airlines #309)
2:15 p.m.	Arrive Portland (Ideal Hotel)
7:30 p.m.	Meeting (Kimberly Jonson, EMC Studio)
Tuesday, June 4th	
10:00 a.m. – 5:00 p.m.	Liberal Documentary Film Seminar
Wednesday, June 5th	
10:30 a.m. – 11:45 a.m.	Meeting Paul Bedford (Take One Studio)
2:55 p.m.	Depart Portland (Midwest Airline #308)
7:28 p.m.	Arrive Madison

감독 맷 소렌슨의 출장 일정표	
6월 3일 월요일	
오전 10:35	메디슨 출발 (미드웨스트 항공사 309편)
오후 2:15	Portland 도착 (Ideal 호텔)
오후 7:30	회의 (킴벌리 존슨, EMC 스튜디오에서)
6월 4일 화요일	
오전 10:00– 오후 5:00	교양 다큐멘터리 영화 세미나
6월 5일 수요일	
오전 10:30 – 오전 11:45	회의 폴 베드포드, (Take One 스튜디오에서)
오후 2:55	포틀랜드 출발 (미드웨스트 항공사 308편)
오후 7:28	메디슨 도착

Hi, this is Matt Sorenson. I'm going on a business trip and need to know some information about the trip.

안녕하세요, 저는 맷 소렌슨입니다. 저는 출장을 갈 예정이며 이 출장에 대한 몇 가지 정보를 알고 싶습니다.

Q7	What time does my flight arrive in Portland and where am I going to stay?	제 비행기가 포틀랜드에 언제 도착하며 제가 어디에 머무를 예정인가요?
A7	You will arrive in Portland at 2:15 p.m. on Monday and stay at the Ideal Hotel.	당신은 월요일 오후 2시 15분에 포틀랜드에 도착할 예정이며 아이딜 호텔에 묵을 것입니다.
Q8	I heard that I have to attend the film seminar for two days. Is that correct?	제가 영화 세미나에 2일 동안 참석해야 한다고 들었습니다. 맞나요?
A8	I'm sorry, but no. The liberal documentary film seminar will be held just for one day on Tuesday, June 4th from 10:00 a.m. Please keep that in mind.	죄송하지만 아닙니다. 교양 다큐멘터리 영화 세미나는 6월 4일 화요일 오전 10시부터 하루 동안만 열릴 것입니다. 참고 부탁드립니다.
Q9	Could you tell me about my schedule for my last day?	마지막 날의 일정에 대해 말해주시겠어요?
A9	OK. You will have a meeting with Paul Bedford at Take One Studio at 10:30 a.m. And then, you will depart from Portland at 2:55 p.m. by Midwest Airline, flight number 308, and arrive in Madison at 7:28 p.m.	네. 폴 베드포드씨와 오전 10시 30분에 Take One 스튜디오에서 미팅할 것입니다. 그 다음, 오후 2시 55분에 미드웨스트 항공사의 308편으로 포틀랜드를 출발할 것이며 메디슨에 저녁 7시 28분에 도착할 것입니다.

표현사전 **go on a business trip** 출장가다 / **arrive in** ~에 도착하다 / **depart from** ~ 에서 출발하다 / **stay at the ~ hotel** ~호텔에서 묵다 / **have a meeting with** ~와 미팅을 갖다 / **and then** 그 다음

PART 1
PART 2
PART 3
PART 4
PART 5
PART 6

Laura's Professional Baking School
Baking classes for the community, May 5th (Wed.)

Time	Topic	Skill Level
9:30 a.m. - 10:30 a.m.	Easy Baking Processes - Fermentation Process - Yeast Theory	Beginner
10:30 a.m. - 12:00 p.m.	Baking Breads and Pastries - Sour dough, Wheat bread, Rolls - Cup cakes, Tarts, Muffins	Intermediate
Noon - 1:30 p.m.	Decorating Processes	Intermediate
1:30 p.m. - 2:30 p.m.	Baking Preparations - How To Greaseproof Equipment	Beginner
2:30 p.m. - 4:00 p.m.	Fine Dining Desserts and Pastries Presentation	Advanced

로라의 전문 제빵 학교
5월 5일 수요일, 지역 사회를 위한 제빵 수업

시간	주제	수업 난이도
오전 9:30 – 오전 10:30	쉽게 빵 굽는 과정 - 발효법 - 이스트 이론	초보
오전 10:30 – 오후 12:00	빵과 페이스트리 굽기 - 시큼한 맛이 나는 빵, 호밀 빵, 롤 - 컵 케이크, 타르트, 머핀	중급
정오 – 오후 1:30	장식 과정	중급
오후 1:30 – 오후 2:30	빵 굽기 준비 - 장비가 기름이 배지 않게 하는 방법	초보
오후 2:30 – 오후 4:00	고급 식당의 디저트와 페이스트리 준비	고급

PART 1
PART 2
PART 3
PART 4
PART 5
PART 6

	Narration	
	Hello, this is Emily Jefferson. I saw your advertisement for baking classes. I want to know more details about the classes.	안녕하세요, 저는 에밀리 제퍼슨이라고 합니다. 제빵 수업에 대한 광고를 봤습니다. 수업과 관련해서 좀 더 자세히 알고 싶습니다.

Q7	On what day will the classes be held and what time does the last class end?	무슨 요일에 수업이 열리며 마지막 수업이 언제 끝나나요?
A7	The baking classes will be held on Wednesday, May 5th and the last one will finish at 4:00 p.m.	제빵 수업은 5월 5일 수요일에 열리며 마지막 수업은 오후 4시에 끝날 것입니다.
Q8	I've never really done much baking but I'd like to make breads. The class about baking breads and pastries would be okay for people who have not done much baking before, right?	저는 제빵을 거의 해본 적이 없지만 빵을 만들어보고 싶습니다. 빵과 페이스트리를 굽는 반을 제빵을 별로 해보지 않은 사람이 해도 괜찮을까요?
A8	I'm sorry, but that is an intermediate level class. However, there are two beginners' classes, at 9:30 a.m. and 1:30 p.m.	죄송합니다만 그것은 중급 레벨 반입니다. 하지만 오전 9시 30분과 오후 1시 30분에 두 개의 초급반이 있습니다.
Q9	Can you please tell me all the details about the sessions designed specifically for beginners?	초보자를 위해 특별히 만들어진 세션에 대해 모든 자세한 사항을 말씀해 주시겠어요?
A9	OK. You can attend the class on easy baking processes from 9:30 a.m., and learn about the fermentation process and yeast theory. Also, you can learn about baking preparations, including how to greaseproof equipment, in a class at 1:30 p.m.	네. 당신은 오전 9시 30분에 있는 쉽게 빵 굽는 과정, 발효법 그리고 이스트 이론 과정에 참여할 수 있습니다. 또한, 오후 1시 30분에 빵 굽기 준비, 장비에 기름이 배지 않게 하는 방법을 포함한 수업을 배울 수 있습니다.

표현사전 **baking class** 제빵 수업 / **what day~?** 무슨 요일~? / **have never really done much** ~을 거의 해본 적 없다 / **pastry** 밀가루 반죽으로 만든 과자 종류 / **specifically** 특별히 / **beginner** 초보자 / **learn about** ~에 대해 배우다 / **fermentation process** 발효법(공정) / **yeast** 이스트 / **greaseproof** 기름이 안 배는 / **equipment** 장비, 용품

 유형 4 ▶ 이력서 본문 P.158

Robert Stockton
1243 E. Hollywood, CA
(213) 571-9561

Position	Regional Retail & Merchandising Manager
Education	Master's Degree, Business Administration, University of Southern California (2012) Bachelor's Degree, Business Management, UC Berkeley (2010)
Work	Senior retail and merchandiser, Luxury Fashion Group (2019-present) Assistant buyer, High-end Fashion Inc. (2016-2019)
Skills	CPA, Extensive knowledge and experience in retail and fashion industry, Fluent in French and Italian

로버트 스톡튼
1243 E. 할리우드, 캘리포니아
(213) 571-9561

직책	지역 소매 및 판매 매니저
교육	남부 캘리포니아 대학교, 경영학 석사(2012) UC 버클리, 경영관리 학사 (2010)
경력	선임 유통 및 판매자, 명품 패션 그룹 (2019-현재) 보조 바이어, 고급 패션 주식회사 (2016-2019)
기술	공인회계사, 유통 및 패션 산업에 해박한 지식과 경험 프랑스어와 이탈리아어에 능통

40

PART 1

PART 2

PART 3

PART 4

PART 5

PART 6

Narration

	Hello, I have an interview with Robert Stockton this afternoon. I got his résumé the other day, but it seems like I've misplaced it. Could you please answer to some of my questions about Robert?	안녕하세요, 저는 로버트 스톡튼의 인터뷰가 오후에 있습니다. 그의 이력서를 다른 날에 받았지만 제가 잃어버린 것 같아요. Robert씨에 관한 몇 가지 질문에 답변해주시겠어요?
Q7	First, can you tell me which places Mr. Stockton has worked for?	첫 번째로 스톡튼씨가 어디에서 일했는지 말해 주시겠어요?
A7	He worked at Luxury Fashion Group as a senior retail and merchandiser since 2019, and he has been working at High-end Fashion Incorporated as an assistant buyer from 2016 to 2019.	그는 2019년부터 럭셔리 패션 그룹에서 선임 소매 및 판매자로 일하고 있습니다 그리고 그는 2016년부터 2019년까지 하이 엔드 주식회사에서 보조 바이어로 일했습니다.
Q8	We are planning a joint business venture with our partner in Italy. Would Mr. Stockton be a good candidate to participate in a project like this?	우리는 이탈리아의 파트너들과 합작 사업을 계획하고 있습니다. 스톡튼씨가 이런 프로젝트에 참여하는 것에 적절한 후보일까요?
A8	Yes, because he is fluent in Italian and even in French. Please keep that in mind.	네, 왜냐하면 그는 이탈리아어에 유창하고 심지어 프랑스어도 유창합니다. 참고 부탁드립니다.
Q9	Can you give me a brief description of his educational background?	그의 학력 배경에 대해 간략하게 설명해주시겠어요?
A9	OK. He got his Bachelor's Degree in Business Management from UC Berkeley in 2010, and his Master's Degree in Business Administration from University of Southern California in 2012.	네. 그는 2010년도에 UC 버클리에서 경영관리 학사 학위를 취득하였으며, 2012년도에 남부 캘리포니아 대학교에서 경영학 석사 학위를 취득하였습니다.

표현사전 **have an interview with** ~와 인터뷰를 하다 / **résumé** 이력서 / **have misplaced** 잃어버리다 / **work for** ~을 위해 일하다 / **since** ~부터 / **joint business venture** 합작 사업 / **Italy** 이탈리아 / **candidate** 후보자 / **be fluent in** ~에 유창한 / **brief description** 간단한 설명 / **educational background** 학력 배경 / **Bachelor's Degree (B.A.)** 학사 학위 / **Master's Degree (M.A.)** 석사 학위

Manhattan Central Broadcasting Incorporated

Applicant Interview Schedule
All interviews, Room C302: Friday, June 2nd

Time	Applicant Name	Position	Current Employer
10:00 a.m.	James Perez	Floor Director	NYC TV Casting Co.
11:30 a.m.	Peter Welder	Program Producer	New Jersey Central Broadcasting
1:00 p.m.	Justin Ling	Lighting Expert	NYC TV Casting Co.
2:30 p.m.	Shawn Gallegos	Sound Director	Chicago Local Broadcasting Inc.
4:00 p.m.	Debora Wilber	Program Producer	National Musical Company
5:30 p.m.	Jenny Goldsmith	Sports Reporter	E-Sport Broadcasting Co.

맨해튼 중앙 방송 주식회사

지원자 면접 일정
모든 면접, C302 번 방: 6월 2일 금요일

시간	지원자 이름	직책	현재 직장
오전 10:00	James Perez	무대 연출	NYC TV 캐스팅 회사
오전 11:30	Peter Welder	프로그램 프로듀서	뉴저지 중앙 방송
오후 1:00	Justin Ling	조명 전문가	NYC TV 캐스팅 회사
오후 2:30	Shawn Gallegos	음향 감독	시카고 지역 방송 주식 회사
오후 4:00	Debora Wilber	프로그램 프로듀서	국립 뮤지컬단
오후 5:30	Jenny Goldsmith	스포츠 리포터	인터넷 스포츠 방송 회사

PART 1

PART 2

PART 3

PART 4

PART 5

PART 6

Hello, I am scheduled to have several interviews some candidates on Friday. But, I've already left my office. So, I'm hoping you can answer my questions.

안녕하세요, 금요일에 몇몇 후보자들을 인터뷰할 예정입니다. 하지만 이미 사무실을 나왔습니다. 그래서 당신이 제 질문에 대답을 해주셨으면 좋겠습니다.

Q7	Who is the first applicant I'm interviewing, and where does the person currently work?	제가 첫 번째로 인터뷰하는 지원자는 누구이며 그 사람은 현재 어디에서 일하고 있나요?
A7	You will interview James Perez, who (is applying for) (applied for) a floor director position, at 10 a.m., and he works at the NYC TV Casting Company.	오전 10시에 무대 연출 직책에 지원하는 James Perez씨를 인터뷰할 것이며 그는 NYC TV 캐스팅 회사에서 일하고 있습니다.
Q8	I have to visit another job site after I'm done with the interviews. My last interview is at 4 o'clock, right?	인터뷰가 끝난 후에 다른 현장에 방문해야 합니다. 4시에 제 마지막 인터뷰가 있지요, 맞나요?
A8	I'm sorry, but no. Your last interview is with Jenny Goldsmith, and it will be held at 5:30 p.m. Please keep that in mind.	죄송하지만 아닙니다. 당신의 마지막 인터뷰는 Jenny Goldsmith씨 이며 오후 5시 30분에 진행될 것입니다. 참고 부탁드립니다.
Q9	Right now, our biggest need is for a program producer. Could you give me all the details about any interviews with people applying for the program producer position?	지금 현재, 저희가 가장 필요한 것은 프로그램 프로듀서입니다. 프로그램 프로듀서 직책으로 인터뷰를 지원한 사람들을 모두 자세하게 알려주실 수 있나요?
A9	You will interview Peter Welder who works at the New Jersey Central Broadcasting at 11:30 a.m., and then Debora Wilber from the National Musical Company at 4:00 p.m.	오전 11시 30분에 뉴저지 중앙 방송에서 일하는 Peter Welder씨를 인터뷰할 예정이며 그 다음, 국립 뮤지컬단의 Debora Wilber씨를 오후 4시에 인터뷰할 것입니다.

표현사전 be scheduled to ~할 예정이다 / applicant 지원자 / currently 최근에, 근래에 / who (is applying for)(applied for) ~로 지원한 사람 / job site 현장 / biggest need 가장 필요한 것

Respond to questions using information provided

순발력 다지기 PART 04

1. 이력서 본문 P.166

James Timothy	
777 6th Avenue, New York, New York, 10001	
Phone (646) 234-1098	
E-mail: J_Timothy@statesports.com	
Position Applied	**Journalist for E-Sports Magazine**
Education	Master's degree in Public Writing: New York University (2017) Bachelor's degree in Literature: Stony Brook University (2014)
Work Experience	Journalist: State Sport Magazine (2019-present) Assistant Journalist: Manhattan Local News (2017-2019)
Qualifications and Skills	Proficient in Chinese and French Qualified in website design and management

제임스 티모시	
777 6번 거리, 뉴욕, 뉴욕, 10001	
전화 (646) 234-1098	
이메일: J_Timothy@statesports.com	
지원한 직책	인터넷 스포츠 잡지 기자
교육	뉴욕 대학교, 대중 작문과 석사 (2017) 스토니 브룩 대학교, 문학과 학사 (2014)
업무 경력	주 스포츠 잡지: 기자 (2019-현재) 맨해튼 지역 뉴스: 보조 기자 (2017-2019)
자격 및 기술	중국어와 프랑스어에 능숙함 웹사이트 디자인 및 경영 자격증

표현사전 chief editor 편집장 / journalist 기자 / position 직책 / get a master's degree 석사 학위를 취득하다 / involve 포함하다 / regularly 정기적으로 / related skills 관련 기술들 / task 일 / be qualified in ~에 자질이 되다, 자격증이 있다

PART 1
PART 2
PART 3
PART 4
PART 5
PART 6

Narration

	Hi, this is Jerome, the chief editor of E-Sports Magazine. I'll interview James Timothy in an hour for a journalist position, but I don't have his résumé. Can I ask a few questions about his résumé?	안녕하세요, 저는 인터넷 스포츠 잡지 편집장인 제롬 이라고 합니다. 한 시간 후에 기자 직책으로 지원한 제임스 티모시씨를 인터뷰할 예정인데 그의 이력서 를 가지고 있지 않습니다. 그의 이력서에 대해 몇 가 지 질문을 해도 될까요?
Q7	When did James get his master's degree? And what university did he get it from?	제임스씨가 언제 석사 학위를 취득하였나요? 그리 고 어느 학교에서 취득하였나요?
A7	He got his master's degree in Public Writing from New York University in 2017.	그는 석사 학위를 대중 작문으로 뉴욕 대학교에서 2017년에 취득하였습니다.
Q8	The position he applied for involves dealing with updating our company website regularly. Does he have any related skills to help us with this task?	그가 지원한 직책은 우리 회사의 웹사이트를 정기적 으로 업데이트하는 것을 포함하고 있습니다. 그가 이 작업과 관련해서 우리에게 도움이 되는 어떤 기 술을 가지고 있나요?
A8	Yes, he is qualified in website design and management.	네, 그는 웹사이트 디자인 및 운영에 자격증을 가지 고 있습니다.
Q9	Can you give me all of the information related to his career experience?	그의 업무 경력과 관련된 모든 정보를 말씀해 주시 겠어요?
A9	OK. He worked for Manhattan Local News as an assistant journalist from 2017 to 2019. And since 2019, he has been working for State Sport Magazine as a journalist.	네. 그는 2017년부터 2019년까지 맨해튼 지역 뉴 스 보조 기자로 일했습니다. 그리고 2019년부터 주 스포츠 잡지에서 기자로 일하고 있습니다.

Joanne's 고득점 포인트

Q7 • 이력서 7번 질문은 학위를 묻거나, 경력을 묻거나, 무조건 둘 중 하나이다.
 • 불행히도 질문을 못 들었다면, 'He got his 학위 ⇨ in 전공 ⇨ from 학교 ⇨ in 연도' 순으로 차분히 모두 다 답변해주자. 고유명사를 미리 조용히 읽어 연습해 두었다면, 답변은 10초밖에 소요되지 않는다.

Q8 • 8번은 늘 지원자의 자질에 대한 질문이다.
 첫 문장: '우리가 어떤 사안을 진행하려고 한다'
 두 번째 문장: '그(그녀)가 어떤 사안을 잘 처리할 수 있을까? 없을까?'
 • 표에서는 'Qualifications and Skills' 가로줄 (행)을 보면서 답하되, 제일 앞에 Yes 또는 No를 잊지 말 것!

Q9 • 9번의 질문에서 Could you~? What are ~? Tell me~?' 어떤 것으로 물어도 OK로 시작하면 만사형통!
 • 경력 사항은 과거부터 현재로, 학력 사항은 낮은 학위에서 높은 학위 순서로 답변

2. 세미나 일정표

Local Seminar for New Building Buyers Date: March 23 Location: Riverside Convention Center		UPCOMING ANNUAL EVENT
9:30 a.m.	Lecture - How to Choose the Right Building	Karen Moore
10:30 a.m.	Workshop - Correlations Between Population and Building Value	Cathy R. Jansen
11:30 a.m.	Discussion - What to Consider when Selling Buildings	Mark Timothy
12:30	Lunch Buffet - Tilley Dining Hall (Vegetarian's meals included)	
1:30 p.m.	Workshop - Stories of Accomplished Building Sellers	Patrick Choi
2:30 p.m.	Lecture - Compromising on the Building Cost (brochures provided)	Cathy R. Jansen
3:30 p.m.	Presentation - What Makes your Building More Valuable?	Robert Dune

신규 건물 구매자를 위한 지역 세미나 날짜: 3월 23일 장소: 리버사이드 컨벤션 센터		다가오는 연례 행사!
오전 9:30	강연 – 알맞은 건물을 고르는 방법	Karen Moore
오전 10:30	워크숍 – 인구와 건물 가치의 상관 관계	Cathy R. Jansen
오전 11:30	토론 – 건물을 판매할 때 무엇을 고려해야 하는가	Mark Timothy
오후 12:30	점심 뷔페 – 틸리 다이닝 홀 (채식주의자를 위한 식사 포함)	
오후 1:30	워크숍 – 성공한 건물 판매자들의 이야기	Patrick Choi
오후 2:30	강연 – 건물 가격 타협하기 (책자 제공)	Cathy R. Jansen
오후 3:30	발표 – 무엇이 건물을 더 가치 있게 만드는가?	Robert Dune

표현사전   **the upcoming seminar** 다가오는 세미나 / **brought** (bring의 과거형) 가져왔다 / **vegetarian** 채식주의자 / **lunch buffet** 점심 뷔페 / **will be offered = will be provided** 제공될 예정이다 / **include** 포함하다 / **compromise** 타협하다 / **vegetarian meal** 채식주의자를 위한 식사 / **lecture** 강연 / **will be discussing** 논의될 예정이다

Hi, I'm very interested in the upcoming seminar, but I don't have the schedule for it. Can I ask a few questions about the seminar schedule?

안녕하세요, 다가오는 세미나에 관심이 매우 큽니다, 하지만 일정표를 가지고 있지 않습니다. 세미나 일정표에 대해 몇 가지 질문을 해도 될까요?

Q7 Where will the seminar be held, and what time will the first session begin?

세미나는 어디에서 열리며 첫 번째 세션은 몇 시에 시작하나요?

A7 The seminar will be held at the Riverside Convention Center and the first session begins at 9:30 a.m.

세미나는 리버사이드 컨벤션 센터에서 열리며 첫 번째 세션은 오전 9시 30분에 시작합니다.

Q8 Last year, I brought my own lunch because I am a vegetarian. Do I have to bring my lunch for this year's seminar too?

작년에는 제가 채식주의자이기 때문에 점심 도시락을 가져갔습니다. 이번 세미나에도 점심 도시락을 가져가야 할까요?

A8 No, you don't have to bring your own lunch because the lunch buffet will be offered in Tilley Dining Hall, and it includes vegetarian meals. Please keep that in mind.

아니요, 점심 도시락을 가져오실 필요는 없습니다. 점심 뷔페가 틸리 다이닝 홀에서 제공될 예정이며, 채식주의자를 위한 식사도 포함됩니다. 참고 부탁드립니다.

Q9 I am very interested in the sessions led by Cathy R. Jansen. Could you give me all the details about the sessions that she will be leading?

캐시 알 젠슨 씨에 의해 진행되는 세션에 굉장히 관심이 있습니다. 그녀가 진행하는 세션에 대한 모든 사항을 자세하게 말씀주시겠어요?

A9 OK. At 10:30 a.m., the workshop called correlations between population and building value will be led by Cathy R. Jansen. Also, she will lead a lecture about compromising on the building cost at 2:30 p.m. Related brochures will be provided.

네. 오전 10시 30분에 인구와 건물가치의 상관관계라는 워크숍이 캐시 알 젠슨씨에 의해 진행될 것입니다. 또한 오후 2시 30분에 그녀는 가격 타협하기에 대한 강의를 진행할 예정입니다. 관련된 책자는 제공될 것입니다.

Q7 • 'at the Riverside Convention Center' 처럼 고유명사 센터, 호텔, 백화점 등 complex (복합 공간) 빌딩은 정관사 the를 붙여야 한다.

Q8 • 점심 (lunch)시간에 문장 기호(:, ", /, −)와 함께 '특정 정보'가 보이면 그곳이 무조건 8번 자리다.
• 'in Tilley Dining Hall'의 경우 복합 공간이 아닌 단일 공간이므로 고유명사가 있어도 정관사 the를 뺀다.

Q9 • 'Lecture, Workshop'에서 9번이 나올 것이라고 단정한 수험자에게는 돌발이 될 최신 유형이다. 요즘은 앞에 돌출된 단어가 아닌, 문장 내부나 끝에 같은 (비슷한 뜻의) 단어로 9번을 찾아야 하므로 눈에 잘 안보인다.

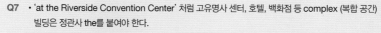
Joanne's 고득점 포인트

3. 회의 일정표

Sandy Public Library Staff Meeting January 6th 1:00 p.m. ~ 4:30 p.m.		
1:00 p.m.	Introduction of New Staff	Jessica Lame: Head Librarian
1:35 p.m.	Project Updates	Jansen Yamada
	Third Floor Renovations	Lora Underwood
	Update on the Library Website	Fred Green
3:15 p.m.	Getting More Donations	Lora Underwood
4:00 p.m.	Comments for the New Year	Jessica Lame: Head Librarian

샌디 국립 도서관 직원 회의 1월 6일 오후 1:00 ~ 오후 4:30		
오후 1:00	신입 직원 소개	제시카 레임: 수석 사서
오후 1:35	프로젝트 업데이트	젠슨 야마다
	3층 개조	로라 언더우드
	도서관 웹사이트 업데이트	프레드 그린
오후 3:15	더 많은 기부 받기	로라 언더우드
오후 4:00	신년 인사	제시카 레임: 수석 사서

표현사전 **public library** 국립 도서관 / **head librarian** 수석 사서 / **donation** 기부 / **renovation** 개조, 수리

		PART 1
		PART 2
		PART 3
		PART 4
		PART 5
		PART 6

Narration

	Hi. This is Fred Milton. I know we have a staff meeting this afternoon. But I am running late. I hope you can give me some of the details.	안녕하세요, 저는 프레드 밀튼입니다. 오늘 오후에 직원 회의가 있다는 것을 압니다. 하지만 제가 좀 늦을 것 같습니다. 저에게 몇 가지 자세한 사항을 알려주셨으면 좋겠습니다.
Q7	Where will the meeting be held and what time does it start?	회의는 어디서 언제 시작하나요?
A7	The meeting will be held at Sandy Public Library at 1:00 p.m. on January 6th.	회의는 1월 6일 오후 1시에 샌디 국립 도서관에서 열릴 것입니다.
Q8	I need to know how to renovate our library next month. I heard Lora will talk about the renovation plan at 3 o'clock, right?	다음 달에 있는 도서관 수리에 대해 알아야 합니다. Lora씨가 오후 3시에 수리 계획에 대해 말할 것이라고 들었습니다. 맞나요?
A8	Yes, but it's at 1:35 p.m., not 3 o'clock. She will talk about third floor renovations.	맞습니다. 하지만 3시가 아니라 오후 1시 35분입니다. 그녀는 3층 수리에 대해 말할 것입니다.
Q9	I want to know what Jessica Lame, the head librarian, has to say. What will she be speaking about the meeting?	수석 사서인 제시카 레임씨가 무엇을 말씀하실 것인지 알고 싶습니다. 회의와 관련하여 어떤 연설을 할 예정인가요?
A9	OK. At 1:00 p.m., the introduction of new staff will be led by Jessica. After that, she will talk about (speak about) comments for the New Year from 4:00 p.m. Please keep that in mind.	네. 오후 1시에 신입 직원 소개가 제시카씨에 의해 있을 것입니다. 그 다음에 오후 4시부터 그녀는 신년 인사를 말할 예정입니다.

Joanne's 고득점 포인트

Q7 • '언제 (요일, 날짜), 어디에서 미팅이 열리나?'처럼 기본 질문은 쉬운 빈출이고
요즘은, '어디에서 열리고 몇 시에 시작하나?' 처럼 더 넓은 범주 내에서 찾게끔 출제되니 유의

Q8 • renovate가 들리는 순간 2~3초 내 renovation을 찾을 수 있어야 한다.
이때, 못 찾았다면 2번 째 기회인 Lora와 3시는 꼭 들어야 답변할 수 있다.
• Lora의 일정 중 renovation과 donation처럼 유사 발음 단어를 포함해 잘못 듣고 3시15분의 다른 일정을
말하게끔 하는 ETS의 최신 함정에 주의

Q9 • Lora 2개 일정, Jessica 2개 일정이었으므로 한 번 질문한 Lora는 제외,
Jessica가 9번으로 출제될지는 9번 질문 음성을 듣기도 전에 간파할 수 있다.
• 표에서 공통된 형식의 긴 가로줄 (행)이 2~3개 보이면 9번으로 의심부터 하고 표 분석 시간에 완전한 문장으로 만들어 둘 것.

4. 레스토랑 면접 일정

<table>
<tr><td colspan="4">Mile's Restaurant
Job interview schedule (new branch)
Monday, July 28</td></tr>
<tr><th>Time</th><th>Job Candidates</th><th>Position Applied for</th><th>Current Employer</th></tr>
<tr><td>9:30 a.m.</td><td>Jamie Shula</td><td>Cook</td><td>Italia Pasta</td></tr>
<tr><td>10:30 a.m.</td><td>Rosaline Macquarie</td><td>Supervisor</td><td>Grand Gourmet Restaurant</td></tr>
<tr><td>11:00 a.m.</td><td>Robin Thick</td><td>Staff</td><td>Pitt's Restaurant</td></tr>
<tr><td>11:30 a.m.</td><td>Lindsay Ray</td><td>Cook</td><td>Central Café</td></tr>
<tr><td>Noon</td><td>Ben Timber</td><td>Staff</td><td>Southern Cook Restaurant</td></tr>
<tr><td>1:30 p.m.</td><td>Jeff Clarkson</td><td>Assistant Coordinator</td><td>Grand Lux Hotel</td></tr>
<tr><td>2:00 p.m.</td><td>Olivia Sinclair</td><td>Coordinator</td><td>Grand Gourmet Restaurant</td></tr>
</table>

<table>
<tr><td colspan="4">마일즈의 레스토랑
면접 일정표 (신규 지점)
7월 28일 월요일</td></tr>
<tr><th>시간</th><th>입사 지원자</th><th>지원한 직책</th><th>현재 직장</th></tr>
<tr><td>오전 9:30</td><td>제이슨 슐라</td><td>조리사</td><td>이탈리아 파스타</td></tr>
<tr><td>오전 10:30</td><td>로잘린 맥쿼리</td><td>관리자</td><td>그랜드 고메 레스토랑</td></tr>
<tr><td>오전 11:00</td><td>로빈 틱</td><td>직원</td><td>피트의 레스토랑</td></tr>
<tr><td>오전 11:30</td><td>린제이 레이</td><td>조리사</td><td>중앙 카페</td></tr>
<tr><td>정오</td><td>벤 팀버</td><td>직원</td><td>남부 요리 레스토랑</td></tr>
<tr><td>오후 1:30</td><td>제프 클락슨</td><td>보조 코디네이터</td><td>그랜드 럭스 호텔</td></tr>
<tr><td>오후 2:00</td><td>올리비아 싱클레어</td><td>코디네이터</td><td>그랜드 고메 레스토랑</td></tr>
</table>

표현사전 **owner** 주인 / **will interview = will be interviewing** 인터뷰를 할 예정이다 / **new branch** 신규 지점 / **supervisor** 관리자 / **coordinator** 조정자, (의견 등을) 종합하는 사람, 진행자

PART 1

PART 2

PART 3

PART 4

PART 5

PART 6

	Narration	
	Hi, I'm the owner of Mile's Restaurant. I will interview several applicants tomorrow for our new branch, but I don't have the interview schedule. Can I ask a few questions about tomorrow's interviews?	안녕하세요, 저는 마일즈 레스토랑의 주인입니다. 내일 신규 지점을 위한 몇몇 지원자들을 인터뷰할 예정입니다만 제가 인터뷰 일정을 가지고 있지 않습니다. 내일 인터뷰에 대해 몇 가지 질문을 할 수 있을까요?
Q7	Who is the first candidate that I'll be interviewing, and what time is the interview?	제가 인터뷰하는 첫 번째 후보자는 누구이며 인터뷰는 몇 시에 있나요?
A7	You will interview Jamie Shula, who applied for the cook position, at 9:30 a.m.	조리사 직책에 지원하는 제이미 슐라씨를 오전 9시 30분에 인터뷰할 것입니다.
Q8	I remember I'm supposed to interview an applicant who wants the position of assistant coordinator. That's in the morning, right?	제가 기억하기로는 보조 코디네이터 직책을 원하는 지원자를 인터뷰하기로 되어 있습니다. 오전에 있는 것이 맞지요?
A8	I'm sorry, but no. The interview with Jeff Clarkson will be held at 1:30 p.m. in the afternoon. Please keep that in mind.	죄송하지만 아닙니다. 제프 클락슨씨의 인터뷰는 오후 1시 30분에 있을 것입니다. 참고 부탁드립니다.
Q9	I've heard that employees from Grand Gourmet Restaurant are highly qualified. Could you tell me all the details about the applicants who work at Grand Gourmet Restaurant?	그랜드 고메 레스토랑 출신 직원들이 고도의 자격요건을 갖추었다고 들었습니다. 그랜드 고메 레스토랑에서 일하는 면접 지원자들에 대해 모든 사항을 자세히 말씀해주시겠어요?
A9	OK. We have two candidates from Grand Gourmet Restaurant. You will have an interview with Rosaline Macquarie, who applied for a supervisor position at 10:30 a.m. Also, there is another interview, with Olivia Sinclair for a coordinator position at 2:00 p.m.	네. 그랜드 고메 레스토랑에서 일하는 두 명의 후보자가 있습니다. 관리자 직책에 지원한 로잘린 맥쿼리씨를 오전 10시 30분에 인터뷰할 것입니다. 또한, 다른 인터뷰는 오후 2시에 코디네이터 직책에 지원한 올리비아 싱클레어씨입니다.

Joanne's 고득점 포인트

Q7 • 최신 빈출로 등극한 인터뷰 일정표의 7번은 늘 기본 정보 또는 첫 지원자에 대한 질문이다.
　　• for the ~ position으로 지원한 직책을 표현할 것

Q8 • 인터뷰 스케줄의 8번 문제는 대부분 인터뷰 지원자의 직책, 시간, 날짜 등을 잘못 알고 묻는다.
　　• 인터뷰 스케줄 전용 답변틀 an과 with를 잘못 섞어 쓰는 실수를 피할 것, 암기 필수
　　　예) You will have an interview with 사람, You will interview 사람, You will be interviewing 사람.

Q9 • 'Grand Gourmet Restaurant'을 총 2번 말해주기 때문에 가로줄(행)을 쉽게 파악할 수 있다.

5. 수업 일정표

Jane's Culinary School Italian Cooking Classes for Prospective Students February 4		
Time	**Topic**	**Class Level**
9:00-10:30 a.m.	Basic cooking techniques (utensil skills & ingredient preparation)	Beginner
10:30-11:30 a.m.	Homemade pastas and risottos (tomato and cream based)	Advanced
11:30-12:30 p.m.	Green salads and appetizers	Beginner
12:30-1:30 p.m..	Seafood preparation	Advanced
1:30-2:30 p.m.	How to decorate dishes	Intermediate

제인의 요리 학교 2월 4일 입학 희망자를 위한 이탈리안 요리 수업		
시간	**주제**	**수업 난이도**
오전 9:00-10:30	기본 요리 기술 (기구 기술 및 재료 준비)	초급
오전 10:30-11:30	집에서 만든 파스타와 리소토 (토마토와 크림 베이스)	고급
오전 1:30-오후 12:30	녹색 샐러드와 전채	초급
오후 12:30-1:30	해산물 준비	고급
오후 1:30-2:30	접시 장식하는 방법	중급

표현사전 **prospective student** 입학 희망자 / **what date~?** 어떤 날짜에~? / **take place** 열리다, 개최되다 /
finish=end 끝나다 / **seafood** 해산물 / **advanced student** 고급반 학생 /
designed for ~누구를 위해 만들어진

Narration

Hi, this is Veronica. Can I ask a few questions about the upcoming Italian Cooking Classes for Prospective Students?

안녕하세요, 저는 베로니카입니다. 다가오는 입학 희망자를 위한 이탈리안 요리 수업에 대해 몇 가지 질문을 할 수 있을까요?

Q7 On what date will the classes take place, and what time does the last class end?

며칠에 수업이 열리며 마지막 수업은 몇 시에 끝나나요?

A7 The classes will take place on February 4th and the last class finishes at 2:30 p.m.

수업은 2월 4일에 열리며 마지막 수업이 끝나는 시간은 오후 2시 30분입니다.

Q8 I haven't done that much cooking yet but I love to learn how to prepare seafood. And I heard that the seafood class would be okay for those who are not experienced at cooking. Is that right?

제가 아직 요리를 많이 해보지는 않았지만, 해산물을 어떻게 준비하는지 무척 배워보고 싶습니다. 그리고 해산물 반에는 요리에 경험이 없는 사람도 괜찮다고 들었습니다. 맞나요?

A8 I'm sorry, but no. There is a class called "Seafood preparation", but it is for advanced students. Beginners cannot take the course.

죄송하지만 아닙니다. "해산물 준비"이라는 수업이 있지만, 고급반 학생을 위한 겁니다. 초보자는 이 과정을 들을 수 없습니다.

Q9 Could you give me all of the information about the classes designed specifically for beginners?

특별히 초보자를 위한 수업에 대해 모두 자세히 말씀해주시겠어요?

A9 OK. You can attend a class called Basic cooking techniques from 9 a.m., and you will learn about utensil skills & ingredient preparation in the class. And, there is another course, called Green salads and appetizers at 11:30 a.m. Please keep that in mind.

네. 기본 요리 기술이라는 수업을 오전 9시부터 참석할 수 있으며 기구 기술 및 재료 준비에 대해 배울 것입니다. 그리고 오전 11시 30분에 녹색 샐러드와 전채라고 불리는 다른 과정이 있습니다. 참고 부탁드립니다.

Joanne's 고득점 포인트

Q7 • 요즘은 애매하게 'When~?'으로 묻지 않고 'What day~? What date~?' 으로 출제.

Q8 • 'how to prepare seafood'가 들리면 'Seafood preparation'부터 찾아 눈을 고정하고 왼쪽 세로줄(열) '시간'에서 잘못 물을지, 오른쪽 '수업 등급'에서 잘못 물을지를 보면서 질문을 듣자.

Q9 • '~ for beginners?'으로 질문이 끝나기 때문에 9번은 항상 제일 끝에 키워드가 있다는 점 명심
• 8번이 이미 'Advanced' 줄에서 나왔기 때문에, 남은 'beginners'의 2개 정보가 9번이다. 이 전략을 8번 답변 후 바로 인지하면 그때부터 9번 질문이 끝날 때까지 꽤 긴 시간 동안 문장 연습을 할 시간을 벌게 되고, 완전한 답변으로 준비해둘 '절호의 기회'를 만들 수 있다.
• 'at 시간'과 'from 시간' 문법을 적절히 섞어 사용할 것.

6. 출장 일정표

Itinerary for Paul Travis, writer
Wednesday, October 15th 9:00 a.m. – Depart Chicago – Northeast airlines, flight #NE 23 12:30 p.m. – Arrive San Francisco (Golden Gate Luxury Hotel) 2:00 p.m. – Meeting with David Kingston from Eco-Green Publisher
Thursday, October 16th 10:30 a.m. – Book signing event at Springfield Bookstore 12:00 p.m. – Lunch meeting with David Lawson, publicist 2:30 p.m. – Radio interview (Michael West Show) 5:15 p.m. – Depart San Francisco – Eastern airlines, flight #EA 12 8:00 p.m. – Arrive Chicago

작가 Paul Travis의 여행 일정표
10월 15일 수요일 오전 9:00 – Chicago 출발 – Northeast 항공사, NE 23 항공편 오후 12:30 – San Francisco 도착 (Golden Gate 고급 호텔) 오후 2:00 – Eco-Green 출판사의 David Kingston씨와 회의
10월 16일 목요일 오전 10:30 – Springfield 서점에서 책 사인회 오후 12:00 – 홍보 담당자 David Lawson씨와 점심 회의 오후 2:30 – 라디오 인터뷰 (Michael West 쇼) 오후 5:15 – San Francisco 출발 – Eastern 항공사, EA 12 항공편 저녁 8:00 – Chicago 도착

표현사전 **itinerary** 여행 일정표 / **actually, no** 사실은 아닙니다 / **publicist** 홍보 담당자 / **radio interview** 라디오 인터뷰 / **publisher** 출판사

	Narration	
	Hi, this is Paul Travis. I have misplaced my itinerary, so can you answer some of my questions?	안녕하세요, 저는 Paul Travis라고 합니다. 제 여행 일정표를 잃어버렸어요, 제 몇 가지 질문에 답변해 주시겠어요?
Q7	What time does my flight arrive in San Francisco and where am I going to stay?	제가 타는 비행기가 San Francisco에 몇 시에 도착하며 어디에 묵게 되나요?
A7	You will arrive in San Francisco on Wednesday, October 15th at 12:30 p.m. and will stay at the Golden Gate Luxury Hotel.	San Francisco에 10월 15일 수요일 오후 12시 30분에 도착할 것이며 Golden Gate 고급 호텔에 묵을 예정입니다.
Q8	I heard that I have a meeting with David Kingston on the second day of my trip. Is that correct?	David Kingston씨와의 미팅이 둘째 날에 있다고 들었습니다. 맞나요?
A8	Actually, no. You will have a meeting with David Kingston on the first day of your trip at 2 p.m. Please keep that in mind.	사실 아닙니다. 여행 첫날 오후 2시에 David Kingston씨와의 미팅이 있을 것입니다. 참고 부탁 드립니다.
Q9	Could you tell me about my schedule on my last day, before I depart from San Francisco?	제가 San Francisco를 떠나기 전 마지막 날의 일정에 관해 말씀해주시겠어요?
A9	Sure, you will have a book signing event at Springfield Bookstore at 10:30 a.m. And then, you will have a lunch meeting with David Lawson, the publicist at 12:00 p.m. After that, there is a radio interview on the Michael West Show at 2:30 p.m.	물론입니다, 오전 10시 30분에 Springfield 서점에서 책 사인회가 있을 것입니다. 그 다음, 오후 12시에 홍보 담당자인 David Lawson씨와 점심 회의가 있습니다. 그 후에는 오후 2시 30분에 Michael West 쇼에서 라디오 인터뷰가 있을 것입니다.

Joanne's
고득점
포인트

Q7 · 어차피 출장 일정표의 7번은 표의 상단 (첫날), 출발 or 도착 일정과 숙박 관련 질문.
   즉, 'San Francisco' 만 들으면 그 줄(행) 정보를 모두 말하면 되므로 다 들은 것이나 다름없다.

Q8 · Part 4 출장 일정표에서는 출장을 절대 하루만 가지 않는다. 다시 말해,
   출장이 2~3일 되기 때문에 일정이나 일자를 잘못 알고 물어보는 질문이 대표적인 8번 질문이다.

Q9 · 9번은 마지막 날 2~3개의 일정 or 고유 명사가 있는 2~3개의 공통 정보.
   · leave 도시 = depart from 도시, leave뒤에 from을 붙이는 실수 주의
   · 시간의 순서로 답변해 줄 때는 and then, after that을 활용하여 실제 전화로 알려주는 것처럼 자연스러운 느낌을
   살릴 것.

PART 1
PART 2
PART 3
PART 4
PART 5
PART 6

Propose a solution
자신감 다지기
PART 05

 유형 1 ▶ 홍보 문제 본문 P.196

2. 핵심 키워드 듣기

도입	Hi, it's Jenny O'Neil, the owner of World Travel Agency. 화자 이름 / 직책 Since you are the marketing coordinator, I would like you to 장소 suggest a plan for marketing our Southwest package tours to students.	안녕하세요, 저는 월드 여행사의 대표 Jenny O'Neil입니다. 당신이 마케팅 진행 책임자이기 때문에, 학생들에게 제공되는 우리 여행사의 남서부 여행 패키지 마케팅 계획을 제안해주셨으면 합니다.
본론	As you know, these tours feature attractive tourist attractions, amazing sightseeing spots, and large-scale shopping centers. And they are very popular among adults with families. But currently, package sales have been decreasing. So, we need a new strategy to boost our 핵심 키워드 business. I think that if we could target college students, we could make a lot more profits from these Southwest 핵심 키워드 package tours. Of course, we've already advertised our 옵션 사항 tours on the internet, so we need to find another strategy to target students specifically. 핵심 키워드	아시다시피, 이 여행 패키지는 매력적인 관광 명소와 놀라운 여행지, 그리고 대규모 쇼핑 센터로 구성되어 있습니다. 그리고 이 장소들은 가족이 있는 성인들 사이에서 매우 인기가 높습니다. 하지만 현재, 이 패키지 판매가 감소하고 있습니다. 따라서, 우리는 사업을 활성화하기 위한 새로운 전략이 필요합니다. 우리가 대학생들을 목표로 삼을 수 있다면, 이 남서부 여행 패키지를 통해 훨씬 더 많은 수익을 올릴 수 있을 것이라고 생각합니다. 물론, 우리는 이미 인터넷으로 여행 상품들을 광고해왔기 때문에 구체적으로 학생들을 목표로 하는 또 다른 전략을 찾아야 합니다.
마무리	How can we attract them to buy our Southwest vacation 총정리 멘트 packages? Please call me back with your plan. Again, it's Jenny.	어떻게 하면 대학생들에게 우리의 남서부 여행패키지를 구매하도록 유도할 수 있을까요? 계획을 생각해서 전화주세요. 저는 Jenny였습니다.

 Secret Code ▶ ⬜ 핵심키워드 **빨간 첨자** 세부 내용 **검정 글씨** 전체적으로 이해만 하면 되는 내용

3. 답변 완성

첫인사	Hello, **Jenny**. This is (자신의 이름) speaking.	안녕하세요, Jenny 대표님. 저는 ~ 입니다.
문제요약	You said you're worried about **marketing our Southwest package tours to college students** because **the sales are decreasing**, but you don't know how to **attract them to buy our Southwest vacation packages**, so you want me to help you out, right?	대표님께서는 우리 여행사의 남서부 여행 패키지 상품의 판매가 감소하고 있어서 대학생들을 대상으로 이 패키지 상품을 마케팅 하는 것에 대해 걱정된다고 하셨는데, 이 남서부 여행 패키지를 대학생들이 구매하도록 유도하는 방법을 모르겠다고 하셔서 제가 도와드리기를 원한다고 말씀하신 것이 맞으시죠?
해결책 1 스페셜 쿠폰	Why don't we send special discount coupons (promo codes) to **students** by text message or email?	특별 할인 쿠폰 (판촉 코드)을 학생들에게 문자 메시지나 이메일로 보내는 것은 어떨까요?
해결책 2 SNS 사용	Also, we can use an SNS such as Facebook or Twitter to promote **our tour packages**.	또한, 페이스북이나 트위터 같은 SNS를 활용해 우리의 여행 패키지 상품들을 홍보할 수 있어요.
결과	That way, more students would buy them.	그렇게 하면, 더 많은 학생들이 구매할 거예요.
해결책 3 전단지	Plus, we should hand out some fliers to **students** near **the colleges**.	게다가, 대학교 근처에서 학생들에게 전단을 배포해야 해요.
결과	In this way, our **sales would be increasing again**.	이렇게 하면, 우리의 상품 판매수가 다시 증가할 겁니다.
마무리	I have more ideas. I'll send them by email right away. Please check it out in 10 minutes and if you have any questions, just let me know. Have a great day. Bye!	제게 더 많은 아이디어가 있습니다. 지금 바로 이메일로 보내 드리겠습니다. 10분 후에 확인해보시고, 질문이 있으시면 제게 알려만 주세요. 좋은 하루 보내시기 바랍니다. 안녕히 계세요!

 Secret Code ▶ 핵심키워드 **빨간 글씨** 세부 내용 **검정 글씨** 새로운 해결책 및 연결 문장

표현사전 **tourist attractions** 관광 명소 / **sightseeing spots** 여행지 / **large-scale** 대규모의 / **decrease** 감소하다 / **strategy** 전략 / **boost** 북돋우다, 신장시키다 / **profits** 이윤 / **specifically** 명확히 / **attract** 매혹시키다, 고객을 불러 모으다

Joanne's 고득점 포인트

- 문제 요약 시 'because the sales are decreasing' 은 꼭 들어가야 하는 것은 아니지만, 들은 것은 생색내 주는 것이 고득점의 기본이므로 최대한 요약에 포함시킬 것
- 홍보 문제는 가장 전형적인 기본형 문제! 언제나 '할인 쿠폰, 판촉 코드, SNS, 전단지'가 진리!
- 해결책만 나열하지 말고 해결책 제시 후 예상 결과까지 이어 '양'과 '질'을 모두 충족하는 답변으로 완성

2. 핵심 키워드 듣기

도입	Hi, this is Simon, the facility manager at Madison Ave Park. [화자 이름] [직책] [장소] Since you're my assistant manager, I need your help with a problem we are facing.	안녕하세요, 저는 매디슨 거리 공원의 시설관리팀장인 Simon입니다. 당신이 부팀장이므로 우리가 맞닥뜨리고 있는 문제점과 관련해 당신의 도움이 필요합니다.
본론	As you probably know, we hold monthly festivals for young adults in our center square for free. [핵심 키워드] The problem is that the festivals have become so popular and many young adults attend the festivals every month. [핵심 키워드] So, our park gets extremely crowded on those days. We find a lot more trash and increased number of cans in our parking lots. [문제점] And it is clear that our visitors have difficulties walking around in the park. What steps can we take to better manage this large number of people? [핵심 키워드]	아마 아시겠지만, 우리는 무료로 공원의 중앙 광장에서 젊은 성인들을 위해 매달 축제를 개최합니다. 문제는 이 축제의 인기가 너무 높아져서 매달 많은 (수의) 젊은 성인들이 이 축제에 참석한다는 것입니다. 따라서 우리 공원은 축제가 열리는 날에 극도로 혼잡해집니다. 우리는 주차장에서 훨씬 더 많은 쓰레기와 늘어난 음료 캔들을 보게 됩니다. 그리고 방문객들이 공원 내를 걸어다니는 데 어려움을 겪고 있는 것이 사실입니다. 이렇게 많은 수의 사람들을 더 잘 관리하기 위해 무슨 조치를 취할 수 있을까요?
마무리	We want to make sure that our free festivals for young adults at the park remain an enjoyable experience for our visitors. [총정리 멘트] Please call me with your plan. Again, it's Simon.	우리는 공원에서 젊은 성인들을 위해 열리는 이 무료 축제가 반드시 방문객들에게 즐거운 경험으로 남도록 하고 싶습니다. 계획을 생각해서 제게 다시 전화주세요. 저는 Simon이었습니다.

Secret Code   핵심키워드   **빨간 첨자** 세부 내용   **검정 글씨** 전체적으로 이해만 하면 되는 내용

3. 답변 완성

PART 1
PART 2
PART 3
PART 4
PART 5
PART 6

첫인사	Hello, **Simon**. This is (자신의 이름) speaking.	안녕하세요, Simon 팀장님. 저는 ~ 입니다.
문제요약	You said you're worried about getting more trash in the parking area because we hold free festivals for young adults every month, but you don't know how to manage this large number of people, so you want me to help you out, right?	팀장님께서는 우리가 매달 젊은 성인들을 위해 무료 축제를 개최하고 있기 때문에 주차장에 더 많은 쓰레기가 생기는 것에 대해 걱정된다고 하셨는데, 이렇게 많은 수의 사람들을 관리하는 방법을 모르겠다고 하셔서 제가 도와드리기를 원한다고 말씀하신 것이 맞으시죠?
해결책 1 공지 3단계	Why don't we post a notification on our website? So that people can be aware of the situation faster. In the end, everything will be OK.	우리 웹사이트에 공지문을 올리는 건 어떨까요? 그렇게 하면 사람들이 더 빨리 상황에 대해 인식할 수 있을 겁니다. 결국에는, 모든 일이 괜찮아질 것입니다.
해결책 2 법, 규칙	Also, we should make special rules and regulations to address on this recycling problem.	또한, 이 재활용 문제를 해결하기 위한 특별 규칙과 규정들을 만들어야 합니다.
해결책 3 포스터, 벌금	Plus, we need to put up posters announcing these issues near the center square and the parking lots. If the festival attendees don't follow the rules, you should charge a penalty.	게다가, 중앙 광장과 주차장 근처에 이 사안들을 알리는 포스터를 게시해야 합니다. 축제 참가자들이 이 규칙들을 따르지 않는다면, 벌금을 부과하셔야 합니다.
마무리	If you have any questions, please let me know. Have a great day. Bye!	질문이 있으시면, 제게 알려주십시오. 좋은 하루 보내시기 바랍니다. 안녕히 계세요!

 Secret Code 핵심키워드 **파란 글씨** 만사형통 답변틀 **빨간 글씨** 만사형통 해결팁 **검정 글씨** 새로운 해결책 및 연결 문장

표현사전 **facility** 시설 / **probably** 아마도 / **young adult** 청소년 / **monthly festivals** 매달 열리는 페스티벌 / **square** 광장 / **attend** 참여하다 / **extremely** 극도로 / **crowded** 붐비는, 혼잡한 / **trash** 쓰레기 / **parking lot** 주차장 / **large number of people** 많은 인파 **manage** 관리하다 / **remain** 남다

Joanne's 고득점 포인트

- Part 5에서는 종종 매너가 없는 사람들이 등장한다. 유동적 관계의 불특정 다수에게는 새로운 규칙을 만들어 포스터나 웹사이트에 공지해 알릴 수 있고, 지속적으로 협업해야 하는 동료라면 시간을 들여 교육 과정, 인터넷 강의, 워크샵 등을 제시할 수 있다. 강력하게 벌금까지 부과하는 방법도 있으니 다양한 해결 루트를 2~3단계 정도 미리 정해갈 것.
- '공지 3단계'는 그 자체로 해결책이 되고, 부연 설명의 뉘앙스로 연결하기도 좋아 활용도가 매우 높다.
- 남은 시간에 따라 마무리는 짧거나 길게 유동적으로 정리.

2. 핵심 키워드 듣기

화자 A	W: Before we end our meeting let's talk about an issue with our sales staff. Recently, customers have reported that many salespeople are not knowledgeable about all of our electronic gadgets that are being sold at the store.	여: 회의를 마치기 전에, 우리 영업 사원과 관련된 문제에 관해 얘기해보겠습니다. 최근에, 현재 매장에서 판매 중인 우리 회사의 모든 전자 제품에 관해 많은 영업 사원들이 잘 알지 못한다는 점을 고객들께서 알려 주셨습니다.
화자 B	M: That's true, Veronica. Our sales people don't have up-to-date information about our latest models of smartphones, e-readers and other bestselling products. Of course, they have basic training and know general information about our products, though.	남: 맞습니다, Veronica. 우리 영업 사원들은 회사의 최신 스마트폰이나 전자책 리더기, 그리고 기타 베스트셀러들의 기종별 최신 정보를 알지 못하고 있어요. 당연히 우리 제품들에 관해 기본적인 교육을 받고 일반적인 정보를 알고 있기는 합니다.
화자 A	W: But, we need a way to keep them knowledgeable about our newly-launched gadgets and models that come in regularly. As you know, our meeting time today is almost over so please think about this issue further and call me back with your suggestions. Thanks.	여: 하지만, 우리 회사에서 새롭게 출시한 기기나 주기적으로 나오는 기종들에 관해 알고 있도록 해줄 방법이 필요해요. 아시다시피, 오늘 우리 회의 시간이 거의 끝나가고 있기 때문에 이 문제에 관해 더 생각해보시고 제게 다시 전화하셔서 제안 사항을 말씀해 주세요. 감사합니다.

Secret Code — 핵심키워드 **빨간 첨자** 세부 내용 **검정 글씨** 전체적으로 이해만 하면 되는 내용

60

3. 답변 완성

첫인사	Hello, **Veronica**. This is (자신의 이름) speaking.	안녕하세요, Veronica 팀장님. 저는 ~ 입니다.
문제 요약	You said you're worried about our sales staff because they are not knowledgeable about our electronic goods, but you don't know how to keep them knowledgeable about the goods, so you want me to help you out, right?	당신께서는 우리 영업 사원들이 회사의 전자 제품에 관해 잘 알지 못하기 때문에 걱정된다고 하셨는데, 해당 제품들에게 관해 그 사원들에 잘 알고 있도록 해줄 방법을 모르겠다고 하셔서 제가 도와드리기를 원하신다고 말씀하신 것이 맞으시죠?
해결책 1 특별 워크숍	Why don't we hold a special workshop with our sales people?	우리 영업 사원들을 대상으로 특별 워크숍을 여는 것은 어떨까요?
해결책 2 온라인 교육 과정	Also, we should run special online training sessions for them whenever we have newly-launched products.	또한, 우리가 새롭게 출시되는 제품들을 내놓을 때마다 영업 사원들을 위해 특별 온라인 교육 과정을 운영해야 합니다.
결과	In the end, our sales people will be more knowledgeable and deal with customers better.	결국에는, 우리 영업 사원들이 더 많은 지식을 갖게 될 것이며 고객들을 더 잘 응대하게 될 것입니다.
해결책 3 핸드아웃, 매뉴얼	On top of that, we should provide handouts and manuals explaining new products to them after the training sessions.	그 외에도, 교육 과정 이후에 영업 사원들에게 신제품들을 설명하는 유인물 및 설명서를 제공해야 합니다.
안심 연결	Don't worry. Everything will be OK.	걱정하지 마세요. 모든 일이 잘될 겁니다.
마무리	I think I can help you more. Let's talk about this issue later today. Bye!	제가 더 많은 도움을 드릴 수 있을 것 같습니다. 오늘 이따가 이 문제에 관해 얘기해보시죠. 안녕히 계세요!

 Secret Code ▭ 핵심키워드 **파란 글씨** 만사형통 답변틀 빨간 글씨 만사형통 해결팁 **검정 글씨** 새로운 해결책 및 연결 문장

표현사전 **sales staff** 판매 사원 / **recently** 최근에 / **report** 보고하다 / **knowledgeable** 아는 것이 많은 / **electronic gadgets** 전자 기기 / **up-to-date, latest, state-of-the-art** 최신의 / **model** 모델, 기종 / **e-reader** 전자책 리더기 / **general** 보편적인 / **newly-launched** 새로 런칭된 / **come in regularly** 정기적으로 들어오는 / **suggestion** 제안

- 직원의 교육과 관련된 문제는 늘 나오는 단골 문제이다. 빈틈없이 꽉 찬 1분으로 훈련할 것.
- **시험 전 생각해둘 교육 플랜** 워크숍을 열면 단발적 교육을 통해 급한 불을 끌 수 있고, 신제품이 나올 때마다 간단한 온라인 교육 과정과 함께 유인물과 설명서를 배포하면 완벽한 교육이 가능하다.
- 'You said you're worried about~' 뒤에 동명사로 요약하기 힘들 경우, 'You said you're worried about 문제 대상/ 문제점' 처럼 명사로 먼저 언급하고 'Because(그 이유는~)' 뒤에 풀어서 설명하면 쉽다.
- '안심 연결'을 붙여 자연스러운 마무리로 연결할 것.

2. 핵심 키워드 듣기

도입	Hi, it's Todd, the owner of Omega Art Gallery. Since you're the manager, I need your help. 화자 이름 · 직책 · 장소	안녕하세요, 저는 오메가 미술관의 관장인 Todd입니다. 당신은 매니저이므로 당신의 도움이 필요합니다.
본론	As you know, the gallery walls are out of style, so I am planning to replace the wallpaper. Our gallery is quite spacious and it will take about a few weeks to paper the walls in all sections and hallways. We don't want to close the entire gallery while the wallpaper replacement is being done because we'll lose a large number of customers. At the same time, I am very afraid that our customers will be inconvenienced when visiting our gallery while this renovation is going on. 핵심 키워드 · 핵심 키워드 · 옵션 사항 · 핵심 키워드 · 핵심 키워드	아시다시피, 우리 미술관은 유행에 뒤떨어져 있어서 벽지를 교체하려고 계획 중입니다. 우리 미술관은 상당히 넓어서 모든 구역과 복도에 벽지를 바르는 일이 대략 몇 주가 걸릴 겁니다. 벽지 교체 작업이 진행되는 동안 미술관 전체를 닫고 싶지는 않은데, 많은 고객들을 놓치게 될 것이기 때문입니다. 동시에, 저는 이 보수 작업이 진행되는 동안, 고객들이 우리 미술관을 이용하기 위해 방문했을 때, 불편함을 느끼지 않을까 매우 걱정됩니다.
마무리	Please call me back with a plan to reduce inconvenience for our customers while this wallpaper replacement is taking place. Again, it's Todd. 총정리 멘트	이 벽지 교체 작업이 실시되는 동안 우리 고객들이 겪을 불편함을 줄일 수 있는 계획을 생각해서 제게 다시 전화 주십시오. 저는 Todd였습니다.

▶ Secret Code ▬▬▬ 핵심키워드 **빨간 첨자** 세부 내용 **검정 글씨** 전체적으로 이해만 하면 되는 내용

3. 답변 완성

첫인사	Hello, **Todd**. This is (자신의 이름) speaking.	안녕하세요, Todd 관장님. 저는 ~ 입니다.
문제요약	You said you're worried about **replacing the wallpaper in the Art Gallery**, but you don't know how to **reduce the inconvenience for our customers**, so you want me to help you out, right?	관장님께서는 미술관 내의 벽지 교체 작업에 대해 걱정된다고 하셨는데, 우리 고객들이 겪을 불편함을 줄일 방법을 모르겠다고 하셔서 제가 도와드리기를 원하신다고 말씀하신 것이 맞으시죠?
해결책 1 밤 시간 이용	Why don't we **replace the wallpaper** at night? Then, it wouldn't be a problem.	야간에 벽지를 교체하는 것은 어떨까요? 그렇게 하면, 문제가 되지 않을 겁니다.
해결책 2 월요 휴무 이용	Otherwise, we are closed every Monday, so we can do it during Mondays for a few weeks.	그렇지 않으면, 우리가 월요일에 문을 닫기 때문에 몇 주 동안 월요일마다 작업을 할 수도 있습니다.
해결책 3 고객 할인	If we had to do the **wallpaper replacement** during the opening hours, we would probably close one **section** at a time and give a 30% discount to all of **our customers** being inconvenienced.	박물관 운영 시간 동안 벽지 교체 작업을 해야 한다면, 아마 한 번에 한 구역씩 닫고 불편을 겪을 모든 고객들께 30퍼센트를 할인해 드려야 할 것입니다.
안심 연결	Don't worry.	걱정하지 마세요.
마무리	I have more ideas. I'll send them by email right away. Please check it out in 10 minutes and if you have any questions, just let me know. Have a great day. Bye!	제게 더 많은 아이디어가 있습니다. 지금 바로 이 아이디어들을 이메일로 보내드리겠습니다. 10분 후에 확인해보시고 질문이 있으실 경우, 제게 알려만 주세요. 좋은 하루 보내시기 바랍니다. 안녕히 계세요!

 Secret Code 핵심키워드 **파란 글씨** 만사형통 답변틀 **빨간 글씨** 만사형통 해결팁 **검정 글씨** 새로운 해결책 및 연결 문장

표현사전 **out of style** 트렌드가 지난, 오래된 / **tidy** 깔끔한 / **replace** 교체하다 / **replacement** 교체 / **wallpapers** 벽지 / **quite spacious** 꽤 넓은 / **paper the walls** 벽에 벽지를 바르다 / **hallway** 복도 / **entire** 전체의 / **at the same time** 동시에 / **inconvenience** 불편함 / **renovation** 보수 공사

Joanne's 고득점 포인트

- 벽지 작업이라는 설정만 독특할 뿐, 장소가 협소하거나 오래되어 보수, 개조, 공사를 하고, 이로 인해 고객을 잃을까 걱정하는 유형은 빈출 유형이다.
- '고객 할인' 해결책은 사실, 이 문제에 대한 직접적인 해결책은 아니다. 언제 어떻게 벽지를 교체하면 고객에게 덜 불편할지 합당한 해결책을 즉흥적으로 만들어 제안하고 추가적으로 '고객 할인'을 통해 공사로 인한 불편함을 보상하는 식으로 전개하는 것이 유리하다.
- 아이디어가 2개 정도 제시 되었다면 해결책을 억지로 더 말할 필요는 없다. 마무리 멘트 중 가장 긴 것으로 자연스럽게 시간을 마무리할 것.

2. 핵심 키워드 듣기

도입	Hi, this is Michele, the director of client relations here at MX E-reader Company. Since you are a product manager, I need your advice.	안녕하세요, 저는 MX 전자 리더기 회사의 고객 관리팀장인 Michele입니다. 당신은 제품 담당 책임자이기 때문에 당신의 조언이 필요합니다.
본론	We are planning to demonstrate our state-of-the-art E-readers to our prospective clients. We have two different plans to choose from. We could fly a few people from their company to come and see our E-readers; that would give a great personal touch and they could see our products in person. Alternatively, we could hold an online meeting. This way, we could save money and invite as many clients as we can. Which option do you think is better when holding our first meeting with our important potential customers? Should we fly them here or have an online meeting? Why?	우리는 잠재 고객들에게 회사의 최신 전자 리더기를 시연하려고 계획 중입니다. 우리에게는 선택 가능한 두 가지 다른 계획이 있습니다. 고객사의 몇몇 분들을 항공편으로 초청해 우리 회사의 전자 리더기를 보여드릴 수 있는데, 이렇게 하면 직접 만져볼 수 있는 기회를 제공해 드릴 수 있으며, 그분들께서 직접 우리 제품들을 보실 수 있을 겁니다. 또 다른 방법으로는, 온라인 회의를 열 수 있습니다. 이렇게 하면, 비용을 절약할 수 있으며 가능한 한 많은 고객들을 초대할 수 있습니다. 중요한 잠재 고객들과의 첫 행사를 개최할 때 어느 방법이 더 낫다고 생각하시나요? 항공편으로 이곳에 초청해야 할까요, 아니면 온라인 회의를 해야 할까요? 당신의 선택에 대한 이유는 무엇인가요?
마무리	Please call me back when you come up with ideas. Again this is Michele at extension 104.	아이디어가 떠오르시면 제게 다시 전화주세요. 저는 Michele 이었고 내선번호는 104입니다.

▶ Secret Code ▢ 핵심키워드 빨간 첨자 세부 내용 **검정 글씨** 전체적으로 이해만 하면 되는 내용

3. 답변 완성

첫인사	Hello, **Michele**. This is (자신의 이름) speaking.	안녕하세요, Michele 팀장님. 저는 ~ 입니다.
문제요약	You said you're worried about **demonstrating our state-of-the-art E-readers to our future clients** because you don't know whether to **fly a few of them from their company to come and see our E-readers** or **hold an online meeting**, so you want me to help you out, right?	팀장님께서는 잠재 고객들께 우리의 최신 전자 리더기를 시연하는 것에 대해 걱정된다고 하셨는데, 고객사의 몇몇 분들을 항공편으로 모셔서 우리 회사의 전자 리더기를 보실 수 있도록 할지, 아니면 온라인 회의를 열어야 할지 모르겠다고 하셔서 제가 도와드리기를 원하신다고 말씀하신 것이 맞으시죠?
해결책 1 선호1 + 이유	I think **holding an online meeting** is better because, as you mentioned before, **we could save money and invite more clients**. We have a tight budget this quarter, so this way would work for us.	저는 온라인 회의를 여는 것이 더 낫다고 생각하는데, 이전에 언급하신 바와 같이, 비용을 절약할 수 있고 더 많은 고객들을 초청할 수 있기 때문입니다. 우리는 이번 분기에 예산이 빠듯하기 때문에 이 방법이 우리에게 좋을 것입니다.
부연 설명	We don't even know whether they would **buy our new e-readers** or not right after **attending the product demonstration**. In this sense, after having **an online meeting**, we can choose our VIPs who would be interested in our products the most **and fly them to our company.**	심지어 그분들이 제품 시연회에 참석하신 직후에도 우리의 새 전자 리더기를 구입하실 것인지 알지 못합니다. 이런 관점에서, 온라인 회의를 연 후에 우리 제품에 가장 큰 관심을 보이실 VIP를 선정해 우리 회사에 항공편으로 모실 수 있습니다.
안심 연결	This way might be more efficient.	이렇게 하시는 것이 더 효율적일 것입니다.
마무리	Don't worry. Everything will be OK. I think I can help you more. Let's talk about this issue later today. Bye!	걱정마세요. 모든 일이 잘될 것입니다. 제가 더 도움을 드릴 수 있을 것 같습니다. 오늘 이따가 이 문제에 관해 얘기해보시죠. 안녕히 계세요!

 Secret Code ▶ ⬜ 핵심키워드 **파란 글씨** 만사형통 답변틀 **빨간 글씨** 만사형통 해결팁 **검정 글씨** 새로운 해결책 및 연결 문장

표현사전 **product demonstration** 제품 시연회 / **e-reader** 전자책 리더기 / **future clients** 가망 고객 / **invite** 초대하다 / **have a tight budget** 예산이 빠듯하다 / **quarter** 1/4, 한 분기 / **VIPs (Very Important Person)** 아주 중요한 사람 / **fly** 비행하다

Joanne's 고득점 포인트

- 돌발 문제로 불리는 '선택형' 문제이다. 지문을 들을 때부터 두 가지 옵션에 대한 설명이 길어지면서 중간에 멘붕되기 쉬운 유형이기도 하다. 다만, 동사와 명사 키워드가 지속적으로 반복되고 마무리에서 전체적인 옵션 상황을 한 번 더 총정리 멘트로 말해주기 때문에 키워드 위주로 머리속에 기억해두고 요약 시 최대한 활용한다.
- 할 말이 많은 옵션을 택할 것. '선택형' 문제는 해결책을 1개 밖에 낼 수 없기 때문에 상대적으로 시간이 많이 남아버릴 수 있다. 해결책을 선택한 이유, 예상 결과는 어떠할지, 부연 설명 등으로 선택 사항에 설득력을 높이는 작업으로 1분을 꼭 채울 것.

Propose a solution
순발력 다지기

PART
05

순발력 1 **교육 문제** 본문 P.206

1. 핵심 키워드 듣기

도입	Hi, it's Leo, the Vice President at Innovative Bank. Since you are a branch manager, I hope you could help me with training newly-hired employees.	안녕하세요, 저는 혁신 은행의 부행장인 Leo입니다. 당신이 지점장이므로 신입 직원들을 교육하는 것에 대해 저를 도와주실 수 있기를 바랍니다.
본론	As you probably know, we will soon be opening our new branch four hours away from this city. Our bank is expanding its service area. We want to guarantee that the customers of the new branch experience the same level of service as they do at our head office. We've already hired new employees for the new branch. But, we'd like to include our experienced employees from the head office in training these new staff members, even though they are working quite far from the new branch.	아마 아시겠지만, 우리는 곧 이 도시에서 4시간 거리에 있는 곳에 신규 지점을 열 예정입니다. 우리 은행은 서비스 제공 지역을 확대하고 있습니다. 우리는 신규 지점의 고객들께서 본사에서 경험하시는 것과 같은 수준의 서비스를 경험하시도록 보장해드리기를 원합니다. 이미 신규 지점에 필요한 신입 직원들을 채용해두었습니다. 하지만, 본사에서 꽤 멀리 떨어진 지점이더라도 본사의 경험 많은 직원들이 이 신입 직원들을 교육시켜주기를 원합니다.
마무리	So, I want you to call me back with your plans for getting our experienced staff members involved in training new staff at the new branch. Again, it's Leo.	따라서, 저는 신규 지점에서 경험 많은 직원들이 신입 직원들을 교육하는 데 있어 계획을 생각해서 제게 알려주셨으면 합니다. 저는 Leo였습니다.

Secret Code ▶ ▓▓▓ 핵심키워드 **빨간 첨자** 세부 내용 **검정 글씨** 전체적으로 이해만 하면 되는 내용

2. 답변 완성

첫인사	Hello, Leo. This is (자신의 이름) speaking.	안녕하세요, Leo 부행장님. 저는 ~입니다.
문제요약	You said you're worried about training newly-hired employees because, even though our new branch is four hours away from the head office, you want our experienced employees to train the new staff, right?	부 행장님께서는 비록 신규 지점이 본사에서 4시간 거리에 있다 하더라도 경험 많은 직원들이 신입 직원들을 교육하길 원하시기 때문에 신입 직원을 교육하는 일이 걱정된다고 말씀하신 것이 맞으시죠?
해결책 1 경력자 + 인강	Why don't we make video tutorials with the experienced employees? And then, we can upload them with related materials such as handouts and manuals on the company website.	경험 많은 직원들과 함께 교육용 동영상을 제작하면 어떨까요? 그 후에, 유인물이나 설명서와 같은 관련 자료들을 그 동영상과 함께 회사의 웹사이트에 업로드 할 수 있습니다.
결과	This way, our experienced employees don't have to waste too much time on travelling and the new staff can quickly learn work skills whenever they need to from the online clips.	이렇게 하면, 우리 회사의 경험 많은 직원들이 이동하는 데 너무 많은 시간을 소비할 필요도 없고, 신입 직원들은 필요할 때마다 온라인 동영상을 통해 업무 능력을 빠르게 습득할 수 있습니다.
해결책 2 특별 워크숍	If not, I think it's a good idea to hold a special workshop someday next week.	그렇지 않을 경우, 다음 주 중으로 특별 워크숍을 개최하는 것도 좋은 아이디어라고 생각합니다.
결과	Don't worry. Training with our experienced workers will be helpful for the new staff.	걱정하지 마십시오. 경험 많은 직원들과 함께 하는 교육이 신입 직원들에게 유용할 것입니다.
마무리	I have more ideas. I'll send them by email right away. Please check it out in 10 minutes and if you have any questions, just let me know. Have a great day. Bye!	제게 더 많은 아이디어가 있습니다. 지금 바로 이 아이디어들을 이메일로 보내드리겠습니다. 10분 후에 확인해보시고 질문이 있으시면, 제게 알려만 주세요. 좋은 하루 보내시기 바랍니다. 안녕히 계세요!

 Secret Code ▸ ▭ 핵심키워드 **파란 글씨** 만사형통 답변틀 **빨간 글씨** 만사형통 해결팁 **검정 글씨** 새로운 해결책 및 연결 문장

표현사전 **newly-hired employees** 신입 직원 / **video tutorials** 교육용 동영상 / **upload** 올리다 / **work skills** 업무 능력 / **online clips** 온라인 동영상

Joanne's 고득점 포인트

- 같은 교육 문제 유형이라도 늘 똑같다고 생각하면 오산. 위 지문의 경우 '본사와 신규 지점이 4시간 떨어져 있는 먼 거리'라는 환경적 조건을 듣지 못하면 '경력 직원을 지점으로 보내서 교육하자'라는 단순 암기 답변을 하게 돼 오히려 질문을 못 들은 티만 많이 나게 된다.
- 돈, 시간, 노력을 줄이려면? 만사형통팁 '인터넷의 장점'을 떠올릴 것.

순발력2 물품 부족 문제

1. 핵심 키워드 듣기

화자 A	W: Before we finish our HR staff meeting, let's discuss one problem we have to deal with. I got a call from the management department and I was told that they need more laptop computers to train newly-hired employees.	여: 우리 인사팀 직원 회의를 마치기 전에, 우리가 다뤄야 하는 한 가지 문제점을 논의해봅시다. 제가 운영팀으로부터 전화를 받았는데, 새로 고용된 직원들을 교육하는 데 노트북 컴퓨터가 더 필요하다는 말을 들었습니다.
화자 B	M: That's true, Mikayla. The training requires the use of computers and they need laptop computers for each employee, but we are limited on our budget. Purchasing new company laptop computers would not be possible at this time.	남: 맞습니다, Mikayla. 이 교육은 컴퓨터를 사용해야 하는데, 각 직원들을 위해 노트북 컴퓨터가 필요하지만 우리는 예산이 제한되어 있어요. 회사에서 쓸 새로운 노트북 컴퓨터를 구입하는 일이 이번에는 가능하지 않을 겁니다.
화자 A	W: In that case, how can we get more laptops? Since time is almost over, I would like you to think about this issue and call me back with an idea about how we can help them with their lack of computers. I heard that they have planned a lot of training sessions and we need to help them as soon as possible. Call me back with your idea.	여 : 그렇다면, 어떻게 노트북을 더 구할 수 있을까요? 시간이 거의 다 되었으니 이 문제에 대해 생각해보시고 그 노트북 부족 문제에 대해 도움을 줄 수 있는 방법에 관한 아이디어와 함께 제게 다시 전화주세요. 그 부서에서 많은 교육 시간을 계획해두었다고 들어서 가능한 한 빨리 도움을 드려야 해요. 당신의 아이디어를 가지고 제게 다시 전화주세요.

Secret Code ▶ 　　　 핵심키워드 **빨간 첨자** 세부 내용 **검정 글씨** 전체적으로 이해만 하면 되는 내용

2. 답변 완성

첫인사	Hello, Mikayla. This is (자신의 이름) speaking.	안녕하세요, Mikayla. 저는 ~입니다.
문제요약	You said you're worried about **purchasing new company laptop computers** because **we are limited on our budget**, but you don't know how to **deal with the lack of computers** so, you want me to help you out, right?	당신께서는 우리가 예산이 한정되어 있어서 회사의 새로운 노트북 컴퓨터들을 구입하는 것이 걱정된다고 하셨는데, 컴퓨터 부족 문제를 처리할 방법을 모르겠다고 하셔서 제가 도와드리기를 원하신다고 말씀하신 것이 맞으시죠?
해결책 1 인터넷 구매	Why don't we **buy them** on the internet and save money?	인터넷에서 컴퓨터 제품을 구입해서 비용을 절약하는 건 어떨까요?
결과 + 자신감	If you buy them from an online store called Gmarket, it's easy to get a discount with my membership card. I have a special promo code, so if you like this idea, just let me know. I can deal with it today.	G마켓이라고 불리는 온라인 매장에서 구입하시면, 제 회원 카드로 쉽게 할인을 받으실 수 있습니다. 저에게 특별 판촉 코드가 있는데, 이 아이디어가 괜찮으시면 제게 알려만 주세요. 오늘 이 문제를 처리할 수 있습니다.
해결책 2 다른 부서에서 빌리자	Otherwise, we'll need to ask other departments like the sales and the marketing departments. I know they have extra computers in their storage cupboards.	다른 방법으로는, 영업팀과 마케팅팀 같은 다른 부서에 요청해야 할 것입니다. 이 부서들은 물품 보관용 벽장에 여분의 컴퓨터들을 갖고 있는 것으로 알고 있습니다.
부연 설명	We could **borrow them** for a couple of weeks until **we get new laptops for the new employees**.	신입 직원들을 위해 새로운 노트북 컴퓨터를 구할 때까지 몇 주 동안 그 컴퓨터들을 빌려 쓸 수 있을 겁니다.
마무리	I hope this helps. If you have any questions, just let me know. Have a great day. Bye!	이 아이디어가 도움이 되길 바랍니다. 질문이 있으시면 제게 알려만 주세요. 좋은 하루 보내시기 바랍니다. 안녕히 계세요!

 Secret Code 핵심키워드 **파란 글씨** 만사형통 답변틀 **빨간 글씨** 만사형통 해결팁 **검정 글씨** 새로운 해결책 및 연결 문장

표현사전 **we are limited on our budget** 우리는 예산이 한정되어 있다 / **lack of** 부족한 / **special promo code** 특별 판촉 코드 / **deal with** 다루다, 처리하다 / **department** 부서 / **storage cupboards** 물품 보관용 벽장 / **borrow** 빌리다

Joanne's 고득점 포인트

- 어렵거나 난감한 요청 사항을 만났을 때, 진짜 문제를 깔끔히 해결할 필요는 없다. 해결을 위한 아이디어, 플랜 정도를 제안하는 수준으로 무난하게 마무리까지 모두 마치는 것이 훨씬 유리하다.
- '온라인으로 컴퓨터를 할인 받아 싸게 살 수 있다, 타 부서 벽장에 여분의 컴퓨터가 있다'는 설정 모두 조앤이 만들어 낸 가상의 환경 설정이다. 암기한 해결책이든 새로운 아이디어든 즉흥적으로 쓸 수 있으려면 느긋하게 연습하기 보다는 초시계를 보면서 환경을 설정해 내는 타이트한 실전 훈련이 열린 생각을 만드는 데 더 효과적이다.

1. 핵심 키워드 듣기

도입	Hi, this is **Jasmine, the manager** of human resources. Since you are my assistant, I want to discuss a problem related to **our exercise schedule**. <small>화자 이름 직책</small> <small>문제점</small>	안녕하세요, 저는 인사팀 매니저인 Jasmine입니다. 당신은 제 비서이므로 우리의 운동 일정과 관련된 문제점에 대해 이야기하고 싶습니다.
본론	As you know, our owner has decided to **offer several 30-minute exercise programs to our employees right after lunch time**, and of course, all classes are **free of charge**. But **not many employees have signed up to participate**. Unless we can encourage more **employees to attend**, we'll need to cancel the whole exercise program. <small>핵심 키워드</small> <small>핵심 키워드</small> <small>문제점</small>	아시다시피, 사장님께서는 점심 시간 직후에 직원들을 대상으로 여러 가지 30분짜리 운동 프로그램을 제공하기로 결정하셨으며, 당연히 모든 강좌들은 무료입니다. 하지만 그리 많지 않은 직원들만 참여 신청을 했습니다. 우리가 더 많은 직원들에게 참석하도록 독려하지 않는다면, 이 운동 프로그램 전체를 취소해야 할 것입니다.
마무리	How can we **make these fitness classes more attractive to our employees**? Please call me back with your plan for dealing with this situation. <small>총정리 멘트</small>	어떻게 하면 우리 직원들로 하여금 이 피트니스 강좌들에 대해 더 많은 관심을 갖게 할 수 있을까요? 이 상황에 대처할 수 있는 계획을 생각해서 제게 다시 전화해주세요.

Secret Code   핵심키워드   **빨간 첨자** 세부 내용   **검정 글씨** 전체적으로 이해만 하면 되는 내용

2. 답변 완성

PART 1
PART 2
PART 3
PART 4
PART 5
PART 6

첫인사	Hello, **Jasmine**. This is (자신의 이름) speaking.	안녕하세요, Jasmine 부장님. 저는 ~ 입니다.
문제요약	You said you're worried about **our exercise schedule** because **most of our employees haven't signed up to participate.** You don't know how to **encourage more employees to attend the classes,** so you want me to help you out, right?	부장님께서는 대부분의 우리 직원들이 참가 등록을 하지 않아서 운동 일정에 대해 걱정된다고 말씀하셨어요. 더 많은 직원들이 이 강좌에 참석하도록 독려할 수 있는 방법으로 제가 도와드리기를 원하신다고 말씀하신 것이 맞으시죠?
해결책 1: 포스터 사용	As far as I know, people don't really know about **these fitness classes we offer for free.** Why don't we put up posters **announcing these free exercise programs** on the bulletin boards or our website?	제가 아는 바로는, 우리가 무료로 제공하는 이 피트니스 강좌에 관해 사람들이 잘 알지 못하고 있습니다. 게시판이나 우리 웹사이트에 이 무료 운동 프로그램을 알리는 포스터를 게시하는 건 어떨까요?
해결책 2: 공지 3번 변형	This way, **employees** can be aware of the situation faster and then more people will **come to the classes.**	이렇게 하면, 직원들이 현재 상황에 대해 더 빠르게 인식할 수 있고, 그 후에는 더 많은 사람들이 강좌에 올 것입니다.
해결책 3: 신규 트레이너 고용	Also, I think it's a good idea to **hire personal trainers for each class.** There is no trainer for any **program** now, but if we find experienced trainers who can **encourage our employees to exercise continuously,** the classes will attract more employees.	또한, 각 강좌에 개인 트레이너들을 고용하는 것이 좋은 아이디어라고 생각합니다. 현재 어느 프로그램에도 트레이너가 없지만, 우리 직원들이 지속적으로 운동할 수 있도록 독려해줄 수 있는 경험 많은 트레이너들을 찾을 수 있다면 이 강좌들은 더 많은 직원들을 끌어들일 것입니다.
마무리	Let's talk about this later today. Please call me back when you get this. Thanks, bye!	오늘 이따가 이 건에 대해 더 얘기해보시죠. 이 메시지를 받으시면 제게 다시 전화주십시오. 감사드리며, 안녕히 계세요!

 Secret Code 핵심키워드 **파란 글씨** 만사형통 답변틀 **빨간 글씨** 만사형통 해결팁 **검정 글씨** 새로운 해결책 및 연결 문장

표현사전 **exercise schedule** 운동 일정 / **sign up** 등록하다 / **encourage** 독려하다, 장려하다 / **as far as I know** 제가 아는 바로는 / **put up posters** 포스터를 게시하다 / **hire** 채용하다 / **personal trainers** 개인 트레이너 / **experienced** 경험 많은 / **continuously** 지속적으로

Joanne's 고득점 포인트

- 사실, 듣기 지문에는 직원들이 운동 프로그램에 대해 인지했는지 왜 참여하지 않는 것인지에 대한 세부적인 내용까지는 나오지 않는다. 그 점을 역이용해 본인이 원하는 환경으로 설정을 잡고 해결책을 낼 것!
  예) 무료 운동 강좌에 대해 직원들이 모른다거나, 개인 트레이너가 없다는 내용은 순전히 조앤이 지어낸 환경 설정이다. 그런 설정을 채점자에게 알려주고 그에 적합한 암기 해결팁 (포스터, 공지, 전문가 고용)으로 부드럽게 넘어간다면, 처음부터 외운 티 팍팍 나게 해결팁을 나열하는 것 보다 훨씬 똑똑해 보인다.
- 'You don't know how to~' 앞에 늘 'but,~'을 넣어야만 하는 것은 아니다. 상황에 맞춰 문법상 맞고 요약만 깔끔히 잘 되면 OK.

1. 핵심 키워드 듣기

도입	Hi, this is Robbie, the manager of human resources. Since you are the assistant manager, I'd like your help with a problem.	안녕하세요, 저는 인사팀 매니저인 Robbie입니다. 당신은 제 비서이기 때문에 한 가지 문제점에 대해 당신의 도움이 필요합니다.
본론	As you know, we are having the appreciation lunch event for our employees in the company main hall this Friday. Employees can register for a free lunch and eat it while a famous guest speaker gives a speech. Well, over the last couple of weeks, a lot more employees have registered to attend this lunch than we expected. It's going to be hardly possible to fit everyone in the company main hall at the same time. But we don't have any time to reserve a bigger room.	아시다시피, 우리는 이번 주 금요일에 회사의 중앙 홀에서 직원들을 대상으로 감사의 점심 식사 행사를 개최합니다. 등록한 직원들은 무료로 점심 식사를 하면서 유명 초청 연사의 강연을 들을 수 있습니다. 그런데, 지난 몇 주 동안에 걸쳐, 우리가 예상했던 것보다 훨씬 더 많은 직원들이 이 점심 식사 행사에 참석하기 위해 등록을 했습니다. 회사의 중앙 홀에서 동시에 모든 분들을 수용하는 것은 거의 불가능할 것 같습니다. 하지만 더 큰 장소를 예약할 시간이 없습니다.
마무리	How can we guarantee all registered employees can still enjoy lunch and the guest speaker's speech? I will be waiting for you call. Again, it's Robbie.	어떻게 하면 등록한 모든 직원들이 점심 식사와 초청 연사의 강연을 즐길 수 있도록 보장할 수 있을까요? 전화 주세요. 저는 Robbie였습니다.

화자 이름 / 직책

핵심 키워드 / 핵심 키워드 / 핵심 키워드 / 문제점 / 옵션 사항

총정리 멘트

Secret Code ▮▮ 핵심키워드 **빨간 첨자** 세부 내용 **검정 글씨** 전체적으로 이해만 하면 되는 내용

2. 답변 완성

첫인사	Hello, Robbie. This is (자신의 이름) speaking.	안녕하세요, Robbie 부장님. 저는 ~입니다.
문제요약	You said you're worried about **the appreciation lunch event this Friday** because **too many employees have registered to attend the event**, but you don't know how to **accommodate all registered employees in the company main hall**, so you want me to help you out, right?	부장님께서는 너무 많은 직원들이 행사 참가 등록을 해서 이번 주 금요일에 있을 감사의 점심 식사 행사가 걱정된다고 하셨는데, 등록한 모든 직원들을 회사의 중앙 홀에 수용할 수 있는 방법이 없어서 제가 도와드리기를 원하신다고 말씀하신 것이 맞으시죠?
해결책 1 이벤트 시간대를 나누자	Why don't we split the event into two sessions; one at lunchtime and the other at dinnertime? In this way, we will **accommodate all of the staff.**	이 행사를 2회로 나눠서 한 번은 점심 시간에, 그리고 다른 한 번은 저녁 시간에 진행하는 건 어떨까요? 이렇게 하면, 모든 직원들을 수용할 수 있을 겁니다.
자신감	Don't worry about **the guest speaker's schedule. I can handle it.**	초청 연사의 일정에 대해서는 걱정하지 마세요. 제가 처리할 수 있습니다.
해결책 2 근처 공원 활용	If not, we can hold the event in the nearby park and use a catering service.	그렇지 않을 경우, 근처에 있는 공원에서 행사를 개최하고 출장 요리 서비스 업체를 이용할 수 있습니다.
결과	This way, **all registered staff** would be able to **enjoy lunch and the speech.**	이렇게 하면, 등록한 모든 직원들이 점심 식사와 강연을 즐길 수 있을 것입니다.
자신감	If you like this idea, just let me know. I can arrange everything today.	이 아이디어가 마음이 드실 경우, 제게 알려만 주세요. 제가 오늘 모든 일을 처리할 수 있습니다.
마무리	I think I can help you more. Let's talk about this issue later today. Bye!	제가 더 도움을 드릴 수 있을 것 같습니다. 오늘 이따가 이 문제에 관해 얘기해보시죠. 안녕히 계세요!

 Secret Code　　　핵심키워드　**파란 글씨** 만사형통 답변틀　**빨간 글씨** 만사형통 해결팁　**검정 글씨** 새로운 해결책 및 연결 문장

표현사전 **appreciation lunch event** 감사의 점심 식사 행사 / **register** 등록하다 / **accommodate** 수용하다 / **split** 나누다 / **nearby** 근처의 / **catering service** 출장 요리 서비스 / **arrange** 조치하다, 처리하다

- 장소 문제는 최신 빈출 문제 중 하나이다. 장소, 시간, 인원 등에 따라 해결책의 방향을 달리해서 사용해야 하기 때문에 어떤 옵션 상황은 빼고 제안해야 할지 듣기 시 잘 기억해두는 것이 중요하다.
- 'the appreciation'의 정관사 발음 '디', 'staff'를 복수로 쓸 때는 그냥 staff로 쓰거나 staff members로 사용한다. 문법 실수에 주의.
- 쉽게 문제를 해결할 수 있는 어조를 활용해 자신감을 보일 것. 득점에 유리하다.
  'Don't worry, I can handle it, just let me know, I can arrange everything today.'

1. 핵심 키워드 듣기

도입	Hi, this is Amanda, the owner of the grocery store. Since you are my assistant, I want to get advice on our renovations . 화자 이름 / 직책 / 문제점	안녕하세요, 저는 식료품 매장의 사장인 Amanda입니다. 당신은 제 비서이기 때문에 매장 개조 공사에 관해 당신의 조언을 얻고자 합니다.
본론	As you know, we are going to renovate several different sections of our grocery store. And it will take about a few weeks to be completed. I am not planning to close the entire store during the renovation period because we will lose our regular customers. But during the construction, I don't know how we can guarantee our customers can still find veggies and fruits they are looking for easily. 핵심 키워드 / 핵심 키워드 / 옵션 사항 / 문제점 / 핵심 키워드	아시다시피, 우리는 식료품 매장 내의 여러 다른 구역들을 개조할 예정입니다. 그리고 완료되기까지 대략 몇 주의 시간이 걸릴 것입니다. 단골 고객들을 잃게 될 것이기 때문에 이 개조 공사 기간 동안 전체 매장을 닫을 계획은 없습니다. 하지만 공사가 진행되는 동안, 손님들이 채소와 과일들을 쉽게 찾게 해드릴 방법을 모르겠습니다.
마무리	So, we need a plan to keep our business running smoothly without any inconvenience for people shopping in the store. I will be waiting for your suggestions for how to keep our customers happy during the renovations. Again, it's Amanda. 총정리 멘트 / 총정리 멘트	따라서, 우리는 매장 내에서 쇼핑하시는 분들께 어떠한 불편함도 끼쳐 드리지 않으면서 순조롭게 영업을 지속할 수 있는 계획이 필요합니다. 개조 공사 기간 동안 고객들을 기쁘게 해드릴 방법에 대한 당신의 제안을 기다리고 있겠습니다. 저는 Amanda였습니다.

Secret Code   핵심키워드   **빨간 첨자** 세부 내용   **검정 글씨** 전체적으로 이해만 하면 되는 내용

2. 답변 완성

첫인사	Hello, **Amanda**. This is (자신의 이름) speaking.	안녕하세요, Amanda 사장님. 저는 ~입니다.
문제요약	You said you're worried about losing our regular customers because we will renovate our grocery store, but you don't know how to keep our business running smoothly without any inconvenience and keep customers happy during the renovation, so you want me to help you out, right?	사장님께서는 우리가 식료품 매장에 개조 공사를 할 예정이어서 단골 고객들을 잃을까 걱정된다고 하셨는데, 이 공사 기간 동안 어떠한 불편함도 끼치지 않고 순조롭게 영업을 지속하고 고객들을 기쁘게 해드릴 방법을 모르겠다고 하셔서 제가 도와드리기를 원하신다고 말씀 하신 것이 맞으시죠?
해결책 1 시간제 근무자 채용	Why don't we hire more part-timers who would help and assist our customers?	고객들을 돕고 보조할 수 있는 시간제 근무자들을 더 채용하는 건 어떨까요?
부연 설명	If the staff helped our customers find veggies and fruits in person, our customers would be more satisfied with our service. I think 5 staff would be enough for us during the renovation.	고객들이 채소와 과일들을 찾는 데 있어 직원들이 직접 도움을 드리면, 고객들께서는 우리 서비스에 더욱 크게 만족하실 겁니다. 저는 개조 공사 기간 동안 5명의 직원이면 충분할 것이라고 생각합니다.
해결책 2 구역별 공사	Also, I think it's a good idea to renovate each section one at a time after we close the store.	또한, 우리가 문을 닫은 후에 한 번에 한 곳씩 각 구역에 개조 공사를 하는 것이 좋은 아이디어라고 생각합니다.
결과	Then, we don't need to worry about any inconvenience for our customers at all.	그렇게 하면, 고객들께 끼치게 될 어떠한 불편함에 대해서도 전혀 걱정할 필요가 없습니다.
마무리	Don't worry. I have more ideas. I'll send them by email right away. Please check it out in 10 minutes and if you have any questions, just let me know. Have a great day. Bye!	걱정하지 마세요. 제게 더 많은 아이디어들이 있습니다. 지금 바로 이 아이디어들을 이메일로 보내드리겠습니다. 10분 후에 확인해보시고 질문이 있으시면, 제게 알려만 주세요. 좋은 하루 보내시기 바랍니다. 안녕히 계세요!

 Secret Code 핵심키워드 **파란 글씨** 만사형통 답변틀 **빨간 글씨** 만사형통 해결팁 **검정 글씨** 새로운 해결책 및 연결 문장

표현사전 **lose our regular customers** 우리의 단골 고객을 잃다 / **grocery store** 식료품점 / **keep our business running** 우리의 사업(영업)을 지속하다 / **smoothly** 순조롭게 / **assist** 보조하다 / **veggies and fruits** 채소와 과일 / **be more satisfied with our service** 우리 서비스에 더욱 만족하다 / **one at a time** 한 번에 하나씩

- 매우 예민한 사장님의 고난도 주문은 아래와 같았다.
'몇 주에 걸쳐 공사를 하면서도 단골 고객을 잃게 될까봐 계속 가게 문을 열고, 고객에게 제품을 찾고 상점을 이용하는데 불편함이 없어야 하는 것은 물론, 심지어 행복하게 해야 한다?' 짜증내지 말고 안된다고 한 것은 해결책에서는 제외할 것! 맞춤형 해결책이 딱 떠오르지 않으면 비서인 본인이 직접 돕겠다고 하자!

순발력 6 ▶ 직원 선택 문제

1. 핵심 키워드 듣기

도입	Hi, this is Nathan, the director of Albert Technologies. Since you are the head of Human Resources, I need your advice about selecting six employees for a new project.	안녕하세요, 저는 앨버트 테크놀로지 사의 이사인 Nathan입니다. 당신은 인사팀 부장이기 때문에 새로운 프로젝트에 필요한 6명의 직원들을 선정하는 데 있어 당신의 조언이 필요합니다.
본론	As you know, we've decided to test a new video teleconference program for some of our employees who work from home and use their computers and smartphones to keep in touch with the office. If we find out this program is effective for both employees and the company, we will implement this policy right away. The problem is too many employees have been signed up for this project.	아시다시피, 우리는 자택에서 근무하면서 우리 회사와 연락하기 위해 컴퓨터 및 스마트폰을 사용하는 일부 직원들을 위해 새로운 화상 회의 프로그램을 테스트해보기로 결정했습니다. 이 프로그램이 직원 및 회사 모두에게 효과가 있는 것으로 파악될 경우, 우리는 즉시 이 정책을 시행할 것입니다. 문제는 너무 많은 직원들이 이 프로젝트에 참가 신청을 했다는 것입니다.
마무리	How do we decide which six employees among them are qualified for testing this program out? Call me back with your plan. Again, this is Nathan.	이 직원들 중에서 이 프로그램을 테스트할 자격이 있는 6명의 직원들을 어떻게 결정해야 할까요? 당신의 계획을 생각해서 제게 다시 전화주시기 바랍니다. 저는 Nathan이었습니다.

Secret Code ▬▬▬ 핵심키워드   **빨간 첨자** 세부 내용   **검정 글씨** 전체적으로 이해만 하면 되는 내용

(annotations within text)
화자 이름 / 직책 / 문제점 / 핵심 키워드 / 핵심 키워드 / 문제점 / 총정리 멘트

2. 답변 완성

PART 1

PART 2

PART 3

PART 4

PART 5

PART 6

첫인사	Hello, Nathan. This is (자신의 이름) speaking.	안녕하세요, Nathan. 저는 ~입니다.
문제요약	You said you're worried about **selecting six employees** because **too many employees have signed up for the teleconference program,** and you don't know how to **choose qualified employees for the project,** so you want me to help you out, right?	당신께서는 너무 많은 직원들이 화상 회의 프로그램에 참가 신청을 했기 때문에 6명의 직원들을 선정하는 것에 대해 걱정된다고 하셨는데, 해당 프로젝트에 적격인 직원들을 선택하는 방법을 모르겠다고 하셔서 제가 도와드리기를 원하신다고 말씀하신 것이 맞으시죠?
해결책 1 업무 역량을 따져보자	Why don't we check their work performance and their ability to deal with the teleconference program first by giving them scores?	그 직원들에게 점수를 주는 방법을 통해 각자의 업무 성과 및 화상 회의 프로그램을 다루는 능력을 먼저 확인해보는 건 어떨까요?
결과	That way, we would narrow down the list to the best six people.	그렇게 하면, 최종 6명으로 목록 내 범위를 추릴 수 있을 것입니다.
해결책 2 추천 받자	Also, I think it's a good idea to get recommendations from their supervisors.	또한, 각자의 부서장으로부터 추천을 받는 것이 좋은 아이디어라고 생각합니다.
결과	And then, we can **choose the most qualified employees for this new project.**	그리고 그 후에, 이 새로운 프로젝트에 가장 적격인 직원들을 선정할 수 있습니다.
마무리	Don't worry. I have more ideas. I'll send them by email right away. Please check it out in 10 minutes and if you have any questions, just let me know. Have a great day. Bye!	걱정하지 마세요. 제게 더 많은 아이디어들이 있습니다. 지금 바로 이 아이디어들을 이메일로 보내드리겠습니다. 10분 후에 확인해보시고 질문이 있으시면, 제게 알려만 주세요. 좋은 하루 보내시기 바랍니다. 안녕히 계세요!

 Secret Code [ ] 핵심키워드 **파란 글씨** 만사형통 답변틀 **빨간 글씨** 만사형통 해결팁 **검정 글씨** 새로운 해결책 및 연결 문장

표현사전 **teleconference program** 원격 화상 회의 / **qualified employee** 자격 요건을 갖춘 직원 / **work performance** 근무 실적 / **ability** 능력 / **give someone scores** ~에게 점수를 주다 / **narrow down A to B** A를 B로 좁히다

- 특정 직원을 선택해야 하는 문제는 언제나 근무 실적, 업무 역량, 이전 경험, 상사의 추천으로 답변.
- 지문에서 숫자가 나오면 꼭 기억해두었다가 답변 시 활용하자. 생각보다 많은 수험생들이 숫자를 간과한다.
  예) selecting six employees

Express an opinion
자신감 다지기
PART 06

유형 1 ▶ 직장 생활 관련 본문 P.240

Which of the following is the most effective way for a company to improve the health of its employees? Choose one of the options provided, and give reasons or examples to support your opinion.
- Give employees a daily break for exercise
- Provide healthy food options
- Offer workshops on health-related topics

선택 항목	give employees a daily break for exercise	매일 운동할 수 있는 휴식 시간 주기
서론	The most effective way for a company to improve the health of its employees is to give employees a daily break for exercise. I have some reasons to support my opinion.	회사가 직원들의 건강을 개선하는 데 가장 효과적인 방법은 직원들에게 운동할 수 있도록 매일 휴식 시간을 주는 것입니다. 제 의견을 뒷받침할 수 있는 몇몇 이유가 있습니다.
본론 뼁설정	I work for LG which provides us a break for exercise from 1 to 1:30 p.m. everyday. I think that works for my health. For example, I play basketball with my coworkers in the nearby park after lunch and it makes me feel good and healthy. Recently, I have a heavy workload all day long and tend to get stressed out too much. However, after exercising, I can get rid of stress and refresh myself. Naturally, it is easy for me to complete my work on time and achieve goals. I believe that goes for everyone else, too. As a result, our company made more profits and had better output last month.	저는 LG에서 근무하는데, 매일 오후 1시에서 1시 30분까지 운동을 위한 휴식 시간이 제공됩니다. 저는 이것이 제 건강에 좋다고 생각합니다. 예를 들어, 저는 점심 식사를 한 후에 근처의 공원에서 동료 직원들과 농구를 하는데, 이것이 제 기분을 좋게 해주고 건강하게 만들어 줍니다. 최근에, 저는 하루 종일 과중한 업무가 있고, 너무 많이 스트레스를 받는 경향이 있습니다. 하지만 운동을 한 후에는, 스트레스를 풀고 기분 전환을 할 수 있습니다. 자연스럽게, 제가 쉽게 업무를 제때 완료하고 목표를 달성할 수 있습니다. 저는 이렇게 하는 것이 다른 모든 사람들에게도 좋다고 생각합니다. 결과적으로, 저희 회사는 지난 달에 더 많은 수익을 냈고 더 나은 생산량을 기록했습니다.
결론	For these reasons, companies should provide their employees with a daily break for working out.	이러한 이유들로 인해, 회사들은 운동을 할 수 있도록 매일 휴식 시간을 제공해야 합니다.

Secret Code ▶ 파란 글씨 설정 구조 빨간 글씨 만사형통팁

Which of the following extracurricular activities would be more important for high school students to take part in: learning foreign languages or learning how to play musical instruments? Why?
Give specific reasons or examples to support your opinion.

내 의견	learning how to play musical instruments	악기 배우기
서론	Learning how to play musical instruments is more important for high school students to take part in.	고등학생들에게는 악기 배우는 것이 더 중요합니다.
본론 기본설정	When I was a high school student, I learned how to play the violin. Whenever I got stressed out because of homework, I played the violin. It energized my mind and made me feel good and happy. That way, I could get back to studying and focus on work better. Nowadays, I play the violin in the orchestra called Seoul Symphony every week. When I play with my orchestra members, I can get rid of stress and refresh myself because it's fun and enjoyable. Playing the violin became my lifelong hobby and I love playing it. Well, I learned Spanish as a second language in high school, but it is of no use to me.	제가 고등학생이었을 때 저는 바이올린을 배웠습니다. 숙제 때문에 스트레스를 받을 때마다 저는 바이올린을 연주했습니다. 그것은 제 마음에 활기를 주었으며 기분이 좋고 행복하게 만들어주었습니다. 이를 통해 저는 다시 공부로 돌아가 집중할 수 있었습니다. 요즘, 저는 매주 Seoul Symphony(서울 교향악단)에서 바이올린을 연주합니다. 단원들과 함께 연주할 때면, 재미있고 즐거워서 저는 스트레스를 풀고 기분 전환을 할 수 있습니다. 바이올린을 연주하는 것은 저의 평생 취미가 되었고 저는 연주하기를 좋아합니다. 글쎄요, 고등학교에서 스페인어를 제2외국어로 배우기는 했지만, 저에게는 쓸모가 없습니다.
마무리	So high school students should learn how to play musical instruments for a happier life.	따라서 고등학생들은 더 행복한 인생을 위해 악기를 배워야 합니다.

 Secret Code ▶ 파란 글씨 설정 구조　빨간 글씨 만사형통팁

Which do you think is a more important qualification for a new employee to succeed: confidence or knowledge of the field? Why? Use specific reasons and examples to support your opinion.

선택 항목	knowledge of the field	분야에 대한 지식
서론	A more important qualification for a new employee to succeed is knowledge of the field. I have some reasons to support my opinion.	신입 직원이 성공하는 데 있어 가장 중요한 자격 요건은 분야에 관련된 지식입니다. 제 의견을 뒷받침할 몇몇 이유가 있습니다.
본론 기본설정	First, if a new employee has proper knowledge of his field and job, he can complete his task on time and achieve his goal faster than others at work. In addition, after finishing his work, he would be able to do extra work. Then, he would become a productive worker who has good work efficiency and skills. Moreover, he can help other coworkers since he knows what to do and how to solve problems using job-related knowledge. His coworkers can also broaden their perspective and knowledge. For these reasons, it would be easier for him to get along with others well at work and the company would make more profits because of his ability.	첫째로, 신입 직원이 자신의 분야 및 업무에 관련된 적절한 지식을 갖고 있다면, 자신의 일을 제때 완료할 수 있으며 회사에 있는 다른 사람들보다 더 빨리 목표를 달성할 수 있습니다. 게다가, 일을 마친 후에, 추가 업무를 할 수도 있을 것입니다. 그렇게 되면, 그 직원은 좋은 업무 효율성 및 능력을 지닌 생산적인 직원이 될 것입니다. 더욱이, 그 직원은 무엇을 해야 할지 그리고 업무와 관련된 지식을 활용해 문제점을 해결하는 방법을 알고 있기 때문에 다른 동료 직원들을 도울 수 있습니다. 동료 직원들은 또한 각자의 관점 및 지식을 넓힐 수 있습니다. 이러한 이유로 인해, 직장에서 다른 사람들과 더 쉽게 잘 어울릴 수 있을 것이며, 회사는 그 직원의 능력으로 인해 더 많은 수익을 낼 수 있을 것입니다.
본론 뒷설정	For example, I started working for a company called GS as a new employee last year. Thanks to my internship program, I already had some knowledge and work skills related to the field, so it was easy to complete my work on time and achieve goals faster than other newcomers. Also, it is nice to help other coworkers since I know what to do and how to solve problems using job-related knowledge. In fact, I'm a people-person so it makes me feel good and happy. Accordingly, I get along with work friends well these days. As a result, my team made more profits and had better output last month due to my ability and help, I think.	예를 들어, 저는 작년에 GS라고 불리는 회사에서 신입 사원으로 근무하기 시작했습니다. 제 인턴 프로그램 덕분에 저는 이미 해당 분야에 관련된 지식 및 업무 능력을 갖추고 있었기 때문에 제때 업무를 쉽게 완료하고 다른 신입 사원들보다 빠르게 목표를 달성할 수 있었습니다. 또한, 저는 업무와 관련된 지식을 활용해 문제점을 해결하기 위해 무엇을 해야 할지 방법을 알고 있었기 때문에 다른 직원들을 도와줄 수 있어서 기뻤습니다. 실제로, 저는 사람들과 어울리기를 좋아하는 사람이라서 그렇게 함으로써 기분이 좋아지고 즐거워집니다. 그래서 저는 요즘 직장의 친구들과 잘 어울리고 있습니다. 결과적으로, 제가 속한 팀은 더 많은 수익을 냈고, 제 능력과 도움으로 인해 지난 달에 더 나은 생산량을 기록했다고 생각합니다.
결론	So, a newcomer should have knowledge of the field for building a better career.	따라서, 신입 사원은 더 나은 경력을 쌓기 위해 분야에 관련된 지식을 가져야 합니다.

 **유형 4** ▶ **여가 활동** 본문 P.246

Do you agree or disagree with the following statement that "it is more beneficial for students to have one long vacation than several short breaks in a year"? Give specific reasons and examples to support your opinion.

선택 항목	agree	동의함
서론	Yes, I agree that it is more beneficial for students to have one long vacation than several short breaks in a year. I have some reasons to support my opinion.	네, 저는 학생들이 일년 중에 여러 번의 짧은 휴강 기간보다 한 번의 긴 방학을 보내는 것이 더 유익하다는 점에 동의합니다. 제 의견을 뒷받침할 몇몇 이유가 있습니다.
본론 뼁 설정	In my case, I'm in college and have a long vacation in summer every year. During that time, I usually go travelling abroad with my friends or family. Since I love to travel. For example, I can visit a lot of tourist attractions and enjoy amazing scenery and delicious food. Also, it's easy to make new friends while travelling. Personally, I'm a people-person so I just like it. Moreover, it is really important to experience different cultures, since my major is tourism management. It's beneficial to learn new things from others and share my feelings and ideas with them. In this way, I can broaden my perspective and knowledge by travelling abroad every long vacation. On top of that, I can get rid of stress and refresh myself while enjoying valuable vacation time. As a result, it's good for me because I can focus on my work harder after a long vacation.	제 경우에는, 제가 대학생이라서 매년 여름에 긴 방학을 보냅니다. 이 기간 동안, 저는 보통 친구나 가족과 해외 여행을 떠나는데, 제가 여행을 아주 좋아하기 때문입니다. 예를 들어, 저는 많은 관광 명소들을 방문할 수 있고, 멋진 풍경과 맛있는 음식을 즐길 수 있습니다. 또한, 여행하는 동안 쉽게 새로운 친구를 사귈 수 있습니다. 개인적으로, 저는 사람들과 어울리는 것을 좋아하는 사람이기 때문에 새로운 친구를 사귀는 것을 정말 좋아합니다. 더욱이, 다른 문화를 경험해 보는 것은 정말 중요한데, 제 전공이 관광 경영학이기 때문입니다. 다른 사람들로부터 새로운 것들을 배우고 그들과 함께 제 감정과 생각들을 공유하는 것은 유익한 일입니다. 이러한 방법으로, 저는 매년 긴 방학 기간 동안 해외 여행을 떠남으로써 제 관점과 지식을 넓힐 수 있습니다. 그 외에도, 저는 이런 소중한 방학을 즐기는 동안 스트레스를 풀고 기분 전환을 할 수도 있습니다. 결과적으로, 긴 방학을 마친 후에 더 열심히 공부하는 데 집중할 수 있기 때문에 좋습니다.
결론	For these reasons, students should have a long vacation so they can go on a trip.	이러한 이유들로 인해, 학생들은 여행을 떠날 수 있도록 긴 방학을 보내야 합니다.

 **Secret Code** ▶ 파란 글씨 설정 구조 빨간 글씨 만사형통팁

- 문장을 시작할 때 시작문장을 다양하게 섞어 쓸 것!
- 만사형통팁을 이어붙여 쉽게 전개할 수 있는 이런 종류의 문제는 좋은 점수를 받을 수 있음에도 불구하고, 문법, 발음 실수 등 쉬운 부분에서 실수해 실점하지 않도록 더욱 주의
- 반론의 짧은 휴강은 왜 소용이 없는지를 본론의 마지막에 추가해서 설명해도 좋다.

What are the disadvantages of shopping online compared to shopping at a store?
Give specific reasons and examples to support your opinion.

선택 항목	the disadvantages of shopping online	온라인으로 쇼핑하는 것의 단점
서론	There are some disadvantages of shopping online compared to shopping at a store.	실제 매장에서 쇼핑하는 것에 비해 온라인으로 쇼핑하는 것에는 몇몇 단점들이 있습니다.
본론 기본 설정	First, if you buy an item on the internet, it might not be the one you are looking for. What I mean is that it can be different from the picture on your screen when you ordered. People usually return what they impulsively bought online nowadays. Second, there are tons of unreliable and false reviews, comments and recommendations on online shopping sites. Finally, you should pay a delivery charge and wait for a couple of days to get the item. In short, online shopping makes you waste your living expenses and time.	첫째로, 인터넷으로 물품을 구입하면, 실제로 찾는 것이 아닐 수도 있습니다. 다시 말하자면 물품을 주문했을 때 화면에서 본 사진과 다를 수 있다는 뜻입니다. 요즘에 사람들은 보통 온라인에서 충동적으로 구입한 것을 반품합니다. 둘째로, 온라인 쇼핑 사이트에는 신뢰할 수 없는 거짓 후기나 의견, 그리고 추천 정보들이 수없이 많습니다. 마지막으로, 배송 요금을 지불해야 하며 물품이 도착하기까지 며칠을 기다려야 합니다. 간단히 말해, 온라인 쇼핑은 생활비와 시간을 허비하게 만듭니다.
본론 뻥 설정	Let me tell you my story. I'm in college and always have a tight budget so I usually compare the prices online and buy what I want at the best price. However, about two weeks ago, I had a really bad experience of online shopping. I bought a blue dress for my sister's wedding after reading nice reviews, comments and recommendations about the dress on online shopping site called market A.com. 5 days after from my order date, I got the dress but felt deceived by the exaggerated information on the site. It didn't fit me in the end, and the color was definitely not blue. I had to return it, without any compensation from the online retail store. Because of this, I could not wear a blue dress on the wedding day and it made me feel terrible and let down.	제 이야기를 들려 드리겠습니다. 저는 대학생이라서 항상 용돈이 빠듯하기 때문에 보통 온라인에서 가격을 비교해보고 가장 저렴한 가격에 제가 원하는 것을 구입합니다. 하지만 2주 전에, 온라인 쇼핑을 하면서 정말 기분 나쁜 경험을 했습니다. 저는 마켓 A.com이라고 불리는 온라인 쇼핑 사이트에서 한 청색 드레스에 관한 훌륭한 후기와 의견, 그리고 추천 정보를 읽은 후에 제 언니의 결혼식에서 입기 위해 그 청색 드레스를 구입했습니다. 주문일로부터 5일이 지난 후에, 그 드레스를 받았지만 사이트에 올라와 있던 과장된 정보에 의해 속았다고 생각했습니다. 결국 그 드레스는 제 몸에 맞지 않았고, 색상은 전혀 청색이 아니었습니다. 저는 그 온라인 소매점으로부터 어떠한 보상도 받지 못하고 반품해야 했습니다. 이로 인해, 저는 결혼식날 청색 드레스를 입지 못했고, 불쾌한 기분과 함께 실망감을 느꼈습니다.
결론	For these reasons, shopping online is not beneficial for me.	이러한 이유들로 인해, 온라인으로 쇼핑하는 것은 제게 유익하지 않습니다.

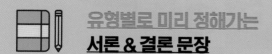

유형별로 미리 정해가는
서론 & 결론 문장

● **찬반형 (agree/disagree)**

Do you agree or disagree with the following statement?
"Since people use the internet and computers more than before, less people go to public places like a park or a beach."

찬성 (반대)

서론/ Yes, I agree (disagree) that less people go to public places because they use the internet and computers more than before. 결론/ So, I definitely (don't) agree that fewer people visit public places because of the internet.

● **선호형 (preference)**
① 2개 조건 중 1개 선택형

Which do you think is a more important quality in a business partner:
having good technical skills or being a good leader?
서론/ I think a more important quality in a business partner is having good technical skills.
결론/ So, a business partner should have good technical skills. / So, a business partner having good technical skills is better.

② 3개 조건 중 1개 선택형

Which of the following do you think is the biggest benefit of working for a start-up company?
- Chances to learn various skills
- Close relationships with colleagues
- Opportunities for quick promotions

서론/ The biggest benefit of working for a start-up company is that you have chances to learn various skills. 결론/ So, a start-up company can give you more opportunities to learn useful work skills.

● **장단점 (advantage /disadvantage)**

What are the advantages (disadvantages) of working in a team?

장점 (단점)

서론/ There are several advantages (disadvantages) of working in a team.
결론/ So, working in a team is (not) beneficial. So, working in a team has more benefits.

Express an opinion
순발력 다지기

PART 06

순발력 1 ▶ **회사 관련** 본문 P.250

For a company, what are the advantages of using online media such as social networking sites or blogs to communicate with customers?
Give specific reasons or examples to support your opinion.

회사가 고객들과의 의사소통을 위해 소셜 네트워킹 사이트나 블로그 등의 온라인 미디어를 사용하는 것의 장점은 무엇인가요?
구체적인 이유와 예시를 들어 의견을 뒷받침하세요.

질문 유형	회사 관련 유형, 장단점 문제
내 의견	some advantages of using online media
본론 구조	뼝 설정

브레인스토밍

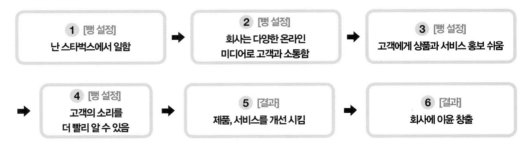

1 [뼝 설정]
난 스타벅스에서 일함

➡

2 [뼝 설정]
회사는 다양한 온라인
미디어로 고객과 소통함

➡

3 [뼝 설정]
고객에게 상품과 서비스 홍보 쉬움

➡

4 [뼝 설정]
고객의 소리를
더 빨리 알 수 있음

➡

5 [결과]
제품, 서비스를 개선 시킴

➡

6 [결과]
회사에 이윤 창출

PART 1
PART 2
PART 3
PART 4
PART 5
PART 6

내 의견	some advantages of using online media	온라인 미디어 사용의 장점
서론	There are some advantages of using online media to communicate with customers.	고객들과의 의사 소통을 위해 온라인 미디어를 사용하는 것에는 몇몇의 장점이 있습니다.
본론 뻥 설정	In my case, I work for Starbucks and my company always communicates with our customers by using different types of online social media like Instagram, Facebook or our official website. It's very convenient to announce our new store locations, new drinks or promotions on those sites. Also, it's faster to get our customers' reviews, comments and recommendations by using online media in real time. This way, we always listen to our customers' needs so we can improve our products and services. For these reasons, our company has made huge profits after starting to communicate with our customers on social networking sites.	스타벅스에서 일하는 저의 경우, 우리 회사는 인스타그램이나 페이스북 또는 공식 회사 웹사이트와 같은 다양한 종류의 온라인 소셜 미디어 프로그램을 사용하여 고객들과 항상 의사 소통을 합니다. 이러한 사이트들에 새로운 매장의 위치, 새로운 음료나 홍보 행사 등을 알리는 것이 매우 편리합니다. 또한, 온라인 미디어를 활용하여 실시간으로 고객들의 리뷰, 의견이나 추천을 받는 것이 더욱 빠릅니다. 이를 통해, 우리는 항상 고객들의 요구 사항을 듣고, 제품과 서비스를 개선할 수 있습니다. 이러한 이유로, 우리 회사는 소셜 네트워킹 사이트를 통해 고객들과 의사 소통을 하기 시작함으로써 굉장한 이익을 얻어 왔습니다.
마무리	Therefore, companies should communicate with their customers through online media.	따라서, 회사들은 온라인 미디어를 통해 고객들과 의사소통을 해야만 합니다.

⯈ Secret Code ⯈ 파란 글씨 설정 구조　빨간 글씨 만사형통팁

표현사전　**communicate** 의사소통을 하다 / **recommendation** 추천 / **huge** 엄청난, 거대한 / **profit** 이익, 수익

- 회사 관련 문제는 회사원인 설정으로 시작해야 I 주격, 현재형동사를 사용할 수 있어 편하다.
- Detail 이 생명! 사용한다는 온라인 미디어의 이름이 무엇인지, 고객과 어떤 소통을 하는지, 무엇을 얻는지 등 세부 사항을 묘사할 수 있어야 고득점
- That way, For these reasons, 처럼 결과를 도출하는 어구로 문장 부드럽게 연결하자.
- I can으로만 문장을 시작하지 말고 [It's 형용사 to 동사] 시작 문장틀을 적극 활용할 것.

Joanne's 고득점 포인트

Do you agree or disagree with the following statement?
"People should give up time with friends or family to achieve a professional goal."
Give specific reasons or examples to support your opinion.
다음 주장에 찬성하나요, 혹은 반대하나요?
"사람들은 직업상의 목표를 달성하기 위해 친구들이나 가족과의 시간을 포기해야 한다."
구체적인 이유 및 예시를 들어 당신의 의견을 뒷받침하세요.

질문 유형	일상 관련 유형, 찬반형 문제
내 의견	disagree, agree
본론 구조	뼁 설정

브레인스토밍

1 [뼁 설정]
난 한국무역 직원

2 [뼁 설정]
승진을 위해 더 많이 일함

3 [뼁 설정]
이런저런 일을 하루종일 하는데

4 [뼁 설정]
요즘 스트레스 많이 받음

5 [결과]
만약 지인들과 스트레스 풀고 쉰다면

6 [결과]
업무 완료, 목표 달성 더 쉬울것임

PART 1
PART 2
PART 3
PART 4
PART 5
PART 6

내 의견	disagree	반대
서론	No, I disagree that people should give up time with friends or family to achieve a professional goal.	아니요, 저는 사람들이 직업상의 목표를 달성하기 위해 친구들이나 가족과의 시간을 포기해야 한다는 것에 반대합니다.
본론 뼝 설정	In my case, I work for Korea Trading Company nowadays and want to be promoted to a supervisor next year, so usually work harder than my other colleagues. For example, I usually leave the office after 9 p.m., attend tons of meetings and communicate with customers all day long. However, I haven't been able to focus on my work for long periods recently and I tend to get too stressed out. I think I'm worn out and need a break. If I had some time to have fun with my friends or family after work or during weekends, I would get rid of stress and refresh myself. It would energize my mind. That way, I would complete my work on time and achieve my goals.	저의 경우에, 요즘 한국 무역 회사에서 일하면서 내년에 관리자로 승진되기를 바라고 있기 때문에 보통 다른 동료들보다 더 열심히 일하고 있습니다. 예를 들어, 저는 주로 밤 9시 이후에 퇴근하고, 하루 종일 굉장히 많은 회의에 참석하며 고객들과 소통합니다. 하지만, 최근에는 오랫동안 일에 집중하지 못하고 있으며 굉장히 스트레스를 받고 있습니다. 저는 매우 지쳤고 휴식이 필요한 것 같습니다. 만약 퇴근 후나 주말에 친구들이나 가족과 함께 즐거운 시간을 보낼 수 있다면, 저는 스트레스를 풀고 기분 전환을 할 수 있을 것입니다. 이것은 제 마음에 활기를 줄 것입니다. 이를 통해, 저는 제시간에 일을 끝내고 목표를 달성할 수 있을 것입니다.
마무리	So spending some time to relax with friends or family is more productive to achieve a professional goal.	따라서 친구들이나 가족과 함께 시간을 보내는 것은 직업상의 목표를 달성하는 데 있어 더 높은 생산성을 가져옵니다.

Secret Code ▶ **파란 글씨** 설정 구조 **빨간 글씨** 만사형통팁

표현사전 **trading company** 무역 회사 / **be promoted** 승진하다 / **supervisor** 관리자 / **work harder** 열심히 일하다 / **attend** 참석하다 / **tons of** 다수의, 많은 / **all day long** 온종일, 아침부터 밤까지 / **recently** 최근에 / **tend to** ~한 경향이 있다 / **stressed out** 스트레스 받는, 스트레스가 쌓인 / **worn out** 매우 지친 / **break** 휴식 / **complete** 완료하다, 끝마치다 / **on time** 시간을 어기지 않고, 정각에 / **achieve** 달성하다, 성취하다

• 본론 초반 설정을 좀 뻔뻔하게 잡자. 경험담처럼 흘러가므로 내가 말하기는 쉽고, 전개는 드라마틱하게 펼쳐진다. 즉, 득점과 시간 관리에 보다 유리하다는 뜻!

• For example처럼 뭘 하느라 힘들고 집중이 안되는지 강력한 이유가 많을수록 설득력은 올라간다.

• 본론 중간에 친구와 시간을 못 보내서 힘들다는 얘기만 한참 풀다가 시간이 끝나버린다면 무용지물! 본론의 마무리에서는 반드시 "만약 친구와 시간을 보내며 스트레스를 푼다면, 업무는 제 때 끝내고 목표는 달성하게 될 것이다." 라는 핵심 문장까지 들어와야 성공!

Joanne's 고득점 포인트

Do you think teachers need to make classes enjoyable for young students?
Give reasons or examples to support you opinion.

당신은 교사들이 어린 학생들을 위해 수업을 즐겁게 만들어야 한다고 생각하나요?
당신의 의견을 뒷받침할 구체적인 이유 및 예시를 말해 보세요.

문제 유형	교육 관련 유형, 찬반형 문제
선택 항목	Yes
본론 구조	기본 설정 + 뻥 설정
Part 6 추천 뻥 설정	For example, when I was in middle school,
Part 3 추천 만사형통팁	스트레스 패키지 (활용 가능)

브레인스토밍

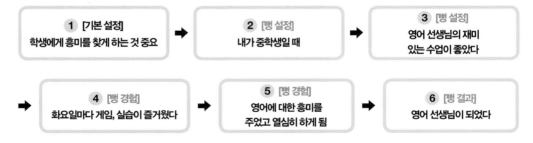

1 [기본 설정]
학생에게 흥미를 찾게 하는 것 중요

➡

2 [뻥 설정]
내가 중학생일 때

➡

3 [뻥 설정]
영어 선생님의 재미
있는 수업이 좋았다

➡

4 [뻥 경험]
화요일마다 게임, 실습이 즐거웠다

➡

5 [뻥 경험]
영어에 대한 흥미를
주었고 열심히 하게 됨

➡

6 [뻥 결과]
영어 선생님이 되었다

선택 항목	Yes	그렇다고 생각함
서론	Of course, I think teachers need to make classes enjoyable for young students. I have a couple of examples to support my opinion.	당연히, 저는 교사들이 어린 학생들을 위해 수업을 즐겁게 만들어야 한다고 생각합니다. 제 의견을 뒷받침할 몇몇 예시가 있습니다.
본론 기본 + 뻥 설정	I think helping young students to find their own interests and talents is the most important thing for their development and future career. For example, when I was in middle school, I really liked my English teacher, Susan, because of her fun English class. Susan made some English word games and hands-on activities every Tuesday and those were really enjoyable. My classmates and I could laugh while learning, and I believe this pleasant learning experience helped me focus on my English studies naturally at an early age. And, these days, I teach English to kids.	저는 어린 학생들이 각자 관심 있어 하는 것과 재능을 찾도록 돕는 일이 그들의 발전과 미래의 경력에 있어 가장 중요한 일이라고 생각합니다. 예를 들어, 제가 중학생이었을 때, 제 영어 선생님이셨던 Susan 선생님을 정말 좋아했었는데, 그분의 재미있는 영어 수업 때문이었습니다. Susan 선생님께서는 매주 화요일마다 영어 낱말 게임 및 직접 참여하는 활동들을 만들어 주셨고 이것들은 정말 즐거웠습니다. 반 친구들과 저는 공부를 하는 동안 웃을 수 있었으며, 이와 같은 즐거운 학습 경험이 어린 나이에 자연스럽게 영어 학습에 집중할 수 있도록 도움을 주었다고 생각합니다. 그리고, 지금은, 제가 아이들에게 영어를 가르치고 있습니다.
결론	For these reasons, teachers should make classes fun for youngsters, as it will make them more interested in learning.	이와 같은 이유들로, 교사들은 어린 학생들을 위해 수업을 재미 있게 만들어야 하는데, 학생들이 공부하는 데 더 관심을 갖게 해줄 것이기 때문입니다.

> **Secret Code** ▶ 파란 글씨 설정 구조 빨간 글씨 만사형통팁

표현사전 **a couple of** 두서너 개의, 몇 개의, 몇 사람의 / **career** 직업 / **hands-on activity** 실습, 체험 활동 / **classmate** 급우, 반 친구 / **laugh** 웃다 / **pleasant** 즐거운, 기분이 좋은 / **at an early age** 어린 나이에 / **youngster** 청소년, 젊은이

- 위와 같이 만사형통팁을 전혀 쓸 수 없는 전개로 말하게 될 수도 있으니 유연하게 설정 잡는 훈련을 해둘 것
- 본인이 학생이었을 때의 과거 뻥 경험으로 전개한다면 과거 시제 사용에 주의, 현재 본인이 선생님이라는 전개 또는 본인의 조카나 자녀의 예를 들어 현재 뻥 경험으로 전개한다면 3인칭 주격 사용에 주의할 것
- 뻥 설정의 양이 많이 언급하지 않았지만, 내용이 적다면 본론의 후반부에 만사형통팁 '스트레스 패키지' 즉흥적으로 활용해 '재미있는 수업을 들으면서 스트레스도 풀 수 있어서, 영어 수업을 좋아하게 되었다'는 결론으로 한두 마디 연결시켜 시간을 알차게 메울 수도 있다.

Joanne's 고득점 포인트

When you go on a trip, where do you like to go: a place you have been to or a place you have never been to?
Give specific reasons and examples to support your opinion.

여행을 떠날 때, 당신은 이미 가본 곳과 한 번도 가보지 않은 곳 중에서 어디를 가보고 싶은가요?
당신의 의견을 뒷받침할 구체적인 이유 및 예시를 말해보세요.

문제 유형	여행 관련 유형, 선호형 문제
선택 항목	a place you have never been to 당신이 한 번도 방문해본 적이 없는 곳
본론 구조	뼝 설정
Part 6 추천 뼝 설정	In my case, my hobby is traveling abroad 회사 유형: 협업 루트: 성취감 관련 문장 - I feel a sense of accomplishment
Part 3 추천 만사형통팁	여행 패키지, 문화 패키지, 견문지식 패키지 스트레스 패키지

브레인 스토밍

1 [뼝 설정]
여행이 취미다

2 [여행 패키지]
관광 명소, 경관, 맛집 투어

3 [문화 패키지]
문화를 배울 수 있고

4 [견문지식 패키지]
견문과 지식을 배울 수 있고

5 [스트레스 패키지]
맛있는 음식을 먹으며
스트레스 푼다

6 모르는 곳으로의
여행 후, 더 큰 성취감을 얻음

PART 1

PART 2

PART 3

PART 4

PART 5

PART 6

선택 항목	a place you have never been to	당신이 한 번도 방문해본 적이 없는 곳
서론	When I go on a trip, I like to go to a place I have never been.	저는 여행을 갈 때, 한 번도 가보지 않은 곳으로 가는 것을 좋아합니다.
본론 뼹 설정	In my case, my hobby is traveling abroad because I can visit a lot of tourist attractions and enjoy amazing scenery and delicious food there. Also, I'm an adventurous person, so I'm more interested in experiencing new cultures and people. It's beneficial to learn new things from new friends and share my feelings and ideas with them. In this way, I can broaden my perspective and knowledge whenever I travel to a new place. Moreover, when I taste nice food in the new place, I can get rid of stress and refresh myself. Plus, I feel a sense of accomplishment after traveling to a place unknown.	제 경우에는, 취미가 해외 여행인데, 많은 관광 명소를 방문할 수 있고 그곳에서 멋진 풍경과 맛있는 음식을 즐길 수 있기 때문입니다. 또한, 저는 모험심이 강한 사람이라서 새로운 문화와 사람들을 경험해 보는 데 더 관심이 많습니다. 새로운 친구들로부터 새로운 것들을 배우고 그들과 감정 및 생각을 공유하는 것은 유익합니다. 이러한 방법으로, 저는 새로운 곳으로 여행을 떠날 때마다 제 관점 및 지식을 넓힐 수 있습니다. 더욱이, 새로운 곳에서 훌륭한 음식을 맛볼 때 스트레스를 날려버릴 수 있고 기분 전환을 할 수 있습니다. 게다가, 제가 알지 못한 곳으로 여행을 다녀온 후에 성취감을 느낍니다.
결론	So I prefer to go on a trip to a place I have never been.	따라서, 저는 한 번도 가보지 않은 곳으로 여행을 떠나는 것을 선호합니다.

> **Secret Code** 파란 글씨 설정 구조   빨간 글씨 만사형통팁

표현사전 **tourist attractions** 관광 명소 / **scenery** 경치, 풍경 / **adventurous** 모험심이 강한, 모험을 즐기는 / **beneficial** 유익한, 이로운 / **broaden** 넓어지다 / **get rid of** ~을 없애다 / **accomplishment** 업적, 공적

- 항목을 선택할 때, '한 번도 가보지 못한 곳'으로 선택해야 암기한 아이디어 (여행 패키지, 견문지식 패키지, 문화 패키지, 사회성 패키지, 스트레스 패키지 등)를 선택적으로 활용해 더 많은 말을 수월하게 할 수 있다.
- 만약, '기본 곳'으로 선택한다면 돈, 시간, 노력을 아낀다는 뼹 설정으로 방향을 잡을 것
- 선택한 항목의 어휘를 그대로 또는 비슷한 의미로 바꿔 만사형통팁 사이사이 넣어 답하자. 묻는 질문에 일관되게 답변하는 느낌을 주기 때문에 듣는 사람은 쉽게 이해가 되고, 말하는 사람은 답변이 삼천포로 빠지는 실수를 막을 수 있다.

Joanne's
고득점
포인트

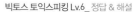

In the last ten years, which of the following has been improved most by advances in technology? Give specific reasons and examples to support your opinion.
- Education
- Transportation
- Advertising

지난 10년 동안, 다음 중 기술의 진보에 의해 가장 크게 개선된 것은 무엇인가요?
당신의 의견을 뒷받침할 구체적인 이유 및 예시를 말해 보세요.
- 교육
- 교통
- 광고

문제 유형	최신 기술 관련 유형, 선호형 문제
선택 항목	education 교육
본론 구조	뻥 설정
Part 6 추천 뻥 설정	없음
Part 3 추천 만사형통팁	돈 패키지 시간 패키지 인터넷 패키지 정보 패키지 견문지식 패키지

브레인 스토밍

1 [뻥 설정: 돈 패키지]
난 학생이다
➡ **2** [시간 패키지]
시간 아끼고
➡ **3** [인터넷 패키지]
교육비 아끼고

➡ **4** [정보 패키지]
다양한 정보를 찾을 수 있고
➡ **5** [견문지식 패키지]
견문과 지식을 배울 수 있고
➡ **6** 인터넷과 전자 기기들로
교육의 질이 높아짐

PART 1
PART 2
PART 3
PART 4
PART 5
PART 6

선택 항목	education	교육
서론	I think education has been improved most by advances in technology in the last ten years.	저는 교육이 지난 10년 동안 기술의 진보에 의해 가장 크게 개선되었다고 생각합니다.
본론 뻥 설정	In my case, I'm in college and usually get educated on the internet. There are tons of free video tutorials and study materials that I learn online anytime and anywhere by using up-to-date electronic devices such as my smartphone, laptop computer and tablet PC. This way, I can save on living expenses, so it is economical. Also, I don't need to go somewhere to learn things anymore, so it's convenient. Moreover, I tend to find practical information about learning English by reading reviews, comments and recommendations on the internet. While browsing websites and communicating with others, I can learn new things from them and share my ideas with them. In this way, I can broaden my perspective and knowledge.	제 경우에는, 제가 대학생이라서 보통 인터넷으로 교육을 받습니다. 제 스마트폰이나 노트북 컴퓨터, 그리고 태블릿 PC과 같은 최신 전자 기기들을 활용해 언제 어디서든 온라인으로 배우는 무료 동영상 강의 및 학습 자료들이 수없이 많습니다. 이러한 방법으로, 저는 생활비를 절약할 수 있어서 경제적입니다. 또한, 저는 더 이상 뭔가를 배우기 위해 어디론가 가지 않아도 되므로 편리합니다. 더욱이, 인터넷으로 후기나 의견, 그리고 추천 정보를 읽음으로써 영어를 배우는 것에 관한 현실적인 정보를 찾는 경향이 있습니다. 웹사이트들을 둘러보고 다른 사람들과 의사소통하는 동안, 그들로부터 새로운 것들을 배우고 제 생각들을 공유할 수 있습니다. 이렇게 함으로써 저는 제 관점과 지식을 넓힐 수 있습니다.
결론	For these reasons, I think education has been developed most in the last ten years.	이와 같은 이유들로 인해, 지난 10년 동안 교육이 가장 크게 발전되었다고 생각합니다.

Secret Code ▶ 파란 글씨 설정 구조 · 빨간 글씨 만사형통팁

표현사전 improve 향상시키다 / tons of 다수의 / up-to-date 최신의 / electronic device 전자기기 / somewhere 어딘가에 / practical 현실적인 / browse 둘러보다, 훑어보다

Joanne's 고득점 포인트

- 서론의 has been improved 를 결론의 has been developed 으로 바꾸어 볼 것
- '교통'을 선택하면 여행이 취미라 비행기, 기차, 전철의 발전으로 여행 패키지, 스트레스 패키지, 견문지식 & 문화 패키지로 이어나가면 되고, '광고'로 선택하면 온라인 쇼핑몰을 운영하는데 SNS를 통해 광고하기 때문에 돈, 시간, 노력을 줄여 도움이 된다는 뻥 설정으로 전개할 수 있다.
- 'I' 주격이 너무 반복된다면, 'you' 주격을 활용할 것, '당신은'처럼 직역되기 보다는 '사람들은' 정도의 보편적인(general)인 말투와 뉘앙스를 만들 수 있다.

What do you think is the most important characteristic of a friend?
· Intelligence
· Generosity
· Sense of humor
Give reasons or examples to support your opinion.

친구의 성격으로 가장 중요한 것은 무엇이라고 생각하나요?
당신의 의견을 뒷받침할 구체적인 이유 및 예시를 말해 보세요.
· 지능
· 너그러움
· 유머감각

문제 유형	자질 관련 유형, 선호형 문제
선택 항목	generosity 너그러움
본론 구조	기본 설정 + 뻥 설정
Part 6 추천 뻥 설정	For example,
Part 3 추천 만사형통팁	없음

브레인 스토밍

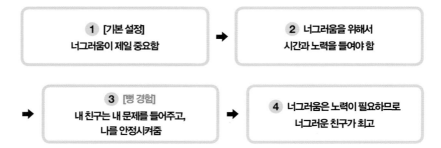

1 [기본 설정] 너그러움이 제일 중요함	➡	**2** 너그러움을 위해서 시간과 노력을 들여야 함

➡ | **3** [뻥 경험]
내 친구는 내 문제를 들어주고,
나를 안정시켜줌 | ➡ | **4** 너그러움은 노력이 필요하므로
너그러운 친구가 최고 |

선택 항목	generosity	너그러움
서론	I think the most important characteristic of a friend will vary from person to person. But, for me personally, it would be generosity.	저는 친구가 지닌 특징 중에서 가장 중요한 것은 사람마다 다르다고 생각합니다. 하지만 제 개인적으로는, 너그러운 마음일 것이라고 생각합니다.
본론 기본 + 뼹 설정	I feel other characteristics such as sense of humor, intelligence, etc. are good but don't help maintain a friendship for a long time. Generosity isn't only about gifts; it is more about being generous with time and effort. For example, my best friend, Lisa, sometimes travels with me or brings me some cards or gifts on my special days. Even if she is tired, she will always be generous with her time and effort by listening to my struggles or comforting me in times of need. This is why I think she is my best friend.	저는 유머 감각이나 지적 능력 등과 같은 다른 특징들도 좋지만, 오래 동안 우정을 유지하는 데 도움이 되지는 않는다고 생각합니다. 너그러운 마음은 단순히 타고나는 것이 아니라 시간과 노력을 통해 너그러워지는 것에 가깝습니다. 예를 들어, 저와 가장 친한 친구인 Lisa는 종종 저와 여행을 떠나거나 저에게 특별한 날에 카드나 선물들을 가져다줍니다. 피곤하다 하더라도 제가 애쓰는 일에 귀를 기울이거나 필요로 할 때 저를 위로해주는 방법으로 시간과 노력을 통해 항상 너그러운 마음을 보여주려 합니다. 이것이 바로 Lisa가 저와 가장 친한 친구인 이유입니다.
결론	As people grow older, they tend to become more self-centered, which is a natural trait of all people. But the best of friends will always be generous with their time, and even their physical and emotional effort.	나이가 들어갈수록, 사람들은 점점 더 자기 중심적으로 변하는 경향이 있는데, 모든 사람들이 지닌 자연스러운 특성입니다. 하지만 가장 친한 친구는 시간뿐만 아니라 심지어 신체적인 그리고 정서적인 노력을 통해 항상 너그러울 것입니다.

Secret Code ▶ 파란 글씨 설정 구조   빨간 글씨 만사형통팁

표현사전 **characteristic** 특유의, 특징 / **vary from** ~에서 벗어나다 / **generosity** 너그러움 / **sense of humor** 유머감각 / **intelligence** 지능 / **maintain** 유지하다 / **struggle** 애쓰다 / **comfort** 안락, 편안 / **in times of need** 필요할 때 / **tend to** 경향이 있다 / **self-centered** 자기 중심의 / **natural trait** 자연적인 특성

- '너그러움 (generosity)'은 빈출 선택 항목이므로 사전에 훈련해둘 것.
- 빈출 선택 항목 중 하나인 '유머 감각'을 선택하면, 유머 감각이 뛰어난 친구가 어떻게 내 스트레스를 풀어주는지 뼹 설정과 만사형통팁 '스트레스 패키지'로 간단히 지어낼 수 있어 편하다. 두 종류를 함께 훈련해 돌발에 대비할 것.